本书得到

中国博士后基金第55批面上资助项目（项目编号：2014M551828）、

2014年度福建省社会科学规划项目（项目编号：2014B177）、

泉州师范学院“桐江学术丛书”出版基金的资助。

经济增长、四化同步与现代物流发展研究

颜双波 ◎ 著

图书在版编目(CIP)数据

经济增长、四化同步与现代物流发展研究/颜双波著.—厦门:厦门大学出版社,2016.12

ISBN 978-7-5615-6034-1

Ⅰ.①经… Ⅱ.①颜… Ⅲ.①区域经济发展-研究-福建省 Ⅳ.①F127.57

中国版本图书馆 CIP 数据核字(2016)第 213799 号

出版人 蒋东明
责任编辑 江珏玙
封面设计 蒋卓群
责任印制 许克华

出版发行 厦门大学出版社
社　　址 厦门市软件园二期望海路 39 路
邮政编码 361008
总编办 0592-2182177　0592-2181406(传真)
营销中心 0592-2184458　0592-2181365
网　　址 http://www.xmupress.com
邮　　箱 xmupress@126.com
印　　刷 厦门市金凯龙印刷有限公司

开本 720mm×1000mm　1/16
印张 16.5
插页 2
字数 300 千字
版次 2016 年 12 月第 1 版
印次 2016 年 12 月第 1 次印刷
定价 56.00 元

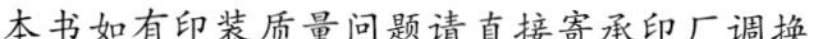
本书如有印装质量问题请直接寄承印厂调换

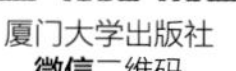
厦门大学出版社
微信二维码

厦门大学出版社
微博二维码

前　言

区域经济与现代物流是相互依存的统一体，两者相互影响、相互制约、相互作用，物流产业作为企业“第三利润源泉”，对实现经济的集约化、高效率增长有着极为重要的作用，区域经济与现代物流的协同发展，是区域经济持续、快速、稳定、健康发展的重要因素。“四化同步”是党十八大首次提出的重要发展理念，“四化”即工业化、城镇化、农业现代化和信息化，而现代物流业是国民经济发展的“催化剂”，因此有必要开展“四化”与现代物流之间关系的研究。在经济发展新常态的背景下，对经济增长、“四化同步”与现代物流的互动发展进行研究，对国家“一带一路”战略构想的早日实现、“十三五”规划方案的贯彻实施、供给侧结构性改革的具体落实，都具有重要的理论和现实意义。

本书是作者多年来的研究积累，在研究过程中始终贯穿政策建议的探讨与选择，书中每一章都是一个研究议题或者研究切入点，因此每一章单独来看都是一份完整的研究报告，每一章基本上都有各自的研究概述、研究方法、实证研究部分以及结论和建议等部分的阐述，并提出相应的对策建议，以期为相关政府部门、理论界和产业界提供借鉴和启示。

本书主要从三个大的方面展开研究：第一个大方面是对区域经济发展与现代物流发展互动关系方面的考察；第二个大方面是基于“四化同步”的发展理念，对“四化”与现代物流的互动发展的考察；第三个大方面基于福建省作为21世纪海上丝绸之路核心区和泉州市作为海上丝绸之路起点的政策背景，以福建省和泉州市作为研究对象展开微观层面的研究。全书内容正是根据如上的研究脉络和研究框架展开的，包括经济增长与现代物流篇、“四化同步”与现代物流篇和地区发展篇三大部分，共计18章。

第一部分为经济增长与现代物流发展篇，分别选取经济影响因子、省域物流能力评价、区域经济与物流协调度发展程度、物流产业集聚以及其与区域经济发展的关联程度等指标，从供需匹配的角度探讨省域物流的联系程度，探讨省际隶属度;进一步使用面板数据模型探究经济增长与现代物流发展的关系;分别使用灰色关联、因子分析、耦合协调度模型、区位熵、供需匹配度、隶属度模型、面板数据模型等多种研究方法。本部分包括第一章到第六章共 6 个章节的内容,各章节的内容概要如下:

第一章以我国三大地区为研究对象,选取物流产业发展作为参考数列和八个经济影响因子作为对比数列,利用灰色关联分析模型,考察三大地区各影响因子与物流产业发展的关联程度并进行分析;

第二章选取全国 31 个省市自治区作为研究范围,构建评价指标体系,运用多元统计分析中的主成分分析方法,对 31 个省域物流能力进行比较评价;

第三章将全国分为华北、东北、华东、中南、西南、西北六大区域,构建复合系统协调度模型,考察区域物流系统与区域经济系统之间的有序度和协调度;

第四章仍然把全国分为六大区域,利用区位熵方法测算各区域物流产业的聚集程度,进一步利用灰色关联方法考察物流产业聚集与区域经济发展之间的关系;

第五章分别构建区域物流的需求和供给的评价指标,利用因子分析方法考察区域物流的需求和供给水平,进一步得到各省域的物流供需匹配度,利用引力模型方法测算省际物流联系程度及隶属度,建议以广东省、四川省、浙江省、河北省、湖北省、辽宁省作为六个物流核心省份,构建物流圈;

第六章使用面板数据模型,以全国 31 个省市自治区作为研究样本,经过面板单位根检验、面板协整关系分析和面板回归模型分析等研究步骤,进一步深入考察区域经济发展与现代物流产业发展之间的关系。

第二部分为“四化同步”与现代物流篇,首先测算全国 31 个省市自治区的四化发展指数和四化协调发展情况,而后分别从工业化、城镇化和农业现代化三个层面考察各“化”与现代物流的相互促进关系,最后结合绿色化的要求,进一步考察我国“五化协调”的发展情况;分别使用了熵值赋权法、面板数据模型、优势灰色关联方法、因子分析和 VAR 模型等多种研究方法。本部分包括第七章到第十一章共 5 个章节的内容,各章节的内容概要如下:

第七章以全国 31 个省市自治区作为研究对象,构建新“四化”评价指标体系,运用熵值赋权法测算各地区新“四化”发展指数,进一步利用聚类分析和离散系数分析方法研究各地区“四化”协调发展情况;

第八章和第九章仍然以全国 31 个省市自治区作为研究对象,分别使用了 9 年和 10 年的面板数据,经过面板单位根检验、面板协整分析和面板回归分析等

研究步骤,分别探讨在我国工业化进程中物流产业的推动效应和流通产业发展对城镇化发展的促进作用;

第十章先利用灰色关联分析方法分析农产品物流和农业现代化多个衡量指标的关联程度,以关联程度较高为原则,确定农业现代化投入和产出的评价指标,进一步利用灰色优势分析对各评价指标进行赋权,最后测算我国的农业现代化指数;

第十一章先应用因子分析法对我国“五化”发展情况进行评价,然后经过单位根检验、协整分析、格兰杰因果检验、VAR(1)模型、脉冲响应及方差分解等研究步骤对我国“五化协同”进行实证分析。

第三部分为地区发展篇,按照区域范围由大到小的顺序,首先应用因子分析法对我国东部地区的物流能力进行评价;而后探讨东部地区物流产业集聚以及其与区域经济发展的关联程度,利用灰色关联分析方法研究福建区域经济与区域物流发展的灰色关联度;之后探讨福建工业化发展与现代物流的耦合发展关系、福建省现代物流与新型城镇化发展的关系、泉州港口物流和区域经济的发展关系、泉州港口物流与城市经济的协同度。分别使用因子分析、区位熵、灰色关联分析法、耦合协调度模型、协整分析和协同度模型等多种研究方法。本部分包括第十二章到第十八章共7个章节的内容,各章节的内容概要如下:

第十二章选取东部沿海地区12个省市作为研究对象,构建评价指标体系,应用因子分析法对东部沿海地区的物流能力进行比较评价;

第十三章利用区位熵方法测算东部地区11个省市的物流产业聚集程度,进一步利用灰色关联方法考察东部地区物流产业聚集与区域经济发展之间的关系;

第十四章运用灰色关联分析方法,考察福建区域经济与区域物流发展的灰色关联程度;

第十五章运用灰色关联分析方法,测算福建省工业化与现代物流两个系统间的灰色关联度矩阵,进一步考察两个子系统间的耦合发展程度;

第十六章应用因子分析方法评价福建省现代物流与新型城镇化发展水平,进一步建立隶属度函数协调度评价模型,考察其静态协调度和动态协调度;

第十七章建立VAR模型,经过单位根检验、格兰杰因果关系检验和脉冲响应分析等研究步骤,探讨泉州港口物流与泉州经济发展之间的相互影响关系;

第十八章运用协同理论,构建港口物流与城市经济协同度测度模型,对泉州港口物流与城市经济发展程度进行评价,并计算两者之间的协同度。

本书立足于多个研究视角，采用多种不同的研究方法。在不同章节分别以全国31个省市自治区、东部沿海11个省市、福建省和泉州市作为研究对象，构建相应的评价指标体系，采集相关统计数据，应用时间序列模型、面板数据模型、因子分析法、灰色关联法、耦合协调度等多种统计分析和计量经济方法，对经济增长与其主要影响因素、经济增长与"四化同步"、区域经济与现代物流、港口物流与经济增长、"四化同步"与现代物流等展开多层面、多视角的理论方法和实证分析研究。全书力求从多个角度展开更加全面的研究分析，如果研究对象和研究范围相同，则研究视角不同或者研究方法不同。比如，在对全国31个省市自治区展开研究的章节中，不同章节中的研究区域划分方法也有所不同，有的章节把全国划分为三大地区进行研究，有的章节则把全国划分为六大区域进行研究。

目　录

Contents

第一部分：经济增长与现代物流发展篇

第一部分

经济增长与现代物流发展篇

◆第一章◆

物流产业与其主要经济影响因子灰色关联分析

本章提要：结合灰色关联分析模型的使用，以我国三大地区为研究对象，选取物流产业发展作为参考数列和八个经济影响因子作为对比数列，查找2004—2014年相关统计数据进行实证研究得到各经济影响因子与物流产业的灰色关联度数值大小及排序，结果表明三大地区各个对比数列与参考数列存在中等以上程度的灰色关联关系。由于地区区位、产业特点和产业结构等不同，三大地区各影响因子与物流产业发展的关联程度各自不同。本章进一步分东、中、西地区进行各主要影响因子关联程度的对比分析，以期为更好地促进地区经济增长和物流产业发展提供更有针对性的结论和建议。

物流是物质流通的现实载体，是为经济发展而服务的。区域经济增长与物流业两者之间存在着很强的相关性，现代物流已成为经济全球化最为经济合理的综合服务方式和新的经济增长点。Poul Ove Pedersen(2001)的研究表明，交通与运输会对全球化进程产生深远影响，而且不仅限于对工业化国家，对非洲发展的影响也比较显著；Neringa Langvinien ė, Gelmin ė Sližien ė(2014)的研究表明，立陶宛运输和物流服务行业对其国民生产总值起正向促进作用；Hooi Hooi Lean, Wei Huang, Junjie Hong(2014)以中国为研究背景，使用动态结构模型分析了物流产业和经济增长之间的短期和长期互动关系。我国的物流业自20世纪80年代起发展至今，经历了萌芽、学习和引进，起步以及发展等成长阶段和历程，在经济飞速发展和信息技术高度发达的今天，物流已经成为我们日常生活中不可或缺的一部分，它的存在加速了地区经济的发展，它的成长促进了地区产业结构的调整和优化。反过来，地区经济发展和产业结构的变化和调整又影响着物流产业的发展。从微观角度来说，物流业属于国民经济的微观组成部分，是经济系统形成和发展中不可或缺的主导力量之一。通过物流业自身的整合升级可以减少经济发展中的障碍性因素,突出经济发展要素的功能,进而提高经济系统的经济实力和整体效益。首先,物流产业发展会加速社会生产和消费的物资周转,以此促进社会经济的增长;其次,社会经济的高速增长,也会拉动物流行业各方面的需求,从而促进物流行业的发展。

如何发展物流业已成为经济发展过程中优先考虑的问题,对于经济增长与物流发展之间的关系及其相关效应的深入研究已经是当前的研究热点之一。为了更深入了解和探究物流发展与经济增长之间的关系,本章采用灰色关联理论,以我国三大地区为研究对象,选取物流产业发展作为参考指标和主要的经济影响因子作为对比指标,对各地区物流产业与其主要经济影响因子进行灰色关联分析,计算出参考因子与各对比因子之间的灰色关联度,用于判断各因子的关联影响程度,其中关联度高的即对参考指标的影响越深刻,反之则没有或者较小。通过对灰色关联度的数值大小和排序结果进行分析,可以更有针对性地为促进区域物流发展与区域经济增长提供建议。

第一节 研究方法、研究对象与指标体系

一、研究方法

影响物流业发展的因素有很多,其中部分影响因素是清楚的,部分是不清楚的,因此物流系统是一个典型的灰色系统,介于黑色系统(信息完全未知)和白色系统(信息完全已知)之间。灰色系统理论是 20 世纪 80 年代邓聚龙教授提出的,用于解决数据量少、信息不完备系统的一种有效的数学方法。灰色关联分析法是解决灰色系统的一个主要方法,其通过计算两个系统或两个因素之间关联程度大小的量度,即灰色关联度,用直观的数值大小衡量和比较各因素之间相对变化的情况,关联度大意味着两者的相对变化基本一致,反之则反。该方法便于我们辨别影响参考指标发展的主导因子和潜在因子,从而客观分析各因子的优势和劣势,为分析和系统发展提供针对性的意见,该方法克服了以经验定性分析为主、主观判断因素较大的缺点。

尽管在灰色关联分析法的实际应用中,仍然存在一定程度的缺陷,比如数据

标准化处理过程可能会增大模型的误差,灰关联系数计算过程中分辨系数 ρ 的取值没有严格规定,关联度所提供的信息有时会似是而非等。虽然国外学者尚未见有应用灰色关联分析法对物流产业与经济发展相关关系进行研究的文献,但是已有较多其他方面问题的研究应用;国内也已有较多学者应用该方法研究区域物流与区域经济之间的关系,比如:张鹏伟(2011)利用该方法分析河南省物流发展影响因素;敬春菊(2010)以陕西省为例分析了现代物流业与其相关产业灰色关联度;任继奎等(2007)应用灰色关联分析法研究了福建省物流产业与相关产业关联关系;黄晗(2013)利用灰色关联分析模型对我国物流业发展影响因素进行实证研究;高胜等(2013)以浙江省为例分析了区域物流发展影响因素;张广胜(2014)对我国区域物流能力进行实证评价;宋新平(2014)考察区域经济与区域物流发展的灰色关联关系;以及颜双波(2014)研究了福建区域物流与经济发展关联关系等等。从研究文献来看,尽管不同学者所选取的研究对象和指标不尽相同,灰色关联度大小和影响因子排序也因此不同,但都支持物流产业与相关产业对比指标具有较强关联关系的研究结论,灰色关联程度和排序与所在地区经济发展和其产业发展等特点有着密切关系。

二、研究对象

国家统计局对我国全部 31 个省、市、自治区分类,有常规分类(包括华北、东北、华东、中南、西南和西北六个区域)、热点地区(包括长江三角洲、环渤海地区、泛珠三角、东部地区和西部地区五个区域)、八大经济区域(包括东北地区、北部沿海、东部沿海、南部沿海、黄河中游、长江中游、西南地区和大西北地区八个区域)和三大地带(东部地带、中部地带和西部地带)等四种分类方法。

在三大地带分类法中,东部地带分别包括北京、天津、河北、辽宁、上海、江苏、浙江、福建、山东、广东、海南 11 个省、自治区、直辖市;中部地带包括山西、吉林、黑龙江、安徽、江西、河南、湖北、湖南 8 个省、自治区;西部地带包括内蒙古、广西、重庆、四川、贵州、云南、西藏、陕西、甘肃、青海、宁夏、新疆 12 个省、自治区。其中东部地带分布于我国沿海地区,具有优越的地理位置,地势相对平缓,对于技术和人才具有较强的吸引力,具备较为雄厚的工农业基础,在我国经济发展中发挥着龙头作用;中部地带分布于我国内陆地区,在地理上起到承东启西的作用,具有北边高原、南边丘陵、有众多平原分布其中的特点,是我国重要的粮食生产基地,各种矿产资源丰富,重工业基础较好。西部地带面积大,矿产资源丰富，但是地势较高、地形复杂，很多省份处于高寒和缺水地区，尽管我国已经启动西部大开发战略，但是其经济发展水平仍与东、中地带存在较大差距。由于三大地带的经济发展特点、地域特色、产业结构和经济发展水平等具有显著差异，三大地带的分类方法具有较为明显的区分度，为了研究方便并且研究结论具有更高的可比性，选用三大地带作为对比研究对象，称之为“三大地区”以符合一般的称呼习惯。

三、确定关联分析因子集——指标体系建立

根据灰色系统分析的原理，为了确切反映出系统行为特征和影响系统行为的因素，需要建立起相应的指标体系作为灰色分析的参考数列和比较数列。

在统计年鉴中，交通运输、仓储和邮政业增加值是反映一个国家或者地区在一定时期内从事交通运输、仓储和邮政业生产活动最终成果的统计指标，该指标具有典型代表性，能够比较客观地反映出物流产业的发展状况，因此，选取交通运输、仓储和邮政业增加值作为参考数列。

由于三次产业中不同产业的物流需求特点不同，不同产业的发展程度对于物流产业的影响也不同，分别选取第一产业值、工业增加值、建筑业增加值为对比因子，这也从另一个侧面反映了各地区的产业结构。产业结构越高级的地区，其物流发展水平越好。物流产业的发展离不开基础设施的投入和建设，物流产业固定资产投资、铁路和公路的建设里程能够较为客观地反映地区物流基础设施建设的投入和发展水平，是体现各地区物流供给能力的一个重要指标。同样的，经济发展也不得不提到经济贸易和人民的生活水平状况，对此，一个地区的消费行为能够影响当地的物资流通，从而对地区的货运量产生直接的影响，社会消费品零售总额能够较客观地体现居民的实际消费能力，而一个地区的货物进出口额则反映了一种对外消费的行为的发展情况，也能对地区的货物运输量产生直接的影响。本章确定一个参考数列和八个比较数列作为指标体系，具体如表 1-1 所示。

表 1-1 参考数列和对比数列指标体系

系列	代码	指 标	单位
参考数列	X_0	交通运输、仓储和邮政业增加值	亿元
对比数列	X_1	第一产业值	亿元
	X_2	工业增加值	亿元
	X_3	建筑业增加值	亿元
	X_4	交通运输、仓储和邮政业全社会固定资产投资	亿元
	X_5	铁路里程	万公里
	X_6	公路里程	万公里
	X_7	社会消费品零售总额	亿元
	X_8	按经营单位所在地分货物进出口额	亿元

第二节 实证研究

在确定了关联因子分析子集之后，通过查阅历年《中国统计年鉴》采集我国三大地区各自所包含的省、市、自治区 2004—2014 年期间相关统计数据，进行加总得到 X_0与 $X_1 \sim X_8$等各项指标值，然后遵循以下几个步骤进行灰色关联分析，如图 1-1 所示。

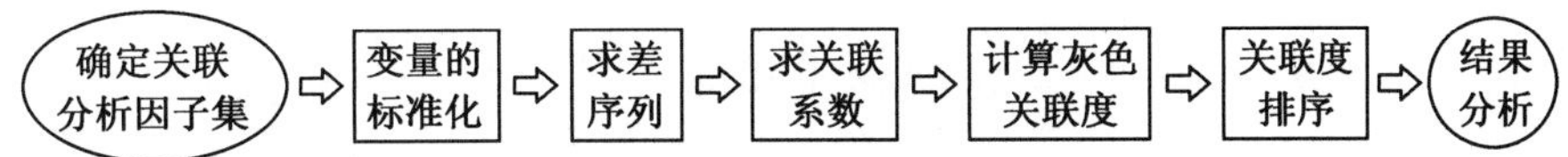

图 1-1 灰色关联分析的步骤

以东部地区的灰色关联分析为例按照以上步骤，使用“灰色系统理论及应用”程序软件并结合 Excel 应用进行计算分析。

一、变量的标准化

在进行下一步差值计算之前，为解决各指标由于计量单位和性质不同所缺

乏的综合性,先后对原始数据进行一次累加,公式如下:

$$X_i'(k)=X_i(k)+X_{i-1}(k) \quad (k=0,1,2,\cdots,m;i=1,2,\cdots,n)$$

其中,k 为 1 个参考指标和 8 个对比指标,即 $m=8$;i 为年份,分别代表 2004 至 2014 各年,即 $n=11$。由于这些指标的量纲各不相同,比如产业产值的单位为亿元而铁路里程的单位为万公里,而且由于这些量纲的衡量方式不同,在绝对数量上也相差较大,所有这些数据如果进行直接的对比是不具有可比性的,因此需要对原始数据做标准化处理,以消除不同量纲带来的影响。数据的标准化一般有初值化变换、均值化变换、百分比变换、倍数变换、归一化变换、极差最大化变换、区间值化变换等七种处理方法,本章采用初值化变换对一次累加生成的数据进行标准化处理,使所有数据序列成为规格化或者无量纲化数据。即用 2004—2014 年的一次累加数值分别除以 2004 年的指标值进行初值化处理,以消除因指标量纲不同而产生的影响。

$$X_i''(k)=\frac{X_i'(k)}{X_1'(k)} \quad (k=0,1,2,\cdots,m;i=1,2,\cdots,n)$$

得到表 1-2。

表 1-2 变量一次累加初值化处理结果

年份	X_0	X_1	X_2	X_3	X_4	X_5	X_6	X_7	X_8
2004	1	1	1	1	1	1	1	1	1
2005	2.2143	2.0836	2.2148	2.1443	2.2546	2.0000	2.0404	2.2654	2.2337
2006	3.6449	3.2325	3.6465	3.4340	3.9369	3.0047	3.8565	3.7294	3.7561
2007	5.2946	4.5654	5.3390	4.9111	5.8803	4.0189	5.7233	5.4525	5.6201
2008	7.2132	6.1079	7.3252	6.6947	8.0673	5.0660	7.6428	7.5552	7.7908
2009	9.2049	7.7468	9.4127	8.8053	10.9284	6.1745	9.6023	9.9771	9.6705
2010	11.5754	9.6113	11.8899	11.3065	14.3036	7.3349	11.6063	12.8363	12.1827
2011	14.3118	11.7676	14.7706	14.2299	17.5002	8.5660	13.6401	16.1679	15.2077
2012	17.2979	14.1182	17.8376	17.4194	21.1639	9.8679	15.7315	19.9478	18.3640
2013	20.3362	16.5786	21.0778	20.9810	25.6485	11.2830	17.9013	24.2629	21.7280
2014	23.6362	19.1496	24.4968	24.8386	30.6437	12.7783	20.1278	29.0772	25.1461

二、求差序列

求以上初值化处理后的各对比因子数列与参考列的差值,公式如下:

$$\Delta X_i''(K\Theta 0)=X_i''(k)-X_i''(0)\quad (k=1,2,\cdots,m;i=1,2,\cdots,n)$$

计算得到表 1-3。

表 1-3 差序列

年份	X_1	X_2	X_3	X_4	X_5	X_6	X_7	X_8
2004	0	0	0	0	0	0	0	0
2005	0.1308	0.0004	0.0700	0.0402	0.2143	0.1739	0.0511	0.0193
2006	0.4124	0.0016	0.2109	0.2920	0.6402	0.2116	0.0845	0.1112
2007	0.7292	0.0444	0.3835	0.5857	1.2757	0.4287	0.1579	0.3256
2008	1.1053	0.1120	0.5185	0.8541	2.1471	0.4297	0.3420	0.5776
2009	1.4581	0.2079	0.3996	1.7235	3.0303	0.3974	0.7722	0.4656
2010	1.9640	0.3145	0.2689	2.7282	4.2405	0.0309	1.2609	0.6073
2011	2.5443	0.4588	0.0820	3.1883	5.7458	0.6717	1.8561	0.8958
2012	3.1798	0.5397	0.1214	3.8660	7.4300	1.5664	2.6498	1.0661
2013	3.7577	0.7416	0.6447	5.3123	9.0532	2.4349	3.9267	1.3918
2014	4.4866	0.8606	1.2024	7.0075	10.8579	3.5085	5.4410	1.5099

从表 1-3 中可以得到各对比数列与参考数列的极大和极小差值,分别为:

$$\Delta_{\min}X_i''(k\otimes 0)=0,\Delta_{\max}X_i''(k\otimes 0)=10.8579。$$

三、求关联系数

灰色关联系数 $\xi_{0i}z_{it}$ 是衡量各对比因子序列与参考指标序列之间关联程度的一个重要的指标,具体计算公式如下:

$$\xi_i(k\Theta 0)=\frac{\Delta_{\min}X_i''(k\Theta 0)+\rho\Delta_{\max}X_i''(k\Theta 0)}{\Delta X_i''(k\Theta 0)+\rho\Delta_{\max}X_i''(k\Theta 0)}\quad (k=1,2,\cdots,m;i=1,2,\cdots,n)$$

式中 i 取值 1 到 8，分别表示 8 个对比因子与物流产业的灰色关联系数，其中 ρ 为分辨系数，ρ 取值越小分辨率越好，其一般的取值范围为(0,1)，在很多研究文献的灰关联系数计算中，为了简化计算，一般取 $\rho=0.5$。如果要增加对比分辨能力，需要根据各数据列之间的关联程度对 a_i 值的取值进行调节。ρ 的取值原则为：当 $\Delta_{max}X_i''(k\Theta 0)>3\omega$ 时，$\varepsilon<\rho<1.5\varepsilon$；当 $\Delta_{max}X_i''(k\Theta 0)<3\omega$ 时，$\varepsilon<\rho<3\varepsilon$。

其中，ε 为所有差值绝对值的均值，即 $\omega=\frac{\sum_{k=1}^{m}\sum_{i=1}^{m}\Delta_{max}X_i''(k\Theta 0)}{mn}$，代入数值计算得出 $\omega=1.4835$。

ε 为该均值与最大差值的比值，即 $\varepsilon=\frac{\omega}{\Delta_{max}X_i''(k\Theta 0)}$，代入数值可以得到 $\varepsilon=0.1366$。

根据最后计算出的结果为 $\Delta_{max}X_i''(k\Theta 0)>3\omega$，因此，$\rho$ 的取值范围为 $\varepsilon<\rho<1.5\varepsilon$。为得到较好的对比分辨能力，本章统一取 $\rho=0.2$，代入公式得到 $\xi_i(k\Theta 0)$ 的值，如表 1-4 所示。

表 1-4 灰色关联系数表

年份	X_1	X_2	X_3	X_4	X_5	X_6	X_7	X_8
2004	1	1	1	1	1	1	1	1
2005	0.9432	0.9998	0.9688	0.9818	0.9102	0.9258	0.9770	0.9912
2006	0.8404	0.9993	0.9115	0.8815	0.7723	0.9112	0.9625	0.9513
2007	0.7486	0.9800	0.8499	0.7876	0.6299	0.8351	0.9322	0.8696
2008	0.6627	0.9509	0.8072	0.7177	0.5028	0.8348	0.8639	0.7899
2009	0.5983	0.9126	0.8446	0.5575	0.4175	0.8453	0.7377	0.8235
2010	0.5251	0.8735	0.8898	0.4432	0.3387	0.9860	0.6327	0.7815
2011	0.4605	0.8256	0.9636	0.4052	0.2743	0.7637	0.5392	0.7080
2012	0.4058	0.8009	0.9470	0.3597	0.2262	0.5809	0.4504	0.6707
2013	0.3662	0.7454	0.7711	0.2902	0.1935	0.4714	0.3561	0.6094
2014	0.3262	0.7162	0.6436	0.2366	0.1667	0.3823	0.2853	0.5899

四、计算灰色关联度

计算 2004—2014 年各对比指标与参考指标的灰色关联系数的算术平均值，由如下公式即可得到各对比指标与参考指标灰色关联度，计算结果如表 1-5 所示。

$$E(k\Theta 0)=\frac{1}{n}\sum_{i=1}^{n}\xi_i(k\Theta 0) \quad (k=1,2,\cdots,m)$$

表 1-5 我国三大地区物流与其经济影响因子灰色关联度

地区	X_1	X_2	X_3	X_4	X_5	X_6	X_7	X_8
东部	0.6252	0.8913	0.8725	0.6055	0.4938	0.7761	0.7034	0.7986
	(6)	(1)	(2)	(7)	(8)	(4)	(5)	(3)
中部	0.8966	0.5882	0.7067	0.6453	0.6786	0.6288	0.6452	0.5547
	(1)	(7)	(2)	(4)	(3)	(6)	(5)	(8)
西部	0.8937	0.7031	0.8559	0.7245	0.6911	0.9462	0.7558	0.6553
	(2)	(6)	(3)	(5)	(7)	(1)	(4)	(8)

注：表中( )内的数字为各指标的关联度排序值。

五、关联度排序

对东部地区各影响因子的灰色关联度从大到小进行排序，排序如表 1-5 中各灰色关联系数下小括号内的序数值所示，关联度数值越大，排序越靠前，对比因子与参考因子的关联程度越强，其对参考指标的影响较大，反之则影响较小。东部地区各经济影响因子灰色关联排序为：$X_3> X_2> X_8>X_6>X_7>X_1>X_4>X_5$，这表明在八个影响因子中，建筑业产值对物流产业影响最强，铁路里程对物流产业发展的影响最小。

第三节 结论分析

利用灰色关联度数值大小判断因子之间灰色关联程度的强弱，灰色关联度数值越大则对比因子与参考因子的关联性就越强。根据以上实证研究步骤，计算我国三大地区物流与其主要经济影响因子的灰色关联度并排序，结果如表1-5所示。

以下根据三大地区灰色关联度计算和排序结果进行总体分析，进一步对东、中、西部各地区进行具体分析。

一、三大地区灰色关联度总体分析

可以用$E(k\Theta 0)$数值大小判断对比指标X_k与参考指标X_0相关程度的高低，总体而言，实证结果显示三大地区各对比因子的灰色关联度都较高，表明了这些对比因子均与各地区的物流发展有着密切的联系。进一步细分，当$0<E(k\Theta 0)\leqslant 0.35$时，对比指标$X_k$与$X_0$参考指标的关联度较弱；当$0.35<E(k\Theta 0)\leqslant 0.65$时，两者的关联度为中等；当$0.65<E(k\Theta 0)\leqslant 0.85$时，两者的关联度较强；当$0.85<E(k\Theta 0)<1$时，两者的关联度极强。按照这样的划分标准，三大地区所有8个对比因子与物流产业的关联程度都在中等以上，而且东部的X_2和X_3两个对比因子的关联度为极强，X_8、X_6和X_7三个对比因子的关联度为较强；中部的X_1一个对比因子的关联度为极强，X_3和X_5两个对比因子的关联度为较强；西部的X_6一个对比因子的关联度为极强，X_1、X_3、X_7和X_4四个对比因子的关联度为较强；从三大地区八大对比因子对各地区物流产业发展的影响程度不同也反映出了各地区自身的特点、优势和不足之处。从实证结果可以看到一个有趣的现象，在三大地区的灰色关联度处理结果中，建筑业都是名列前茅，我们不难看出近几年“炒房热”所带来的影响；在产业影响方面，由于各自的区位特点和产业发展程度各异，不同产业对三大地区物流发展的关联影响排序也各异；此外，还可以看出物流业发展对物流基础设施具有较高依赖度的共同特点。

二、东部地区物流产业与主要经济影响因子关联分析

在东部地区的实证研究结果中，工业增加值、建筑业产值和按经营单位所在

地分货物进出口总额三个因子名列前茅,位居前三,这与东部地区的自身经济发展状况密切相关。自改革开放以来,东部地区凭借着自身的政策和地域优势,经济迅速发展,一跃成为中国经济发展的龙头老大,也带动了本地区内各个产业的发展。从不同产业影响因子看,东部地区第二产业发展对于物流业发展影响最为显著,尤其应该加大工业发展的力度和深度,结合自身实际情况对自然资源依赖程度较深的行业进行适时的产业转移,积极寻找新的调整方向,如发展高新技术产业,加强在智能制造领域的攻关和突破,努力营造新的经济优势。

值得关注的是,建筑行业和东部地区物流产值的关联性位居第二,与近年来房价持续上涨、居高不下有着莫大的关系,房价的上涨刺激了房地产行业的投入,建筑产品虽然是固定的,但是建筑产业的形成过程却是流动的,在这个过程中有多方的参与,物流的供应链便是其中不可缺少的一个重要环节。因此,应该加强对建筑业产值的关注,尽量减少建筑过程中不必要的浪费和损失,优化供应链的各个环节,提高供应链的运作效率。由于东部地区拥有较多的出海贸易口岸,这为东部地区对外贸易提供了极大的天然优势。在货物进出口总额方面,东部地区自改革开放以来一直稳居第一。东部地区应凭借自身区位优势,加大国际贸易往来,在带动国内经济发展的同时拉动物流产业增长。此外,东部地区的居民收入较高,消费水平较中西部地区高。为了更进一步提高社会消费品零售总额的增长,东部地区应注意提高完善消费者保障制度和加大保障力度,从而提高物资运输的及时率和准确率,在满足提高消费者需求的同时促进物流产业发展。

三、中部地区物流产业与主要经济影响因子关联分析

在我国的中部地区,对物流产值影响最大的是第一产业值,这与中部地区的区位特点和产业特点密切相关。中部地区有较多的平原地区,日照和气温适合农作物生产,因此中部地区一直是我国最大的商品粮生产基地。与第二和第三产业相比,中部地区第一产业的增长速度一直处于较高水平,中部地区的农业生产呈现出明显的优势,这些都完全合理地解释了中部地区熵关联度中第一产业产值在对中部地区的物流产值稳居第一的原因。除了建筑业之外,铁路里程对中部地区物流发展的影响排名第三,这与中部地区是我国重要的客货运输的集散地和中转中心,是联系东南西北经济合作的桥梁和交通枢纽有关。京广铁路和京九铁路一直以来都是我国南北铁路的大动脉,承载了我国大部分客流量和

物资的流通量，郑州和武汉则为中部地区最大的铁路枢纽城市。因此，铁路的发展的确为中部地区的发展贡献极大。除了铁路，公路里程对促进中部地区的物流发展也有着较大的影响，国家对于中部地区“三个基地，一个枢纽”发展定位中的“一个枢纽”就是要建设综合交通运输枢纽。近年来，随着投入力度的加大，中部地区的交通设施逐步完善，公路网结构逐渐得到优化，公路网的覆盖面也越来越广，为中部地区的人民往来和物资流动提供了极大的便利。

在数据排名结果中，社会零售品销售总额对当地的物流发展的影响作用也是比较靠前的，这也反映了中部地区的民生状况，中部地区的农村人口占全国农村人口近三分之一，农民的总体消费水平比较低，应加大对中部地区居民的消费刺激，充分挖掘农村市场的巨大消费潜力，促进中部地区与其他地区之间的物资往来，加强彼此之间的交易。在进出口方面，虽然近几年来中部地区的外贸有所增长，但是中部地区对于外贸的依存度水平低于全国的平均水平，但这也从另一方面反映出中部地区在未来进出口贸易发展上有着较大的发展空间和机会，应加强关注和分析国际经济形势，积极发展本地区的进出口业务，在拉动地区经济的增长的同时促进物流产业发展。

四、西部地区物流产业与主要经济影响因子关联分析

从西部地区的灰色关联度计算结果看，公路里程、第一产业值和建筑业增加值的影响位居前三。结合西部地区自身的区位和经济发展特点，我们不难发现，在运输方式方面，公路和铁路对于西部的物流发展都发挥着重要的作用，西部地区公路运输的客运量和货运量在西部地区均占据着较高的比重，甚至高于全国平均水平；同样的，西部地区的内陆长途运输主要靠铁路，也因此铁路的建设被列为西部大开发的重点工程。所以对于发展相对落后的西部来说，铁路和公路等基础的交通设施建设完善与否能较大程度地影响着西部地区的经济发展。在物流基础设施的固定投资投入的多少，能较大程度地影响着当地的物流发展水平。在产业发展影响方面，由数据可以清楚地看出西部地区的物流发展对第一产业的依赖度较高，第一产业在三大产业中来说所占的比重相对较大。西部地区的矿产资源虽然丰富，但是整体的工业化程度比较落后，所以它对物流发展的促进作用比较低。此外，由于在地理位置上距离出海口较远，对外的海上贸易往来较少，西部地区尽管与许多国家紧邻，但是目前我国与这些国家的贸易往来仍然有限，因此进出口贸易指标对于西部地区的物流发展促进作用相对较低。

五、本章小结

研究结果表明三大地区八个经济影响对比因子与物流产业存在较高的灰色关联关系，实证说明了各地区经济发展状况与物流产业发展有着密切的联系。东部地区，除了继续稳住自己经济龙头的宝座，还应加快推进产业结构升级的进程，加强对工业建设的投入和进出口贸易，积极发展新的产业，加大对物流产业的重视程度和提高物流基础设施的建设水平、利用水平。中部地区则应在稳定第一产业为自身带来效益的前提下，结合自身特点，加快发展特色优势的工业化脚步，加大对物流基础设施的投入力度，加强与其他地区之间的经济贸易往来。随着我国西部大开发的推进，各种生产要素逐渐向西部地区集中，必然要求有大规模的物流支撑，西部地区在把握好西部大开发政策优势的同时，应该充分认识到物流产业发展的重要性，加大物流基础设施的投入和建设力度，借力“一带一路”的发展良机，充分发挥自身的天然矿藏优势，努力发展新的优势特色产业，以刺激经济发展，提高自身竞争力。物流是 21 世纪新的经济动脉，所谓“得物流者，后而能得天下”也从正面反映出了物流对于经济增长的显著促进作用，三大地区要在新一轮的经济发展竞争中得到新的优势，还应牢牢抓住物流的发展。

◆第二章◆

基于经济区域的省域物流能力比较评价

本章提要:经济全球化的发展使企业间的竞争转化为区域间的竞争,物流能力更是区域保持竞争优势的关键,现代物流业发展对各省域经济增长和产业协作的推进与带动均有重大意义,依据科学性、全面性、数据可得性等原则,建立省域物流能力评价指标体系,运用多元统计分析中的主成分分析方法,对我国31个省域的物流能力进行比较评价。研究结果表明,在一般情况下,省域经济发展水平越高,物流能力也越强,但是研究还表明经济水平较高不代表一定会有较高的物流基础水平,物流基础水平较高也不代表一定就有较高的经济水平,总体而言,东部沿海以及中部地区部分省域的物流能力更好,而我国西部以及大部分内陆地区物流发展水平相对较差。

在经济全球化和区域经济一体化的形势下,区域物流越来越受到重视,已经成为现代物流发展中的一个重要组成部分。为了区域经济持续、快速、稳定、健康发展,区域物流与区域经济发展水平之间的协调发展起到重要作用。区域物流水平的提高可以带动三个提高:区域流通领域的效率的提高、经济效益的提高和区域市场的竞争能力的提高。

"第三利润源泉"、"未被开垦的处女地"等经济学界对物流产业作用的提法,充分体现出物流在经济中的重要地位,特别是在目前竞争日益激烈的工业化国家中。省域经济水平的提高不仅仅依赖于生产水平,物流发展更是占据着不容忽视的位置,它是省域经济快速增长的催化剂,是提高省域综合竞争力的一剂良药。因此,正确地评价省域物流发展水平迫在眉睫。

当前,我国各省域之间物流流通加大,速度更快,层次更加明显,形成了新的省域经济发展特点,各地区的产业互补性日益增强,导致区域物流发展态势的变化。如何合理评价省域物流竞争能力水平,科学分析区域物流竞争能力特征,对优化产业结构,提高省域物流能力,改善经济发展环境,最后推动整个省域经济发展以及国家的经济发展,都具有重要的理论和现实意义。

第一节 我国现代物流发展概况

一、物流规模逐年扩大

我国地处于亚洲东部,太平洋西岸,东隔台湾海峡与台湾相望,南接印度洋,在陆地上有 14 个陆地邻国,隔海相望的国家有 6 个,是一个邻国众多的陆地大国。同时我国的交通运输较为发达,公路运输已经覆盖了全国绝大多数的县市;铁路方面,以北京为中心、各个省省会为辅助中心延展形成了“三横五纵”的布局;在航空方面,有以北京为中心的航空运输网;在内河运输方面,主要有长江水系、黄河水系、珠江水系、京杭运河及黑龙江等五大水系;在海洋运输方面,沿海运输有分别以上海、广州及大连为中心的三大航区,远洋航线遍及世界 150 多个国家及地区。我国的大陆海岸线据世界前列,造就了我国发达的港口运输业,独一无二的地理优势以及得天独厚的交通优势为发展我国现代物流业奠定了夯实的基础。

由图 2-1 我们可以看出:从 20 世纪 90 年代开始,我国物流业的发展速度逐年加快,交通运输、仓储和邮政业产值从 1992 年的 1688.98 亿元逐渐增加直到 2012 年的 24959.78 亿元,平均每年的增长率都高于 16.9%,交通运输、仓储和邮政业产值占 GDP 比重基本保持在 5 个百分点左右。

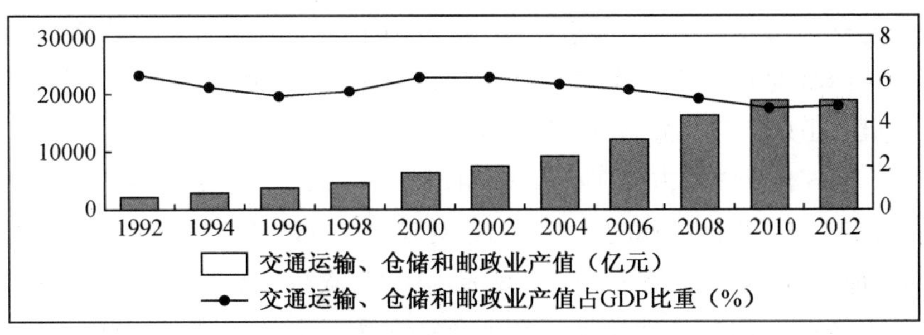

图 2-1 1992—2012 年全国交通运输、仓储和邮政业增加值占 GDP 比重

二、社会需求物流快速增长

我国的区域模块经济发达，素有"瓦器之国"、"丝绸之国"之称，经济增长速度及贸易进出口量居世界前列，是世界第一贸易大国、世界第二经济大国。我国的钢铁生产量、粮食生产量居世界第一。迅速发展的区域特色经济及繁荣昌盛的贸易市场蕴含着我国不容忽视的物流需求量。

从图2-2中可以看出，自从改革开放之后，我国物流业发展迅速，社会物流的需求量快速增长，货运量在22年之间从24.89亿吨加速增长到2010年的324.18亿吨，同期的货运周转量也从9829亿吨公里增长到2010年的141837.4亿吨公里，两者分别增长了13.02倍和14.43倍。

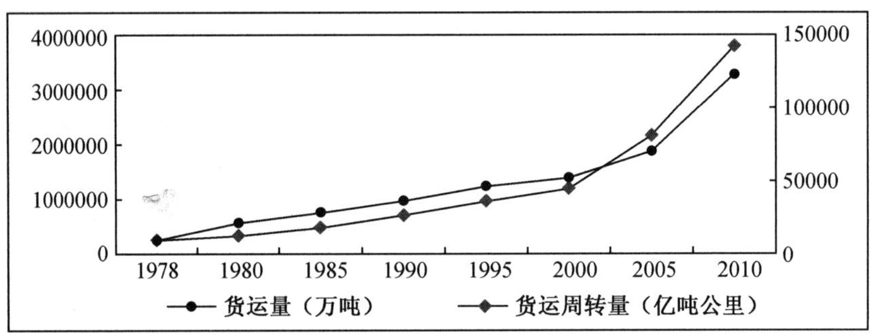

图2-2 1978—2010年全国货运量、货运周转量变化趋势

三、物流发展水平在省域间的差异

区域经济的发展与区域物流的发展都离不开彼此，区域物流的发展需要区域物流的支持，反之，区域经济也可以借助区域物流迅速发展。如表2-1所示，我国地区经济发展差异明显，表中东部包括北京、天津、河北、辽宁、上海、江苏、浙江、福建、山东、广东、海南，中部包括山西、吉林、黑龙江、安徽、江西、河南、湖北、湖南，西部包括内蒙古、广西、重庆、四川、贵州、云南、西藏、陕西、甘肃、青海、宁夏、新疆。东部地区总体的经济实力相对较强，中部地区总体的经济实力较落后，西部地区总体的经济水平处于前两者的中间，从而导致了在空间上我国物流发展的不平衡。2012年，东部地区在生产总值，社会消费品零售总额，地方财政收入及限额以上批发、零售贸易业商品销售总额占据绝对优势，工业总产值是中

部地区的两倍多;西部地区在工业总产值,地方财政收入及限额以上批发、零售贸易业商品销售总额总体上较高于中部地区,这使得我国的省域物流发展总体上基本呈现出"东高西低"的基本趋势。

表 2-1 2012 年我国东中西部经济发展对比

单位:亿元

地区	GDP	工业总产值	社会消费品零售总额	地方财政收入	限额以上批发、零售贸易业商品销售总额
东部	320738.5	137549.79	119970.6	35784.46	439100
中部	141908.6	64591.93	52934.5	12531.05	214900
西部	113904.8	47811.94437	37401.3	12762.7782	274200

第二节 省域区域物流能力评价

一、指标体系的建立

区域物流能力指标的选取要反映我国东部沿海经济区域的真实情况,能够较为全面、完善地体现区域物流能力的现状和基本特征,并且指标的独立性较强,根据主成分分析的基本思想和实际情况,我们从区域经济实力、物流基础水平和环境竞争力三个方面,选取了 9 个指标,如表 2-2 所示。

表 2-2 我国省域物流能力评价体系

评价指标	单位	代码
地区生产总值	亿元	X_1
人均 GDP	元	X_2
居民消费额	元	X_3
仓储业人数	人	X_4
公路里程	公里	X_5
营运性运输车辆	万辆	X_6
公路货运量	万吨	X_7
邮电业务总量	亿元	X_8
海关出口总额	万美元	X_9

二、数据来源

本章以我国31个省市自治区的物流发展为研究对象，分别为北京、天津、河北、山西、内蒙古、辽宁、吉林、黑龙江、上海、江苏、浙江、安徽、福建、江西、山东、河南、湖北、湖南、广东、广西、海南、重庆、四川、贵州、云南、西藏、陕西、甘肃、青海、宁夏和新疆。查阅2013年《中国统计年鉴》整理得到各评价指标值，如表2-3所示。

表 2-3 2012 年我国省域原始数据

地区	X_1	X_2	X_3	X_4	X_5	X_6	X_7	X_8	X_9
北京	11115	87475	24045.9	12712	21492	21.28	26161.9	631.23	5963209
天津	6719.01	93173	20024.2	12744	15391	12.4	46015.2	185	4831256
河北	16012	36584	12531.1	8058	163045	103.22	219130	598.29	2959820
山西	7315.4	33628	12211.5	7293	137771	42.41	144608	338.94	701604
内蒙古	8496.2	63886	17717.1	5628	163763	35.98	189942	273.34	397016
辽宁	13668.6	56649	16593.6	12452	105562	67.36	206789	516.07	5795905
吉林	6426.1	43415	14613.5	25825	93208	32.13	54808.1	262.91	598268
黑龙江	8314.37	35711	12983.6	18287	159063	46.59	65230.7	329.81	1443517
上海	14069.9	85373	26253.5	22522	12541	19.6	94038.3	637.93	20673017
江苏	30982	68347	18825.3	7690	154118	65.98	220008	1120.36	32852352
浙江	21462.7	63374	21545.2	11514	113550	54.06	191817	1025.09	22451714
安徽	8851.66	28792	15011.7	6038	165157	64.74	312437	418.1	2674850
福建	10823	52763	18593.2	5150	94661	25.66	84345.1	592.9	9783259
江西	6971.05	28800	12775.7	4139	150595	32.21	127196	310.38	2511279
山东	30933.3	51768	15778.2	11462	244586	105.09	333603	891.57	12870921
济南	18018.5	31499	13733	20683	249649	99.8	272115	680.03	2967645
湖北	11328.9	38572	14496	7536	218151	40.78	122945	491.29	1939850
湖南	11555	33480	14609	5193	234040	43.67	191052	491.21	1260220
广东	36796.7	54095	22396.4	26558	194943	90.66	256077	2161.56	57405077
广西	7021	27952	14244	5373	107906	38.57	161356	366.36	1546775
海南	1503.06	32377	14456.6	1739	24265	6.17	26880.4	104.89	313610

续表

地区	X_1	X_2	X_3	X_4	X_5	X_6	X_7	X_8	X_9
重庆	5793.66	38914	16573.1	5308	120728	25.58	86474.1	276.99	3856758
四川	12601.2	29608	15049.5	6102	293499	61.77	174349	692.31	3846907
贵州	3561.56	19710	12585.7	3474	164542	25.22	52654.9	262.05	495223
云南	5692.12	22195	13883.9	2148	219052	55.55	68734.9	363.44	1001737
西藏	394.85	22936	11184.3	180	65198	3.36	1126.6	34.86	335518
陕西	7314.58	38564	15332.8	8696	161411	35.73	136727	386.41	865226
甘肃	3166.82	21978	12847.1	3732	131201	23.72	45831.7	189.88	357355
青海	1018.62	33181	12346.3	1084	65988	8.93	13483.9	57.04	72876
宁夏	1203.92	36394	14067.2	583	26522	12.55	41113.3	65.66	164112
新疆	4183.21	33796	13891.7	3979	165909	39.11	58793.5	263.36	1934565

三、因子分析步骤

首先对原始指标进行标准化处理,应用 SPSS17.0 统计软件,采取因子分析方法,进行 KMO 值和 Bartlett 球形检验。检验结果如表 2-4 所示,Bartlett 检验值为 318.851,$P=0.00<0.05$,KMO 检验测度值为 0.715,表明选取的变量指标间存在较强的线性关系,适合做因子分析。

表 2-4 KMO 和 Bartlett 检验

取样足够度的 Kaiser-Meyer-Olkin 度量		0.715
Bartlett 的球形度检验	近似卡方	318.851
	df	36
	Sig.	0

由表 2-5 可知,变量的相关系数矩阵有两个大于 1 的特征根:4.815、2.541,且累积贡献率已经达到 81.734%,超过了 80%,故选择其作为公共因子,基本上能反映 9 个指标的信息。

表 2-5　解释的总方差

成分	初始特征值			提取平方和载入			旋转平方和载入		
	合计	方差的(%)	累积(%)	合计	方差的(%)	累积(%)	合计	方差的(%)	累积(%)
1	4.815	53.497	53.497	4.815	53.497	53.497	3.702	41.131	41.131
2	2.541	28.237	81.734	2.541	28.237	81.734	3.654	40.603	81.734
3	0.601	6.683	88.417						
4	0.517	5.749	94.166						
5	0.266	2.960	97.126						
6	0.136	1.514	98.64						
7	0.079	0.874	99.514						
8	0.025	0.276	99.79						
9	0.019	0.210	100						

我们对载荷矩阵进行因子旋转，经 3 次旋转后，得旋转成分矩阵表，如表 2-6 所示。变量与某一因子的联系系数绝对值越大，就说明该因子与变量关系越近。例如，X_2 第一因子的值为 0.875，第二因子的值为-0.216，由此可见 X_2 与第一因子关系更近，与第二因子更远。X_5 第一因子的值是-0.328，第二因子的值为 0.848，说明与第二因子关系更近。

表 2-6　旋转成分矩阵

变　量	成　分	
	1	2
X_1	0.634	0.738
X_2	0.875	-0.216
X_3	0.940	-0.094
X_4	0.665	0.281
X_5	-0.328	0.848
X_6	0.12	0.936
X_7	0.174	0.871
X_8	0.670	0.669
X_9	0.780	0.415

从表 2-6 可看出，公共因子 F_1 在 X_1、X_2、X_3、X_4、X_8、X_9 上载荷值都很大，分别为 0.634、0.875、0.940、0.665、0.670、0.780，这六项指标都表示的是省域物流能力发展过程中生活水平的高低，因此将公共因子 F_1 确定为省域经济水平因子；而公共因子 F_2 在 X_1、X_5、X_6、X_7、X_8 上的载荷比较大，分别为 0.738、0.848、0.936、0.871、0.669，这五项指标都表示的是省域物流基础水平因子。最后进行因子评分，以各主因子的信息贡献率作为加重权数计算各省域物流能力综合测评得分，公式如下：

$$F_{综}=0.41131\times F_1+0.40603\times F_2$$

我国省域物流能力的两个公因子得分和综合得分及排序如表 2-7 所示。

表 2-7 我国省域物流能力因子得分和综合得分及排序

地 区	F_1		F_2		$F_{综}$	
	得分	排序	得分	排序	得分	排序
北 京	1.7526	3	−1.4548	30	0.1302	10
天 津	1.3171	6	−1.6650	31	−0.1343	17
河 北	−0.5233	19	1.1932	4	0.2692	7
山 西	−0.6560	23	0.0783	13	−0.2380	20
内蒙古	0.0901	11	−0.1644	18	−0.0297	14
辽 宁	0.3772	8	0.2713	12	0.2653	8
吉 林	0.2286	10	−0.5669	23	−0.1361	18
黑龙江	−0.3137	13	0.0006	14	−0.1288	16
上 海	2.4115	2	−1.2223	27	0.4956	6
江 苏	1.3588	5	0.9535	6	0.9460	2
浙 江	1.3914	4	0.3162	10	0.7007	4
安 徽	−0.6155	21	0.8622	7	0.0969	11
福 建	0.4948	7	−0.5702	24	−0.0280	13
江 西	−0.7480	27	−0.0177	15	−0.3148	24
山 东	0.2540	9	2.0515	2	0.9374	3
河 南	−0.3618	15	1.7444	3	0.5595	5
湖 北	−0.4575	17	0.3389	9	−0.0506	15
湖 南	−0.6498	22	0.6403	8	−0.0073	12
广 东	2.5561	1	2.0727	1	1.8929	1

续表

地区	F_1		F_2		$F_{综}$	
	得分	排序	得分	排序	得分	排序
广西	-0.5324	20	-0.0489	17	-0.2388	21
海南	-0.4217	16	-1.2962	29	-0.6997	29
重庆	-0.1886	12	-0.5244	22	-0.2905	22
四川	-0.6945	25	1.1169	5	0.1678	9
贵州	-1.0000	30	-0.2498	20	-0.5127	26
云南	-1.0136	31	0.3099	11	-0.2911	23
西藏	-0.9717	29	-1.1116	25	-0.8510	31
陕西	-0.3313	14	-0.0287	16	-0.1479	19
甘肃	-0.8886	28	-0.4683	21	-0.5557	27
青海	-0.7175	26	-1.1129	26	-0.7470	30
宁夏	-0.4636	18	-1.2284	28	-0.6894	28
新疆	-0.6834	24	-0.2194	19	-0.3702	25

第三节 结论分析与政策建议

一、研究结论分析

从单项因子得分来看，公共因子的排名各有侧重。F_1为经济区域经济水平因子，从得分排名我们可以看出，广东、上海、北京、浙江等地区的分值较高，这些省域的物流能力较强主要是由于这些省域的经济能力比较高。广东、山东、河南等省域在区域物流基础水平因子 F_2上的分值排名居前，由于各个产业对物流的需求较大，省域加强对物流基础设施的建设，它们在物流基础水平上领先于其他省域。综合这两项公共因子，西藏、青海、贵州、甘肃等省域的整体排名靠后，呈现两边排名低于中间的趋势。

从因子分析结果还可以看出，经济水平较高不代表一定会有较高的物流基础水平，例如北京、上海等地区的经济水平因子排名靠前，但是它们的物流基础水平处于下游状态，这是产业结构分布不均衡的结果；物流基础水平较高也不代表一定就有较高的经济水平，例如河北的物流基础水平排名第四而经济水平只排名十九。公共因子之间不存在绝对的关系，却同时影响着物流能力的发展，使得我国省域的物流能力发展不均衡。

综合来看，我们可以看出，东部沿海以及中部地区部分省域的物流能力更好，而我国西部以及大部分内陆地区物流发展水平相对较差。这不仅和该省的地理位置有关，还与其省域经济的发展水平、物流环境有关。因此为了提高物流能力，提高该省域的经济发展水平是至关重要的。

随着我国经济的飞速发展以及与国外的深入交流合作，我国的现代物流必须在如今世界物流发展迅猛的阶段取得成就，占据主动，提高自身的能力。省域物流作为我国物流的一个重要部分，建设好省域物流，对省域的经济发展、各产业的合作互动、国家物流水平的提高具有重要作用。因此需要改善省域物流能力，解决区域经济不平衡问题，建设现代化的物流信息平台，全面提高物流水平，这样我国的经济实力才能越来越好，国家才能越来越强大。

二、政策建议

（一）在政府主导地位下，改善区域物流能力，解决区域经济不平衡

物流能力发展体系属于公共物品，是社会需求与供给不断均衡的过程，其属性要求政府必须是整个技术创新的主导者。在物流能力发展体系建设中，不仅包括组织体系的建设、组织之间协调运行机制的建立，而且包括政策体系的建立、制度的形成、外部环境的建设，没有政府的引导与扶持，这些目标是不可能实现的。我国区域经济发展差异大，产业结构分布不合理，因此需要政府制定完善合理的经济发展战略，实施引导地区经济健康发展，促进全国经济合理布局。政府要加强对物流业发展的规划和指导，加大产业发展宣传力度，大力改善物流业发展的环境，制定物流人才开发战略，吸引人才，注重人才的培养。

（二）继续完善物流基础设施建设

各省域已经具备了发展现代物流业的基础，已有的交通、信息系统为物流的发展提供了有力的基础设施保障。但是与其他一些发达国家的城市相比，我国物流业在第三产业中的比重仍偏低，产业结构尚未达到最佳比例，因此，在今后

的发展中,应该继续加大对物流基础设施的投入和建设,为突出发展物流产业创造条件,形成通畅便捷的交通网络;基础设施优越的区域,运输条件便利,物流也就方便;不断完善基础设施建设,加快各种运输路线的里程建设,加大投资,增加车辆的拥有量。

(三)加快经济发展,提高最终消费支出

众所周知,经济发达地区对物流的需求规模比不发达地区大,因此经济的增长对物流需求有很大的促进作用。为了加快各省物流产业的发展,必须加快经济的发展,提高人们的生活质量,促进消费支出增长。当前解决消费率偏低的根本与关键是提高农村消费率,就是提高农村人民的生活水平,促使他们提高消费。因此,在制定消费政策时,应该有意识地向农村地区倾斜。

(四)加快建设现代化的物流信息平台

现代物流区别于传统物流的关键就是物流业务是否信息化,所以我们要充分认识到信息化对物流发展的重要作用,进一步加大投入,依托现有网络资源,整合政府和相关企业之间的信息,建立以数字认证、电子商务和信息资源共享等为基础的物流信息系统,逐步形成开放式的物流公共信息平台。

物流信息平台的建设离不开政府的宏观引导,从政府层面来看,应该充分调动各行业部门以及企业的积极参与,有效利用各种资源以完善信息化建设,三者应做到协调互助,共同促进平台的建设。

(五)健全省域物流产业政策

为了对省域物流进行有效管理,政府必须健全物流产业发展政策。由于我国经济发展的不平衡,各省市物流环境与能力、企业实力、资金、城市状况不同,很难制定一个统一的政策。各地区需要因地制宜,根据自身的情况制定一些符合本地特色的区域物流政策,各省市之间相互学习促进,达到共同发展的目的。因此在健全物流产业政策方面,我们不能统一制定,而是根据不同地区发展的情况再来研究并制订不同方案,这样才能有效提高各省市的物流发展水平。

◆第三章◆

经济发展与区域物流协调度研究

本章提要:本章通过构建复合系统(区域物流系统与区域经济系统)协调度数学模型,采用功效函数的几何平均数来计算有序度和协调度。研究结果表明:华北、东北、华东、中南、西南、西北六大区域的有序度和协调度总体上呈上升趋势。货运周转量对物流业子系统影响最大,反映人民生活水平的人均工资呈现稳定状态,但居民恩格尔系数受到城市住房、医疗、教育改革,恩格尔系数有所下降。对于2008年金融危机,除了华北地区物流子系统受到影响比较大以外,其他区域还是呈现稳步上升。

区域经济是指在一定的区域空间内进行的各种经济活动的总和。区域物流是指在一定区域范围内所包含的所有物流活动,也是包装、运输、仓储、装卸、加工、配送以及信息传递等各环节的物品流动。物流被称作为"第三利润源",是联接生产与消费的纽带,对区域经济的可持续发展产生的作用将越来越重要。区域经济发展的目的就是使得经济能高速度、高质量、高效率地增长,而这些就需要合理地配置好社会资源。《国务院关于印发物流业调整和振兴规划的通知》中提出要使国民经济能快速地发展,就必须调整和振兴规划物流业。而物流业调整必须考虑的重要问题是如何协调发展物流与经济。如何制定切实可行的物流产业政策、促进物流业发展,是当前理论界与实务部门研究的热点问题。

本章通过构建复合系统(区域物流系统与区域经济系统)协调度数学模型,采用功效函数的几何平均数来计算有序度和协调度。其原理就是在系统的内部与外部之间的调节作用下,共同管理,使得组成大系统的各个子系统之间能够和谐共处,进而实现系统的整体效应。而实质是充分利用和促进各个子系统间的积极关系。以往采用这种方法研究的文献也有不少,例如罗铭、陈艳艳、刘小明(2008)在研究交通与土地利用中,构建了复合系统协调度模型;毕克新、孙德花

(2010)在研究制造业企业与工艺创新发展中也应用了该模型;蒋柳鹏、封学军、王伟(2011)在对港口、产业与城市间的关系研究等等都有借助这种方法进行辅助。因此采用复合系统协调度研究方法还是比较有实证依据和可行性的。

关于区域经济与区域物流之间关系的研究在我国学术界也有很多。比如刘云丽、罗喆、苏友娣(2013)在对物流与经济增长之间关系的研究中先进行简略分析,然后再具体阐述彼此之间的相互作用;袁怀宇(2012)通过选取物流发展代替指标,以面板数据作为模型,从而对比了我国东、中、西部三个地区物流与经济间的关系研究;而杨昕与杨菲(2013)从局部出发,首先从西部地区的现状分析入手,然后详细阐述了西部地区物流与经济的密切关系,最后针对这些现象提出了规划建设物流系统和促进重点行业物流发展等发展措施。

以上文献研究虽然都阐明了区域物流与区域经济之间非同一般的关系,但是,这些研究还是存在一些不足,如无法从国家层面物流业整体的视角来分析,缺乏各个省区之间协调的动态比较,使其无法了解区域间物流与经济协调变化的特点,计算方法也有些单一。基于上述分析,本章将尝试从以下几方面对现有文献进行扩充:(1)探究 2004—2012 年间各区域物流与经济发展协调性的演变趋势,比较他们之间的协调度变化情况;②借鉴复合系统协调度研究方法,采用功效函数中的几何平均数法计算有序度,并通过构建数学模型得出物流与经济间的协调度。

第一节　评价指标体系与子系统有序度分析

一、评价指标体系

本章用进出口总额(按照单位所在地)反映我国对外开放水平,用人均 GDP、固定资产投资(用固定资产净值)表示经济概况,用人均工资和恩格尔系数反映人民生活水平。由于物流业所涉及的行业比较广泛,为了便于对物流业数据进行研究,我们用第三产业中的交通运输仓储、邮电通信业来表示物流产业总产值指标。货运量一般是物流业发展研究的衡量指标之一,货运周转量是在报告期内各种运输工具实际运送的每批货物重量分别乘以运送距离的累计数,其中既包括了运输对象的数量,还包括了运输距离的因素,这样就能够体现国民经济活动对物品流动需求的实现程度。如表 3-1 所示。

表 3-1 我国物流业与经济发展协调度指标体系

子系统	衡量意义	代码	指标	单位
物流业发展子系统	物流产出	Y_1	货运量	万吨
		Y_2	货运周转量	亿吨千米
		Y_3	物流业总产值	亿元
	物流投入	Y_4	从业人数	万人
		Y_5	物流产业固定资产净值	亿元
经济发展子系统	经济概况	X_1	人均 GDP	元
		X_2	固定资产净值	亿元
	对外开放水平	X_3	进出口额总额	亿元
	生活水平	X_4	人均工资	元
		X_5	城市恩格尔系数	%
		X_6	农村恩格尔系数	%

二、有序度

协同论[1]中把系统的内部变量分为快驰豫变量和慢驰豫变量。而要想让系统从无序状态转为有序状态，是由系统间的慢驰豫变量间的协调作用决定的。然而这类变量的数量较少，因此对系统起到了主导作用，从而决定了系统的演变方向和有序状态。根据上述原理，建立区域物流—经济系统的协调度数学模型—功效函数来表明 S_i序参量和分量 e_{ij}的有序度。

$$u_i(e_{ij})=\frac{e_{ij}-\beta_{ij}}{\alpha_{ij}-\beta_{ij}}u_{ij}(e_{ij})\text{具有正功效}$$

$$(j=1,2,\dots,n)$$

$$u_i(e_{ij})=\frac{e_{ij}-\beta_{ij}}{\alpha_{ij}-\beta_{ij}}u_{ij}(e_{ij})\text{具有负功效}$$

式中，α_{ij}和 β_{ij}分别是系统稳定临界点上的序参量的上、下限值。慢驰豫变量在系统稳定状态的时候发生量的变化对系统有序度有两种功效：一种是慢驰豫变量的增大，系统的有序度增加，叫正功效；另一种是慢驰豫变量增大，系统有序度降低，即为负功效。

三、物流业子系统各序参量有序度分析

通过有序度计算公式可以计算出物流业子系统各序参量的有序度，结果如表 3-2 所示。

表 3-2　2004—2012 年各地区物流业子系统各序参量有序度

地区	指标	2004	2005	2006	2007	2008	2009	2010	2011	2012
华北	货运量	0.335	0.400	0.456	0.518	0.451	0.495	0.638	0.802	0.933
	周转量	0.462	0.585	0.608	0.779	0.336	0.666	0.809	0.933	0.899
	总产值	0.179	0.251	0.322	0.421	0.527	0.565	0.712	0.851	0.941
	从业人数	0.292	0.287	0.307	0.319	0.343	0.350	0.355	0.383	0.936
	固定资产净值	0.099	0.185	0.257	0.365	0.379	0.653	0.856	0.790	0.945
东北	货运量	0.354	0.400	0.461	0.531	0.458	0.528	0.663	0.810	0.932
	周转量	0.170	0.206	0.260	0.398	0.554	0.605	0.720	0.843	0.941
	总产值	0.227	0.284	0.347	0.442	0.507	0.547	0.656	0.827	0.939
	从业人数	0.680	0.629	0.626	0.769	0.721	0.919	0.699	0.783	0.848
	固定资产净值	0.109	0.174	0.331	0.381	0.535	0.677	0.945	0.740	0.807
华东	货运量	0.231	0.278	0.333	0.408	0.563	0.632	0.741	0.846	0.938
	周转量	0.205	0.285	0.365	0.432	0.596	0.612	0.777	0.901	0.940
	总产值	0.205	0.274	0.360	0.436	0.544	0.561	0.706	0.840	0.940
	从业人数	0.388	0.409	0.440	0.449	0.479	0.506	0.546	0.611	0.931
	固定资产净值	0.186	0.267	0.374	0.434	0.470	0.682	0.793	0.801	0.941
中南	货运量	0.189	0.217	0.262	0.331	0.433	0.535	0.662	0.800	0.941
	周转量	0.170	0.193	0.219	0.260	0.405	0.472	0.597	0.751	0.942
	总产值	0.218	0.277	0.357	0.450	0.526	0.561	0.677	0.808	0.939
	从业人数	0.567	0.558	0.599	0.622	0.619	0.656	0.649	0.715	0.922
	固定资产净值	0.151	0.192	0.290	0.318	0.425	0.701	0.874	0.848	0.942

续表

地区	指标	2004	2005	2006	2007	2008	2009	2010	2011	2012
西南	货运量	0.278	0.327	0.385	0.452	0.535	0.573	0.697	0.856	0.936
	周转量	0.210	0.253	0.300	0.374	0.542	0.596	0.714	0.850	0.940
	总产值	0.205	0.256	0.370	0.462	0.537	0.565	0.665	0.805	0.940
	从业人数	0.644	0.691	0.673	0.718	0.756	0.820	0.854	0.849	0.918
	固定资产净值	0.094	0.143	0.196	0.238	0.309	0.572	0.773	0.832	0.945
西北	货运量	0.206	0.234	0.260	0.301	0.524	0.581	0.671	0.796	0.940
	周转量	0.191	0.226	0.254	0.296	0.576	0.612	0.692	0.812	0.940
	总产值	0.195	0.255	0.326	0.381	0.472	0.539	0.626	0.772	0.940
	从业人数	0.750	0.654	0.616	0.604	0.573	0.921	0.603	0.618	0.636
	固定资产净值	0.163	0.241	0.301	0.301	0.411	0.600	0.788	0.822	0.942

通过上述计算结果可以得出：各地区物流业子系统各序参量有序度值从2004—2012年呈现出不同程度的波动，其中华北地区和东北地区波动幅度比较大，但总体来说各地区序参量对系统的贡献还是呈现逐年上升趋势的。

华东地区主要囊括六省一市，其中上海、江苏、浙江属于长江三角洲[4]地带，综合实力在整个区域中占有很重的分量，因此在我国物流业的发展中有很重要的战略地位并带动了物流业的发展。从表3-2中也可以很明显地看出，华东地区各序参量值对系统的贡献呈现逐年平稳增长趋势，波动起伏较小，况且华东地区经济结构主要以工业和商业为主，对此带来了巨大的物流量，物流需求比较活跃。而高附加值产业又占据了制造企业的主导地位，其技术含量、文化价值等都比一般产品要高出很多，因而市场的升值幅度比较大，为物流行业提供了较高的利润保证。

从六大地区各省市来看，除了广西和海南，西部地区囊括了西南地区与西北地区的所有省市。近年来，在物流业实业界中，西部各地区根据《物流业调整与振兴规划》均出台了本区域物流产业规划，并拟定出本地区发展物流产业的方案。这也可以从表格中很明显地看出，就西部地区（西南地区和西北地区）货运周转量和物流业总产值两项指标有序度对比来看，2008年以前货运周转量的有序度均低于物流业总产值有序度，2008年以后货运周转量的有序度就一直略高于物流业总产值。说明西部地区在交通运输基础设施建设方面，运输能力显著提高，且在物流产业发展战略中基本形成的西部重点城市也已将物流配送中心、无水港、物流园区作为建设重点，正在积极推进建设中。

华北地区包括首都北京、天津、河北、山西和内蒙古。其货运量和周转量的有序度受到 2008 年“金融危机”影响，有序度出现比较大的波动。从表格可以得知：2004—2007 年，华北地区货运量和周转量均呈现出上升趋势，但在 2008 年，由于受金融危机的影响，货运量和货物周转量急骤下滑，其绝对量也从 2007 年的420 854万吨和25 883.2亿吨公里下降到 2008 年的387 724万吨和15 608.8亿吨公里；2009 年后开始继续增长。

由此可见，货运量和货物周转量对我国国民经济的发展、对外经济贸易和区域经济的社会发展起到了重要的支撑作用。而东北、华东、中南、西南和西北各地区的货运量和周转量有序度对系统的贡献比较一致，也比较平稳。除了华北地区，对其他五大地区进行横向比较还可以发现以下特征：2004—2008 年，五大区域的周转量有序度值比值为华东>西北>西南>中南>东北，而货运量在 2004—2008 年有序度比值为东北>西南>华东>西北>中南，这反映了全国各地区物流业之间协调发展、相互促进。

从物流业从业人员来看，华北地区在 2011 年之前一直保持着平稳增长，到 2012 年快速增长，上升幅度变大，这其中一个原因是在 2011 年的“十二五”规划纲要中突出强调要“大力发展现代物流业”；同年 6 月，在国务院常务会议上，将“提出关于支持物流业发展的政策措施”作为专题进行了深入研究；同年 8 月又发布了《关于促进物流业健康发展政策措施的意见》，也就是被业内称为“国九条”的政策。因此，华北地区的物流从业人员数量在 2012 年达到巅峰。而东北地区和中南地区从业人数的有序度则先在 2005 年有所下降，到 2007 年又上升，接着又下降，这样反复地上升和下降，整体呈现无序状态。这可能是因为物流企业在这两个地区中大部分是中小企业，使得公司的经营特别容易受到宏观环境和各种政策的影响，进而导致从业人员与其他地区相比显得比较不稳定。华东地区从业人数有序度波动比较平稳，但也在 2012 年迅速达到最高峰，与华北地区从业人数差不多，可能是由于这两个地区大部分省份属于沿海地区，有比较多的物流企业，因此对物流人才的需求量也就远远多于其他地区。经过对西部进行大开发后，其物流业也因此得到了一定的发展，但与其他发达地区比较，只能算处于起步阶段中，有待继续发展。

四、经济子系统各序参量有序度分析

通过有序度计算公式可以计算出经济子系统各序参量的有序度，结果如表 3-3 所示。

表 3-3 2004—2012 年各地区经济子系统各序参量有序度

地区	指标	2004	2005	2006	2007	2008	2009	2010	2011	2012
华北	人均 GDP	0.194	0.265	0.331	0.426	0.536	0.582	0.704	0.852	0.940
	固定资产净值	0.098	0.150	0.213	0.292	0.382	0.552	0.702	0.792	0.945
	进出口总额	0.144	0.227	0.315	0.416	0.605	0.441	0.665	0.893	0.943
	人均工资	0.215	0.279	0.351	0.429	0.493	0.571	0.667	0.802	0.939
	农村居民恩格尔系数	0.910	0.853	0.797	0.823	0.907	0.850	0.800	0.824	0.824
	城市居民恩格尔系数	0.915	0.897	0.768	0.794	0.845	0.800	0.775	0.713	0.693
东北	人均 GDP	0.162	0.219	0.276	0.359	0.464	0.523	0.659	0.830	0.942
	固定资产净值	0.069	0.121	0.191	0.275	0.394	0.518	0.691	0.739	0.947
	进出口总额	0.159	0.219	0.299	0.418	0.562	0.443	0.656	0.878	0.942
	人均工资	0.224	0.259	0.316	0.415	0.497	0.572	0.670	0.800	0.939
	农村居民恩格尔系数	0.911	0.840	0.818	0.824	0.873	0.833	0.776	0.799	0.777
	城市居民恩格尔系数	0.921	0.775	0.699	0.714	0.697	0.585	0.647	0.699	0.694
华东	人均 GDP	0.207	0.270	0.339	0.431	0.523	0.580	0.712	0.853	0.940
	固定资产净值	0.120	0.177	0.241	0.313	0.410	0.531	0.676	0.776	0.944
	进出口总额	0.168	0.250	0.350	0.478	0.586	0.491	0.729	0.915	0.942
	人均工资	0.236	0.294	0.360	0.446	0.524	0.590	0.681	0.808	0.938
	农村居民恩格尔系数	0.911	0.852	0.802	0.810	0.864	0.796	0.773	0.804	0.803
	城市居民恩格尔系数	0.913	0.868	0.826	0.822	0.856	0.774	0.766	0.775	0.732

续表

地区	指标	2004	2005	2006	2007	2008	2009	2010	2011	2012
中南	人均 GDP	0.170	0.227	0.290	0.379	0.478	0.536	0.676	0.838	0.942
	固定资产净值	0.094	0.141	0.197	0.275	0.374	0.518	0.671	0.777	0.945
	进出口总额	0.192	0.266	0.373	0.492	0.561	0.479	0.677	0.842	0.940
	人均工资	0.249	0.282	0.339	0.436	0.501	0.573	0.670	0.796	0.938
	农村居民恩格尔系数	0.871	0.853	0.814	0.825	0.910	0.857	0.807	0.846	0.840
	城市居民恩格尔系数	0.919	0.853	0.779	0.796	0.800	0.740	0.717	0.666	0.629
西南	人均 GDP	0.157	0.203	0.257	0.339	0.438	0.503	0.626	0.802	0.942
	固定资产净值	0.086	0.133	0.184	0.257	0.345	0.531	0.660	0.756	0.946
	进出口总额	0.057	0.073	0.116	0.176	0.261	0.242	0.381	0.638	0.947
	人均工资	0.262	0.291	0.317	0.428	0.506	0.588	0.683	0.793	0.937
	农村居民恩格尔系数	0.780	0.749	0.765	0.835	0.913	0.832	0.791	0.795	0.803
	城市居民恩格尔系数	0.919	0.895	0.723	0.737	0.763	0.629	0.659	0.652	0.633
西北	人均 GDP	0.148	0.196	0.256	0.337	0.451	0.493	0.646	0.822	0.943
	固定资产净值	0.076	0.106	0.148	0.210	0.298	0.418	0.560	0.714	0.946
	进出口总额	0.128	0.211	0.290	0.453	0.676	0.446	0.680	0.885	0.944
	人均工资	0.227	0.268	0.325	0.434	0.506	0.578	0.668	0.810	0.939
	农村居民恩格尔系数	0.856	0.835	0.789	0.838	0.911	0.885	0.869	0.893	0.852
	城市居民恩格尔系数	0.921	0.887	0.813	0.797	0.820	0.720	0.720	0.637	0.583

从表 3-3 可以看出，各区域人均 GDP、固定资产净值、人均工资的发展趋势一致，都呈现逐年平稳上升的趋势。对比 2004—2012 年反映人民生活水平的人均工资和城乡恩格尔系数三个指标数据，人均工资的有序度表现出稳定状态，但城市居民恩格尔系数和农村居民恩格尔系数有序度却出现较大的波动，呈现出无序状态。

通过对数据的分析，我们可以看出，首先，我国人民的消费结构已经开始转型，家庭消费不再是以食品支出为主，消费支出逐步向服务性消费（如旅游等精神消费）领域分流。这也是恩格尔有序度呈现无序状态的原因之一。其次，居民对居住支出在总消费中的比重也不断提升。据相关部门调查得知，居民对居住的支出中,大部分家庭都向银行贷款几十万甚至上百万,导致他们需要每个月从自身工资中拿出部分工资来还月供,其中不乏一些人的月供固定支出占工资总收入的一半以上,因此恩格尔系数趋于下降。再者,居民对食品的消费比重也在不断下降,导致这种情况的原因是教育支出和医疗消费的比重上升。这些不定性因素最终都会导致恩格尔系数的有序度受到影响。从表格中还可以看出:东北地区和中南地区在 2005 年以后,农村居民恩格尔系数的有序度比城镇居民恩格尔系数的有序度大,对此可以说明新农村建设在该地区初显出了一些成果。而华北地区和西南地区是到 2006 年后才开始反超,华东地区和西北地区最迟,是到 2007 年。

各地区进出口总额有序度在 2009 年以前呈现出平稳增长趋势,到 2009 年后开始骤然下降,直到 2010 年才开始恢复增长状态。这种波浪起伏状态可能跟 2008 年的金融危机有关。2008 年金融危机的到来,使得欧美各国的经济发展遭到严重创伤,它们若想让本国的经济尽快恢复正常,必将采取一系列措施,比如通过占领更多的市场来提升自身产品的销量,这样做带来的结果就是内销本国产品,抵制外来商品。而我国一部分商品都是靠出口来带动经济的发展,这次危机必然导致当地群众的消费欲望降低,而我国的外贸市场也会出现一段时间的低消费和紧缩消费的状态,这样我国的经济发展就会受到比较严重的阻碍。

对各地区人均 GDP 进行横向对比可知:华北地区和华东地区人均 GDP 的有序度在多数年份都高于其他四个地区,但近几年来东北地区、中南地区、西南地区和西北地区人均 GDP 的有序度也在不断上升,且跨度比较大。受国际金融危机的影响,华北地区和华东地区经济增长放缓,而其他四个地区则得益于国家政策以及产业转移等一系列利好,经济保持高速增长,但绝大部分地区在 2008—2012 的 5 年内实现了国内生产总值翻一番。

第二节 复合系统有序度与协调度分析

一、对各地区物流系统与经济系统有序度分析

(一)计算有序度

从总体上看,序参量变量 e_{ij} 对系统 S 有序度的“总贡献”可通过 $u_{ij}(e_{ij})$ 的集

成来体现,可采用功效函数的几何平均数来确定:

$$u_{ij}(e_{ij})=\sqrt{\prod_{i=1}^{n}u_{ij}(e_{ij})} \quad (i=1,2;j=1,2,\cdots,n)$$

显然,$u_{ij}(e_{ij})$的有序度价值介于 0 到 1 之间。当 $u_{ij}(e_{ij})=1$ 时,有序度极大;当 $u_{ij}(e_{ij})=0$ 时,有序度极小。

通过上述公式计算得到表 3-4。

表 3-4 2004—2012 年各地区物流业与经济子系统有序度

地区	子系统	2004	2005	2006	2007	2008	2009	2010	2011	2012
华北	物流系统	0.240	0.315	0.371	0.456	0.401	0.532	0.645	0.719	0.931
	经济系统	0.281	0.353	0.410	0.494	0.600	0.617	0.717	0.811	0.875
东北	物流系统	0.252	0.303	0.386	0.487	0.549	0.641	0.730	0.800	0.892
	经济系统	0.263	0.315	0.377	0.465	0.561	0.568	0.682	0.789	0.867
华东	物流系统	0.234	0.299	0.373	0.432	0.528	0.595	0.707	0.793	0.938
	经济系统	0.306	0.371	0.435	0.517	0.604	0.617	0.722	0.820	0.879
中南	物流系统	0.227	0.262	0.324	0.378	0.475	0.579	0.686	0.783	0.937
	经济系统	0.291	0.347	0.408	0.495	0.576	0.604	0.701	0.791	0.864
西南	物流系统	0.236	0.291	0.355	0.422	0.515	0.618	0.738	0.838	0.936
	经济系统	0.229	0.270	0.314	0.399	0.490	0.520	0.619	0.736	0.859
西北	物流系统	0.248	0.292	0.331	0.361	0.507	0.638	0.673	0.760	0.870
	经济系统	0.252	0.309	0.363	0.459	0.570	0.569	0.684	0.788	0.856

二、分析

对比物流系统与经济系统有序度可知:华北地区物流系统与经济系统最开始都是呈现上升趋势,但在 2008 年由于受金融危机的影响比较大,物流业系统有序度有所下滑,但 2009 年后又慢慢与经济接轨,继续拉近了彼此之间的距离。东北地区在 2008 年以前物流系统与经济系统几乎处于同步发展,但到 2009 年以后物流业与经济发展慢慢拉开了距离,到 2011 年再度协同发展。其原因是:东北三省重工业优势突出,是我国重要的老工业基地 。作为石油、商品粮基地和森林工业基地,每年都有大批物资外运。虽然受到 2008 年金融危机的影响,但在 2009 年,国家发改委公布了《物流业调整和振兴规划》政策,其中包含了对石油、煤炭、重要矿产品及相关产品物流设施的建设,并对物流系统进行规划建设。在 2009 年以前, 华东地区、中南地区和西北地区的经济系统一直高于物流系统,

2009 年之后开始同步发展。而西南地区在 2008 年以前，物流系统有序度略高于经济系统有序度，自从 2000 年开始实施西部大开发战略后，2009 年显现成效，之后物流业与经济发展之间的差距慢慢拉开。对西部进行大开发后，西南地区虽然在物流业的生产和流通领域中得到了较好的发展，但整体物流业仍处于发展初期，若与发达地区相比，差距还是很大的，因此还需要规划物流系统的建设，并通过发挥政策的导向作用使得物流业能得到更好的发展。

2008 年金融危机对中国物流业的影响主要体现在市场的萎缩，导致利润下跌。这次金融危机的爆发在很大程度上影响了国民收入，使得国民收入水平下降。而收入的下降带来的是消费水平的下降，导致我国进出口额大幅度回落，严重冲击了我国物流业的发展。为了应对此次金融危机，我国也采取了一系列措施，比如将物流业的运输列入我国第十大产业振兴规划中，即通过调整产品的市场结构、优化资源配置和实现联动发展使得我国得以平稳度过这次危机。因此，2008 年各地区物流业有序度除了华北地区，其他地区仍然上升幅度较大。从地区间的横向对比可以发现，西南地区经济系统有序度一直低于其他五大地区，但物流系统有序度有反超，处在比较靠前的位置。华北地区物流系统有序度 2007—2011 年低于其他五大区，但 2007—2011 年经济系统有序度处于靠前位置。说明了区域物流与区域经济之间协调发展，相互促进。

二、各地区经济与物流复合系统协调度分析

(一) 区域经济—物流复合系统协调度模型的构建

用 t_0 表示初始时刻，$u_i^\theta(e_i)$ 表示各子系统序参量的系统有序度，则对整体复合系统在发展演变过程中的时刻 t_1 而言，若此时各子系统序参量的系统有序度为 $u_i^1(e_i)$，如定义 SM 为区域物流—经济复合系统协调度。

$$SM=\theta\cdot\sqrt{\prod_{i=1}^{2}\left[u_i^1(e_i)-u_i^0(e_i)\right]}$$

$$\theta=\left[\frac{m_i\mathrm{inu}_i^1(e_i)-u_i^0(e_i)}{m_i\mathrm{inu}_i^1(e_i)-u_i^0(e_i)}\right]\quad(i=1,2)$$

对 SM 和 θ 做如下说明：

(1) $SM\in[-1,1]$，其值越大，复合系统协调发展的程度越高，反之则越低。

(2) 参数 θ 的作用在于：当且仅当 $u_i^1(e_i)-u_i^0(e_i)>0$ 时，复合系统才有正的协调度。

(3)该协调度指标综合考虑了所有子系统的情况。在研究中为了避免指标的功效系数0与1的出现,在本章中将系统中极大值放大与系统中极小值缩小了1%,这样能够使极值的功效系数趋向于1和0,却不等于1和0。

通过上述公式可得表3-5。

表5 各地区经济与物流复合系统协调度表

地区	2004	2005	2006	2007	2008	2009	2011	2012
华北	0.074	0.130	0.215	0.227	0.313	0.420	0.504	0.641
东北	0.051	0.123	0.218	0.297	0.344	0.447	0.537	0.622
华东	0.065	0.134	0.205	0.296	0.335	0.444	0.536	0.635
中南	0.045	0.106	0.176	0.266	0.332	0.434	0.528	0.638
西南	0.048	0.101	0.178	0.271	0.334	0.442	0.553	0.664
西北	0.050	0.096	0.153	0.287	0.352	0.429	0.524	0.612

(二)协调度分析

从表3-5可以看出六大区域协调度的变化走势,比较明显的是西北地区,其在2007—2008年间上升速度比较快。统计数据显示,2007年东、中、西部地区农业总产值分别达到22 428.2亿元、17 019.8亿元和9 292.6亿元,环比增速分别为17.1%、20.3%和23.8%。因此,西北地区2007年到2008年之间增长幅度比较大。而华北地区受2008年金融危机影响,有所下滑,但2009年后开始进入快速上升时期。东北、华东、中南和西南地区物流与经济复合系统较为协调。各地区尽管受到外在因素影响,但物流业子系统和经济子系统构成的复合系统协调度还是呈现稳步上升的。

第三节 结论与建议

一、主要结论

从各地区物流业子系统各序参量有序度计算结果来看,2004年以来,各地区物流业都进入了快速发展阶段。在这个阶段,各地区根据《物流业调整与振兴规划》均出台了本区域物流产业规划,并拟订出本地区发展物流产业的方案。周转量对物流子系统的影响最大,而关于从业人员,大部分地区有序度一直保持着平稳增长,说明物流需求逐步由平稳增长向平稳较快增长转变,始终较好地支撑了宏观经济发展。

用来反映我国人民生活水平的序参量人均工资和居民恩格尔系数呈现出不一致的状态,人均工资的有序度一直呈现出平稳状态,由于我国人民消费结构的转型,导致经济增长由粗放型向集约型转变,从而通过消费来带动经济的增长。消费的多样性和不定性因素使得城镇和农村居民恩格尔系数的有序度呈现出无序状态。

华北地区和华东地区属于经济比较发达地区,其物流设施建设对经济增长的作用越大。而西南地区和西北地区,近年来虽然在物流基础设施中投入大,发展快,但相关配套设施不够完善。

2008 年的金融危机,对进出口总额有序度影响比较大,但很快在 2009 年后恢复增长。各地区尽管受到外在因素影响,但物流业子系统和经济子系统构成的复合系统协调度还是呈现稳步上升的。

二、政策建议

第一,通过复合系统模型可以有效地测评物流与经济的协调发展水平并做纵向比较,可知物流业已经不再是制约各地区区域经济发展的“瓶颈”。因此可通过合资、控股、兼并等方式,鼓劲大型优势物流业对分散的物流基础设施进行整合与配置,建立一批竞争力强、服务水平高的大型骨干物流企业。对于中小物流企业应该加强它们之间的横向联合和信息沟通,通过创新合作模式、资源合理配置、使需求多样化;通过转变地区物流业的发展模式来提高物流企业的竞争能力。

第二,由于人民消费结构的转型导致经济增长的转变,通过消费来带动经济的增长,那么国家就应该制定一些合理的措施,增加人民的收入,来刺激消费。对于服务型消费(如旅游花费)成为家庭消费支出的重要因素之一,就应该大力提倡发展第三产业,促进旅游业和相关类产业发展。

第三,应大力加强管理创新、制度创新和人员素质的提高。

第四,对物流行业政策法规而言,行业协会可以组织物流企业参与法规政策的调研与研讨,从而使得政策更具有针对性和有效性。

◆第四章◆

物流产业集聚与区域经济发展关联分析

本章提要：物流产业集聚能够降低社会的物流成本，促进区域经济的发展，各企业之间通过共享物流基础设施和信息传递，实现资源上的时空效应，以此来满足社会不断增长的物流需求。本章以区位熵系数作为测算指标，选取2000—2012年间的相关数据对我国六大区域物流产业聚集度进行实证分析，再用灰色关联法分析我国六大区域的物流产业的聚集情况与区域经济发展水平之间的关系。研究结果表明六大区域物流产业集聚程度与当地经济的发展水平有较大的关系，但是物流产业不是区域经济发展的唯一动因，这些结论可以为各区域进一步发展经济，制定经济发展战略提供方向性的指导。

自2009年国家发改委将物流产业列为中国的十大振兴产业之一后，中国的物流业快速发展，学者对于物流产业集聚的研究日益增加，每年呈现不断增长的态势，在中国知网上以“物流产业”集聚为主题的关键词的搜索，从2000年的每年180篇的研究成果到2014年5367篇的研究成果，十几年来研究成果呈几十倍的增长趋势。

但学者对于物流产业集聚的研究主要是围绕物流产业形成的条件、影响因素、发展模式和物流产业集聚与经济发展之间的关系展开。如陆成云(2012)分析了物流园区产业集聚的内在机理和影响机理发挥的外部因素；杨春河(2006)通过产业经济学集中率系数分析了我国区域物流的集聚的指向性和空间布局；宋宝瑞(2014)通过最小二乘法研究物流产业对区域经济增长的贡献模型，以此找出物流产业对区域经济增长的影响机制，为加快区域经济增长提出了建设性的意见；陈鹏(2013)以珠江三角洲为研究的区域范围，实证分析珠三角的物流产业与该地区的城市群竞争力之间的关系，提出了珠三角地区城市群竞争力的物流业发展对策；王瑞荣、李志彬(2014)通过灰色关联法研究了物流产业集聚与经济发展之间的相关性,而采用区位熵法实证检验分析评价了两者之间的关系。

以上学者对于物流产业的研究大多以局部区域进行分析,而本章以全国31个省市自治区为研究对象,将其划分为六大区域来研究各个区域的物流产业集聚度和聚集度与区域经济发展之间的关系。六大区域各自包括的省市自治区为:华北地区(包括:北京、天津、河北、山西、内蒙古),东北地区(包括:辽宁、吉林、黑龙江),华东地区(包括:上海、江苏、浙江、安徽、福建、江西、山东),中南地区(包括:河南、湖北、湖南、广东、广西、海南),西南地区(包括:重庆、四川、贵州、云南、西藏),西北地区(包括:陕西、甘肃、青海、宁夏、新疆)。

第一节 我国物流产业集聚发展概况

目前我国物流业在发展的过程中遇到许多的问题和挑战。首先,物流业的发展离不开其配套的物流基础设施,这就使得物流企业要花费巨大的资金进行大量圈地,购买配套的物流设备,以此来兴建物流园区。但是物流园区的兴建并没有得到充分的利用,造成较大的物流园区空置率。其次,由于零散的物流企业在物流运输的过程中缺乏路线的规划,造成了许多浪费现象,如空载率持续上升,重复、过远运输等现象。最后,在物流运输的过程中也会产生各种噪音和污染。所以只有通过物流产业的集聚,让更多的物流企业能够共享这些物流基础设施和信息平台,才能提高物流园区的利用率,同时增强物流企业间的交流与合作,使得信息资源得到及时的交流,降低物流运作的成本。

一、物流产业集聚

(一)物流产业集聚的概念

产业集聚是指相关的产业在某一特定经济地理区域内相对集合,与相关产业有关的各种产业资本要素在同一空间范围内不断汇集的过程。物流产业集聚是物流企业及与之相关的机构,依靠当地区域的地理优势和经济条件,集成各项物流功能,以此提高物流的运作水平。

(二)物流产业集聚的特征

(1)物流产业集聚一方面可以吸引社会上不同行业的物流需求者来集聚区

寻找合作伙伴;另一方面,由于物流产业集聚,物流园区不断兴建,园区内的各项配套的物流基础设施也随之加强建设,汇集了各个物流业不同的物流资源在一起,包括物流设备、技术、人才,这必然成为集聚区在物流技术的研发和应用上的一个新的基地。

(2)物流活动本身就是一个包括了运输、装卸、搬运、仓储、配送等环节的过程,由于物流产业的集聚,各物流企业就可以通过物流信息技术在物流活动的每一个环节上得到及时有效的沟通和交流,使物流信息的传递更加通畅。而且集聚区内部的企业还可以通过网络信息及时与外部的企业联系,共享物流信息资源,这也充分体现了物流产业集聚所带来的更加开放的网络资源的共享性。

(3)物流不是一个单独运作的产业,它与制造业、服务业、工农业等都息息相关,为这些行业提供辅助性的服务。只要是各行业在运作的过程中产生了物流需求,物流企业就要根据客户需求,将物流服务按时按地按量地送达客户手中。

二、我国物流产业集聚发展现状

物流园区的建设是物流产业集聚的主要表现之一,物流园区建设的目的就是使更多中小型的物流企业聚集在一起,通过共享园区内的物流基础设计和信息网,来实现物流成本的降低和经济效益的提高。我国物流业的发展水平随着我国经济的发展而不断提高,物流产业集聚的现象也明显提高。到目前为止,我国物流产业集聚基本上形成了以"三带四区"的发展格局。以能源和原料产业为依托的物流产业集聚带分布在包括中国东三省、中国西部和内蒙古一带;以煤炭工业为依托的产业集聚带主要分布在包括山西、陕西和河北的中部一带;以制造业,进出口和消费为依托的物流产业集聚带主要分布在包括江浙广、上海和天津一带的东部沿海地区;四区包括珠三角物流产业聚集区、环渤海物流产业聚集区、东北能源和重工业集聚区以及长三角产业物流聚集区。但是我国现在物流业的发展仍存在较多问题,比如物流市场供需不平衡,其主要体现在铁路平台的供应与物流大量需要的尖锐矛盾上,每年"春运"出现的"一票难求"现象也间接反映了我国物流供给不足的问题以及快速发展的市场经济与铁路发展不足的矛盾。我国第三方物流企业在管理和服务水平上的落后,也使得我国的物流服务社会化程度低。这就需要进一步加强我国的物流企业的集聚度,增强物流企业之间的分工协作,提高物流的经济效益。

第二节 我国物流产业集聚度的测算

一、产业集聚度测算方法

目前有多种方法可以测算产业集聚度，如集中度法，但是此方法容易忽略规模最大地区之外其他地区的规模分布情况，不能反映规模最大地区内部之间产业结构与分布的差别；赫芬达尔-赫希曼指数，其直观性较差；而空间基尼系数，由于企业间规模存在着差异性，所以集聚的现象不能仅仅依据研究数值是否大于零来判断。区位熵方法计算简单、数据易得，能够较好地反映地区产业聚集情况等优点，本章选取区位熵赋权法作为研究方法。*LQ* 表示某一省份、区域的 *i* 行业的区位熵，*LQ* 指数的计算公式为：

$$LQ=\frac{P_{ki}/p_i}{p_k/p}$$

式中，P_{ki}为某一省份、区域的 i 行业的相关指标（例如生产值、从业人员等），P_i为某一省份、区域行业的相关指标，P_k指 i 行业在全国的相关指标，P 为全国所有产业的指标值。区位熵可以测度某一省份、地区的产业聚集与全国产业集聚水平之间的差异程度，*LQ* 的值越高，表明该地区的产业集聚水平越高。用 *LQ* 系数反映我国六大区域物流的专业化水平即物流产业聚集度，*LQ* 系数越高，区域内的物流专业化水平越高，即物流产业聚集度越高，它们之间成正相关的关系，且其系数一般以 1 为临界点，大于 1 表示该区域物流的专业化程度高。

二、指标选择与研究对象

（一）指标选择

在传统的储运业中，交通运输、仓储和邮电业是其重要的组成部分，传统储运业在长期的发展过程中渐渐形成了现代的物流产业。由于我国的统计年鉴一直都是按照交通运输业、仓储和邮电业进行归纳分类的，没有单独对物流产业进行数据统计，本章以 2000—2012 年间我国交通运输业、仓储业和邮电业的就业人数作为数据指标。

(二)研究区域的划分

目前我国区域的划分方法比较多,参照中国国家统计局的划分方法,其中一种划分法是将中国划分为东部、中部和西部三大区域,该方法划分的区域过大,不便于研究各个区域的差异性。另一种划分方法是将中国划分为东北、北部沿海、东部沿海、南部沿海、长江中下游、黄河中下游、西南和大西北八大区域,由于八大区域各地区的地域范围、人口、规模和经济发展程度存在较大的差异,也不便于本章研究物流产业集聚与经济发展之间的关联性。综合考虑各种划分方法的利弊,结合研究数据获得的需要,本章采用华北、东北、华东、中南、西北、西南六个区域作为划分为方法进行研究。

三、六个区域的物流产业集聚度测算

本章以2000—2012年的数据为样本,对六个区域的集聚度进行测算。选取全国和六大区域内的职工就业人数,交通运输、仓储、邮电业的职工就业人数作为计算指标,其中,六大区域的统计数据由各区域内所包含省级单位的统计数据汇总相加得到,如表4-1和表4-2所示。

表4-1 全国和六大区域2000—2012年职工就业人数

单位:万人

年份	全国	华北	东北	华东	中南	西南	西北
2000	11 259.0	1 764.7	1 448.5	3 145.8	2 797.5	1 207.9	894.1
2001	10 791.8	1 717.4	1 369.5	3 005.1	2 677.4	1 154.7	867.7
2002	10 558.0	1 700.7	1 296.8	2 932.2	2 638.3	1 133.4	856.1
2003	10 492.0	1 686.3	1 258.1	2 922.4	2 638.9	1 139.5	846.8
2004	11 098.9	1 795.9	1 293.6	3 177.2	2 780.9	1 179.7	871.7
2005	11 404.0	1 798.8	1 249.4	3 395.1	2 881.2	1 204.0	875.5
2006	11 713.2	1 818.1	1 260.4	3 568.8	2 960.5	1 229.0	876.3
2007	12 024.4	1 864.9	1 260.1	3 721.7	2 987.7	1 301.6	888.4
2008	12 192.5	1 891.9	1 247.9	3 819.2	3 016.8	1 327.5	889.3
2009	12 573.1	1 955.7	1 243.9	3 966.4	3 138.6	1 365.0	903.5
2010	13 051.6	2 015.5	1 245.7	4 173.9	3 284.2	1 406.3	926.0
2011	14 413.3	2 181.6	1 323.6	4 707.0	3 641.6	1 565.7	993.8
2012	15 236.4	2 333.2	1 355.2	5 027.4	3 798.7	1 681.4	1 040.4

从表 4-1 和表 4-2 可知,全国职工总就业人数自 2000 年后的三年时间内总体上是下降的趋势,2004 年全国职工总就业人数总体上呈不断上升的趋势,而全国交通运输、仓储和邮电的职工就业人数则是波浪式的上升趋势。

表 4-2 全国和六大区域 2000—2012 年交通运输、仓储和邮电业就业人数

单位:万人

年份	全国	华北	东北	华东	中南	西南	西北
2000	659.0	101	97.6	173.2	167.1	68.1	51.6
2001	629.0	98.7	93.6	161.4	157.8	66.5	50.7
2002	613.0	97.8	87.9	153.8	159.4	64.2	50.4
2003	636.5	104.7	90.2	156.5	149.4	60.2	48.6
2004	631.8	105	86.7	153.6	147.7	56.8	48.7
2005	613.9	103.8	76.7	149	145.7	56.3	47.7
2006	612.7	108.8	76.3	147.2	144.1	56	46.3
2007	623.1	112.5	74.9	147.3	148.5	55.3	44.9
2008	627.3	123.74	75.52	165.87	154.93	60.55	46.66
2009	634.4	125.35	73.25	170.07	157.67	61.33	46.74
2010	631.1	125.3	69.9	174.5	153.9	61	46.5
2011	665.9	131.49	72.86	183.98	166.89	61.6	48.96
2012	667.5	135.47	74.34	183.14	163.66	62.63	48.27

六大区域的职工就业人数和交通运输、仓储和邮电的就业人数的变化趋势与全国的变化趋势大体一致,自 2000 年后的三年时间内呈下降的趋势,2004 年后六大区域的职工就业人数开始呈上升的趋势。

根据区位熵计算公式计算得到六大区域 2000—2012 年物流产业集聚度,结果如表 4-3 所示。

表 4-3 六大区域 2000—2012 年物流产业聚集度

年份	华北	东北	华东	中南	西南	西北
2000	0.978	1.151	0.941	1.021	0.963	0.986
2001	0.986	1.173	0.921	1.011	0.988	1.002
2002	0.990	1.167	0.903	1.041	0.976	1.014

续表

年份	华北	东北	华东	中南	西南	西北
2003	1.070	1.236	0.923	0.976	0.910	0.989
2004	1.107	1.207	0.920	0.968	0.880	1.026
2005	1.139	1.172	0.885	0.990	0.913	1.067
2006	1.213	1.201	0.860	0.975	0.908	1.047
2007	1.258	1.181	0.847	1.004	0.870	1.019
2008	1.271	1.176	0.844	0.998	0.887	1.020
2009	1.270	1.167	0.850	0.996	0.890	1.025
2010	1.286	1.160	0.865	0.969	0.897	1.039
2011	1.305	1.191	0.846	0.992	0.852	1.066
2012	1.325	1.252	0.831	0.983	0.850	1.059

从表4-3的计算结果可以看出,六大区域的集聚度存在差异。其中东北地区的产业集聚度均大于1;华东与西南的产业集聚度相当,均小于1;华北与西北的产业集聚度相似。这说明东北地区的物流产业聚集程度较高,华北与西北地区的物流产业集聚度一般,华东地区的物流产业集聚度相对较低。

首先,东北是我国重要的老工业基地之一,我国政府大力支持东北发展物流经济,进行产业经济的转型,同时东北地区的地理位置和区位条件为其物流产业的发展奠定了基础。其次,在东北一些较大的城市分布着许多的物流企业,凭借着大城市完善的物流基础设施,物流企业之间共享资源与信息,这些也为物流产业集聚创造了条件。且这些大城市大多是边境城市,有利于物流业务量的扩张。以哈尔滨—长春—沈阳—大连为中心的物流网络体系更是为产业集聚的形成奠定了基础。但是东北的物流企业对于现代化的信息管理和技术在物流中的处理和应用水平还相对较低,对物流活动的监控缺乏有效的数据基础,这样就不能对物流过程进行及时有效的跟踪和对突发事件的快速处理。所以只有遵循东北市场经济的发展规律,探索东北地区新的产业经济发展模式,充分利用老工业基地的优势,应用现代化的物流信息技术和管理手段发展现代物流体系,才能促进东北市场的物流企业发展,进而加强东北地区的物流产业集聚。

第三节 物流产业聚聚与经济发展灰色关联分析

要实现区域经济的增长,区域内各企业就要在物资与信息传递上实现共享。发展经济学的增长极理论指出,企业间物质的交换和信息的共享,会壮大区域经济体,进而产生增长极和梯度推移。而物流产业集聚则是实现企业间资源共享,信息传递的重要手段。

由于物流产业集聚与经济发展之间关系的复杂性,不一定呈现典型的分布规律。所以很多学者在研究物流产业集聚与经济发展之间的关系时就采用灰色关联的研究方法,它是对这两者发展态势的量化分析。灰色关联系数越高,表明物流产业集聚与区域经济发展之间的关系越密切。比如,张红(2011)以江西省为研究范围,运用灰色关联法研究江西省2000—2009年间的物流产业的发展现状与经济发展的相关性,并预测江西省2010—2019年的协调发展趋势,进一步提出政策建议;李爱真(2013)在测算河南省的产业集聚指数后,应用灰色关联法以2003—2011年间的国民生产总值为参考序列,研究与其工业企业的相关性,为提高河南省区域经济的竞争力提供了理论依据。

一、灰色关联度的计算步骤

设六个区域的产业物流集聚度为参考数列,六个区域的GDP为比较数列,如表4-4所示,物流产业集聚度:$X_{0(t)}$,$t=1,2\cdots.n$,GDP为X_k,$k=1,2\cdots m$。

表4-4 2000—2012年六大区域的国民生产总值

年份	华北	东北	华东	中南	西南	西北
2000	13292.3	9772.0	36473.1	25498.0	8878.1	4779.1
2001	14887.2	10543.5	40255.6	28143.2	9681.1	5265.2
2002	16749.8	11444.0	45064.8	31068.7	10676.2	5815.9
2003	19750.1	12722.0	52634.5	35664.9	12056.3	6709.5
2004	24234.3	14544.6	63726.3	42946.8	14394.3	8076.4
2005	29022.8	17181.2	75592.5	51233.9	16569.8	9627.8
2006	33871.0	19791.4	88449.8	60068.5	19215.4	11440.6
2007	41154.5	23553.0	105452.8	72640.1	23236.6	13700.9

续表

年份	华北	东北	华东	中南	西南	西北
2008	49657.6	28409.1	124093.5	86223.2	28043.4	16887.2
2009	54008.9	31078.2	136345.3	94397.2	31205.1	18269.0
2010	64605.2	37493.5	162031.4	112745.3	37444.9	22721.8
2011	77672.4	45377.5	190550.3	133686.7	46238.8	27915.4
2012	85341.7	50477.3	208781.2	146962.6	53145.1	31844.0

无量纲化指标,使其具有可比性。处理方法为均值化处理,先求出一列数据的平均值,然后用该数列内的每个数据除以平均值,最后得到一列新数据的过程。

计算灰色关联度,将经过无量纲化处理后的新数据中,设参考数列为 $Y_{0(t)}$,比较数列 $Y_{k(t)}$,则灰色关联系数的计算公式为:

$$\xi_t(k\Theta 0)=\frac{\Delta_{\min}+\rho\Delta_{\max}}{\Delta_{0k}(t)+\rho\Delta_{\max}}$$

其中,$\Delta_{\max}=\max\ \max\Delta_{0k}(t)$ 和 $\Delta_{\min}=\min\ \min\Delta_{0k}(t)$ 分别为比较数列 $Y_{k(t)}$ 与参考数列 $Y_{0(t)}$ 的最大和最小极差,ρ 为分辨系数,一般取中间值 $\rho=0.5$。进一步利用公式 $R_{0k}=\frac{1}{T}\sum_{t=1}^{T}\xi_t(k\Theta 0)$ 可以求出灰色关联度值。

根据2000—2012年东北、华北、西北、西南、中南、华北的六大区域物流产业聚集度求得这六大区域的物流产业集聚度与国民生产总值之间的灰色关联度值,如表4-5所示。

表 4-5　六大区域的灰色关联度值

区域	华北	东北	华东	中南	西南	西北
关联度	0.878	0.645	0.412	0.667	0.799	0.609

灰色关联度用以表明两个要素之间的紧密程度,当灰色关联度大于0.6时,物流产业集聚与经济发展的两个要素之间的关系越紧密。

二、结论分析

从以上的分析数据得知:(1)华北地区的灰色关联度较高,物流产业集聚与经济发展的关系紧密。(2)东北和中南地区的灰色关联度基本上处于同一水平，东北地区充分利用了优越的区位优势，以一些能源和重工业为依托，形成物流产业的集聚。这种类型的物流集群与经济发展之间的关系更为紧密。

华东地区的灰色关联度较低，表明在华东地区，物流产业集聚对于该地区的经济发展的贡献度低。华东地区是中国经济发展最繁荣的地区，较低的灰色关联度值也表明了促进华东地区经济增长的动因不仅仅是物流产业这一因素。像上海、南京、苏州、杭州等一些城市，近年来其旅游业的发展也成为该地区经济增长的重要因素。华东地区充分利用沿海地区优越的地理位置，大力发展对外贸易，尤其上海被确定为自贸区后，对外贸易对其经济的贡献率尤为显著。同时也说明，物流产业对于华东地区的经济贡献率比较低，其原因主要在于：华东地区物流企业的数量不断增多，而物流企业的规模却在不断缩小，个体、私营的运输企业为了扩大自己的业务量，不断压低自己的利润和价格，而企业的物流成本却在不断增加，这种恶性竞争严重扰乱了物流市场的秩序。物流企业的规模提不上去，以价格战来获取物流业务量不利于物流企业的健康发展。

从灰色关联系数看，华北地区的系数值最高，尤其是京津冀环渤海地区有着非常良好的公路、铁路、港口和机场等交通设施，它也是北方的经济发展中心，在物流产业的发展上有着优惠的政策扶持。这些都为华北地区发展物流经济奠定了良好的基础。但是由于北京、天津等城市，物流基础设施都相对较为完善，物流企业的实力也相对较强，导致物流企业之间缺少必要的协作，没有充分利用好物流基础设施。如现在天津港口、秦皇岛港口等一些重要的港口之间还是独自运营、相互竞争。北京物资学院在 2014 年 7 月成立了我国第一个京津冀物流研究中心，目的就是加强京津冀之间的物流协作，加强华北地区的物流一体化进程。

西南地区的灰色关联度也比较高，表明西南地区的物流产业对于当地的经济贡献和拉动也比较显著。一方面，西部大开发的发展战略为西南地区提供了巨大的物流需求市场，如西电东送的能源输送工程。另一方面，西南地区有着非常独特的地理优势，它是通往越南、老挝等东南亚国家的重要通道，使东盟自由贸易区进一步发展对外贸易，增加国际物流需求量。但是西南地区本身经济发展相对落后，物流基础设施仍需进一步完善，要提高物流信息技术在物流操作的运用范围，如需求网上动态跟踪等。同时规范物流的运作流程，提高物流的流通效率，降低成本。

西北地区的灰色关联度较低，一方面是因为物流技术相对落后，像冷藏保鲜、自动化等一些物流技术的应用还较少,另外由于较偏的地理位置,容易造成物流人才的流失,高端的物流技术和管理人才欠缺,这些都不利于西北物流产业的发展。但是西北地区由于有着非常丰富的矿产资源,可以为东部提供充足的制造原料,从而带来巨大的物流量,这也是西北地区物流业发展的潜在机会。

第四节　结论与建议

本章通过收集 2000—2012 年的样本数据,采用区位熵法对六大区域进行物流产业集聚度的测算。再运用灰色关联法,验证区域物流产业集聚与经济发展之间的关系分析结果表明:中国物流产业的集聚度存在差异,其中东部地区虽然经济发展较快,但物流集聚度较弱,中部与西部地区的物流集聚水平相对一般;东北地区的物流集聚度较高。

为了进一步增强物流产业集聚度,提高地区的 GDP 水平,通过分析六大区域的灰色关联度,现给出以下建议:

(1)营造良好的物流环境,包括交通环境和产业环境。交通运输作为物流环节的重要一环,影响着运输成本的高低和物流产业集聚的形成。同时物流作为第三产业也有着服务业的特点。良好的物流产业环境带来丰富的物流需求,可以吸引广大物流企业的加入,有利于该地区物流产业集聚的形成。

(2)物流企业的分工和细化将促进各企业物流服务水平与服务效率的提高。社会化分工促进产业间企业的合作,发挥其核心能力,降低成本,自然会有企业向该地区靠拢,促进物流产业集聚的形成。

(3)建设物流园区,加强物流的基础设施建设也是吸引物流企业入驻的重要因素之一。但是物流园区需要依据入驻企业的实际需求进行基础设施的建设,使设施能够被充分利用起来。还有物流信息平台的建设,企业可以直接利用其庞大的资料库以及开放性的商务功能实现企业本身的信息交流等信息管理,增加交易的机会,提高经营的效率,从而吸引更多的企业入驻。

(4)规模与实力强大的企业可以把自己的非核心职能外包给服务费用低的中小型企业,从而延长产业链条,为中小企业提供物流的需求,吸引那些中小企业在该地区的集中,而大型企业在技术和管理上都相对成熟,在与其他产业的合作过程中,更容易形成“成长极”,从而促进地区经济的发展。

(5)在物流产业集聚的过程当中,政府的相关政策对于物流园区的发展也是至关重要的,政府提出的合理的政策法规体系,可以为物流园区的发展提供政策的保障,便于对园区进行有效的协调和管理。同时这些政策还可以为想入驻园区的企业降低壁垒,更加有利于物流企业的集中和物流产业集聚的形成。

(6)灰色关联度值高代表物流产业在促进国民经济的发展中有一定的贡献度,且许多企业在“物流作为我国的十大振兴产业”的号召下,盲目地发展物流业务,甚至将物流产业作为企业的支柱产业。但是我们要意识到,物流产业只能作为其他产业的支柱,而不是支柱产业,物流的存在是根植于各个行业对于物流的需求当中的。所以不论是政府还是企业,在制定物流发展规划时都应该认识到物流的重要性,但同时还要着眼于实际发展物流产业。

◆第五章◆

基于供需匹配度的省域间物流联系强度与隶属度分析

本章提要：区域的经济发展水平与区域的物流发展水平息息相关，区域物流的发展水平取决于区域物流能力，区域物流的能力主要体现在区域的物流质量。合理科学地评价区域物流质量，除了要从物流设施、信息水平及人才三个方面的供给能力指标以及经济、产业结构等需求指标进行分析之外，也要分析两者之间的匹配程度。本章从区域物流的需求、供给及两者的匹配度等三个方面构建评价指标体系，结合全国31个省2012年的统计数据进行研究。研究发现，我国物流发展整体上处于较为均衡的状态，但在省域间的物流发展存在着明显的差异，通过因子分析及引力模型等分析方法来演算出区域间物流的联系强度及隶属度，建议以广东、四川、浙江、河北、湖北、辽宁为区域物流核心省份并带动区域内其他省市物流发展。

目前国内外对物流发展领域的研究数不胜数，无论是微观的企业物流还是宏观的社会物流。比如，周泰、王亚玲（2012）通过对区域物流的含义及特性进行深入分析，阐述了物流发展对经济的重要性，同时从基础设施、信息水平、经营管理及外部环境等四个方面发展区域物流；高詹（2014）以河南省为例，从资金、人员、物流装备及物流设施四个方面利用数据包络分析法研究了区域物流效率，又从初始条件、市场行为、政府行为以及物流发展环境等四个方面运用空间自相关法对区域物流效率进行研究；龚迪（2008）结合城市物流发展模式对城市物流规划进行分析，提出了通过确定城市优势因素来决定城市物流的发展模型；严志强、王炜（2013）在地理空间结构的基础上，通过不同的物流通道分析广西北部湾经济区物流布局结构，建立以南宁为中心的各大功能区呈扇形分布的区域物流网络结构；束庄健（2013）利用多个物流经济指标通过因子分析的方法研究江苏省区域物流的主要因素，为政府制定相关政策促进物流发展提供一定依据；杨光华(2010)利用工程理论对区域物流网络结构进行研究,通过构建区域物流网络模型,提出了在增大区域物流吞吐量的同时保持区域网络结构不变等结论,并通过禁忌搜索算法及最短路径法构建了节点优化模型;刘智琦、李春贵、陈波(2012)利用对某一城市不同年份区域物流的需求市场的预测进行分析研究,得出可以借用因子分析和BP神经网络相结合的区域物流需求预测方法(FA-BP)来预测区域物流的市场需求,这样不仅可以降低预测时间,也提高了预测精度。

区域物流,存在于社会物流与企业物流之间,有自身独特的本质特征,因此在评价区域物流时,要充分考虑其内在基本属性,才能真正地反映区域物流的实际发展情况。随着区域物流地位的日益重要,不少学者也开始对区域物流展开探讨。

金凤花、李全喜、孙磐石(2010)从区域物流发展的评价指标,即物流基础设施、需求市场、产业规模、经济及信息化程度等方面,通过物流场势模型、SPSS的聚类分析,从各个角度对区域物流的发展进行研究分析;并在引力模型思想、引力势原理的基础上,结合区域物流发展所涉及的因素,对各个区域物流发展水平及区域间物流联系强度进行研究分析;孟德友等(2009)[10],通过引力模型及GIS网络分析,结合江苏省各个城市之间的距离,计算出江苏省各个省市之间相互联系的强度,通过采用地区间的联系强度来确定不同区域的主要经济联系方向;张建升、胡秀忠(2012)在区域物流与区域经济之间关系的基础上,通过主成分分析和容量耦合概念及系数模型计算出物流与经济两者的耦合协调度。

从现有的研究看,大多数的研究分析没有充分考虑省域物流的本质,研究结果在一定程度上很难反映省域物流的实际发展水平。省域物流是以省域为依托,连接供需双方,克服时间与空间上的阻碍,使得省域商品的流通达到最优,来实现顾客满意。因此在衡量省域物流发展水平时,不仅要关注省域物流能力供给指标,也要关注省域物流需求指标,更为重要的是要充分考虑供给能力与需求能力之间的协调匹配度。省域物流质量是结合省域物流供给能力、省域需求水平及两者之间的匹配成为一体的,可以综合表现省域物流发展水平。所以我们可以通过评价省域物流质量来衡量省域物流水平的高低,这有助于省域物流健康、快速地发展。

本章从供需匹配的角度,以全国31个省市自治区为实证单元,对各个省域的物流质量进行较全面的研究分析;同时利用空间引力模型优化全国的省域物流空间,进而提出有助于全国现代物流业健康、快速发展的对策与建议。

第一节 研究设计

一、指标体系

省域物流质量决定着省域物流发展水平，而省域物流质量又取决于物流流通过程中的商品质量、工作质量、服务质量及工程质量等方面，因此，本章对省域物流质量的供给、需求及两者的匹配度进行分析研究。

（一）省域物流供给

物流质量的供给构成了省域物流质量的基本要素，主要是反映省域物流质量的现状及发展前景。第一，省域物流能够在空间上实现产品与服务的转移，为省域经济的快速发展提供服务，反过来省域的交通道路设施也相对影响了省域物流的质量与发展速度，进而影响省域物流的整体效率；第二，现代物流的发展离不开信息，信息水平决定着省域物流质量的发展速度，支撑着物流系统的正常运行；第三，人才是省域物流发展的基础，正常的物流运作离不开大量的高素质专业。综上所述，基于指标的代表性、数据的可取性及研究的难易程度，从物流基础设施、信息技术、人力资源等三个方面，选取了 10 个较有代表性的指标来研究省域物流的供给水平，如表 5-1 所示。

（二）省域物流需求

省域物流需求主要反映了省域社会经济发展水平，是推动省域物流质量提升的重要因素，集中体现了省域物流市场的发展现状。第一，省域物流的发展离不开省域经济与社会发展水平的支持，省域物流质量与省域经济的发展水平处于正相关关系，雄厚的经济基础保证了省域物流的快速发展；第二，从物流需求考虑，不同产业中产品和服务的转移、流通及储存是物流需求的主体，省域的产业结构影响了省域物流的需求；第三，省域物流与产品销售、生产市场息息相关，省域物流的需求量取决于产品市场的规模；第四，国际物流在一定程度上大大地加速了国内物流的发展。综上所述，基于指标的代表性、数据的可取性及研究的难易程度，从经济与社会发展水平、产业结构，经济外向度等三个方面，选取了 10 个较有代表性的指标对省域物流的需求能力进行测算，如表 5-1 所示。

表 5-1 省域物流发展供给与需求指标

供给指标	单位	需求指标	单位
交通运输、仓储及邮政业从业人数	人	GDP	亿元
民用汽车拥有量	万辆	工业总产值	亿元
境内公路里程	万公里	进出口贸易总额	亿美元
高速公路率	%	全社会固定资产投资	亿元
交通运输、仓储和邮政业全社会固定资产投资	亿元	城镇居民人均可支配收入	元
互联网用户	万户	社会消费品零售总额	亿元
固定电话用户	万户	限额以上批发、零售贸易业商品销售总额	万亿元
移动电话用户	万户	农村居民家庭人均纯收入	元
电信业务总量	亿元	货运量	万吨
高等学校在校学生数	万人		

(三)供需匹配度

省域物流的供给能力及省域物流的需求水平无法全面地反映省域物流质量的高低,要充分考虑供给能力与需求水平的匹配程度。当供给大于需求时,会浪费省域物流资源;当需求大于供给时,省域物流需求得不到满足,在一定程度上又影响了省域物流市场的正常运行;以上无论发生哪一种情况都不利于省域物流的发展,从而抑制了省域物流质量的提升。因此,构建了以下的供需匹配程度的计算公式:

$$M = 1 - |S - D|$$

其中,供给总得分为 S,需求总得分为 D。当 M 越接近于 1 时,则供求与需求越接近,匹配程度越高,反之匹配程度越低。若供给与需求相同,则表示两者完全匹配;若供给与需求的差为 1,则两者完全不匹配。综上所述,M 处于 0 到 1 之间。

二、研究方法及研究结果

(一)因子分析

因子分析主要是由 Charles Spearman 在 1904 年首次提出的,通过研究众多相关变量之间的依赖关系,利用少数几个主要因子来描述多个指标之间的相关性。因子分析模型是假设每个随机变量 X_i 线性依赖于少数几个抽象的随机变量 F_1, F_2,…,F_m(公共因子)和方差源(特殊因子或误差),即:

$$X_i = l_{i1}F_1 + l_{i2}F_2 + \cdots + l_{im}F_m + \xi_i$$

其中,l_{ij} 为第 i 个变量在第 j 个因子上的载荷(其中 $j=1,2,\cdots,m$),称为因子负载。

(二)引力模型

省域物流活动伴随着产品与服务的流通需要与周边省域相互往来,当省域之间的区位特征或者经济特征越接近时,这种互动关系就越融洽;由此可得,省域物流活动在空间上存在着明显的倾向性。因此,在研究省域物流时,不仅要关注省域自身的物流发展,同时也要考虑与周边省域之间的空间联系,通过彼此之间的分工合作提升省域物流质量。

省域之间的物流联系强度以及省域之间物流发展的依存程度可以用省域物流联系量来衡量。省域物流联系量不仅能够体现中心省对周边省的辐射水平,同时也能反映周边省是否能够接受中心省的辐射。借鉴现有的研究,可以利用引力模型来测算省域物流联系强度及隶属度。以 R_{ij} 表示两个省域之间的物流联系强度,以 L_{ij} 表示两个省域的物流联系隶属度,其计算公式如下:

$$R_{ij} = \frac{(\sqrt{P_iG_i} \times \sqrt{P_iG_i})}{D_{ij}^2}$$

$$L_{ij} = \frac{R_{ij}}{\sum R_{ij}}$$

式中, P_i 为 i 省城交通运输、仓储及邮政从业人数,G_i 为 i 省域的公路运输量,D_{ij} 为 i 省域与 j 省域之间的距离(采用两省省会城市之间的距离进行近似测算)。

第二节 实证研究与测算

一、全国省域物流供给、需求及两者的协调匹配度

查阅《中国统计年鉴》可以得到反映供给能力及需求水平的 19 个指标在 2013 年的具体数据，利用 SPSS17.0 统计软件，分别计算出各个省物流的供给和需求指标的因子得分。应用因子分析方法，供给指标与需求指标的 KMO 和 Bartlett 球形检验值分别为 0.807 和 0.729，各组指标内部之间相关性较强、较高的信息重叠程度，表明适合使用因子分析方法。按照特征根要大于 1 的原则，两组指标分别取 2 个公共因子，并且方差累积贡献率也分别达到了 88.30% 和 92.48%，因此，两组的公共因子（S_1、S_2和 D_1、D_2）可以反映省域物流的供给和需求水平。同时引用各个公共因子的方差贡献率作为权重来计算物流供给与物流需求的综合因子得分，进而得到两者的协调匹配度，分别用 S、D、M 来表示；最后，对全国 31 个省的 S、D、M 进行聚类分析，见表 5-2。

表 5-2 2013 年我国省域物流供给和需求水平及两者匹配度

地区	S_1	D_1	S_2	D_2	S	D	M	聚类结果
广东	3.127	1.92	−0.347	1.683	2.192	1.724	0.532	1
山东	1.666	2.472	0.864	0.047	1.340	1.762	0.578	1
江苏	1.641	1.940	0.007	1.126	1.181	1.618	0.563	1
四川	0.713	0.671	1.717	−0.553	0.794	0.356	0.562	2
浙江	1.185	0.523	−0.463	1.682	0.776	0.734	0.958	2
河南	0.780	1.360	0.818	−0.714	0.695	0.809	0.886	2
河北	0.821	0.939	0.129	−0.562	0.611	0.544	0.933	2
湖北	0.284	0.381	1.019	−0.327	0.371	0.200	0.829	2
湖南	0.118	0.483	1.079	−0.485	0.262	0.237	0.975	2
辽宁	0.484	0.808	−0.692	−0.168	0.234	0.536	0.698	2
福建	0.235	−0.246	−0.453	0.659	0.095	−0.032	0.873	2
北京	0.465	−1.297	−1.932	2.503	0.017	−0.378	0.605	3
安徽	−0.132	0.723	0.547	−0.804	−0.005	0.339	0.656	2
陕西	−0.152	0.033	0.342	−0.663	−0.053	−0.120	0.933	3

续表

地区	S_1	D_1	S_2	D_2	S	D	M	聚类结果
山西	-0.105	-0.124	-0.313	-0.585	-0.127	-0.214	0.913	3
云南	-0.484	-0.498	1.129	-0.485	-0.163	-0.458	0.705	3
黑龙江	-0.270	-0.349	0.072	-0.384	-0.182	-0.330	0.852	3
广西	-0.275	-0.057	-0.099	-0.578	-0.214	-0.165	0.951	3
内蒙古	-0.518	0.105	0.605	-0.372	-0.273	-0.006	0.733	3
上海	0.188	-1.126	-2.558	2.838	-0.285	-0.185	0.900	3
江西	-0.461	-0.177	0.178	-0.469	-0.302	-0.227	0.925	3
重庆	-0.563	-0.419	0.447	-0.301	-0.332	-0.362	0.970	3
吉林	-0.540	-0.474	-0.142	-0.203	-0.412	-0.380	0.968	3
贵州	-0.779	-0.669	0.767	-0.730	-0.434	-0.632	0.802	3
新疆	-0.806	-0.671	0.682	-0.632	-0.467	-0.612	0.855	3
甘肃	-0.923	-0.690	0.340	-0.861	-0.607	-0.675	0.932	3
天津	-0.415	-1.003	-2.309	1.221	-0.677	-0.447	0.770	3
青海	-1.370	-1.079	0.074	-0.674	-0.973	-0.910	0.937	3
海南	-1.174	-1.180	-0.819	-0.195	-0.979	-0.879	0.900	3
西藏	-1.596	-1.233	0.725	-0.558	-1.029	-0.994	0.965	3
宁夏	-1.114	-1.066	-1.413	-0.455	-1.055	-0.854	0.799	3

根据表 5-2 可以看出,全国省域物流在供需总体上较为匹配,但是在省域间的物流发展不平衡,根据聚类结果可以分为三个层次:第一层次是高等水平的均衡,省域的供给能力与需求水平相对于其他层次都比较高,明显高于全国的平均水平,拥有最高的省域物流质量,包括广东、山东、江苏;第二层次是中等水平的均衡,该层次中省域的供给能力和需求水平略高于全国的平均水平,包括四川、浙江、河南、福建等省域;第三层次则为低水平均衡,包括北京、上海、天津等省域,省域的物流供需水平低于全国平均均衡水平,省域的物流质量较低。

二、全国省域物流联系强度及隶属度

区域物流的物流供给与物流需求的综合因子得分越高,说明物流市场越成熟,就更有优势作为整个区域的中心省。通过上述因子分析的评价结果,在供给

S 和需求 D 都大于零的基础上，初步以广东、山东、江苏、四川、浙江、河南、河北、湖北、湖南、辽宁为中心省，分别计算各个中心省与其他 21 个省域之间的物流联系强度及隶属度，见表 5-3。

表 5-3 我国省域之间物流联系强度及隶属度

中心省份	辐射省份							
	北京	上海	天津	重庆	黑龙江	吉林	辽宁	内蒙古
广东	1.15	2.964	2.252	4.576	0.639	1.251	0.568	0.97
	(0.012)	(0.03)	(0.023)	(0.046)	(0.006)	(0.013)	(0.006)	(0.01)
山东	29.865	7.998	92.622	2.711	2.894	6.972	4.53	8.75
	(0.069)	(0.019)	(0.215)	(0.006)	(0.007)	(0.016)	(0.011)	(0.02)
江苏	3.216	39.115	7.297	1.903	1.128	2.53	1.391	1.775
	(0.008)	(0.096)	(0.018)	(0.005)	(0.003)	(0.006)	(0.003)	(0.004)
四川	1.003	0.896	1.821	34.896	0.424	0.821	0.371	1.212
	(0.009)	(0.008)	(0.016)	(0.315)	(0.004)	(0.007)	(0.003)	(0.011)
浙江	1.729	81.534	3.765	1.351	0.806	1.742	0.904	1.031
	(0.006)	(0.282)	(0.013)	(0.005)	(0.003)	(0.006)	(0.003)	(0.004)
河南	8.799	5.203	18.454	4.47	1.516	3.323	1.823	6.48
	(0.029)	(0.017)	(0.06)	(0.015)	(0.005)	(0.011)	(0.006)	(0.021)
河北	35.915	2.832	66.664	1.951	1.815	4.179	2.494	16.222
	(0.08)	(0.006)	(0.148)	(0.004)	(0.004)	(0.009)	(0.006)	(0.036)
湖北	1.676	4.197	3.472	3.387	0.565	1.187	0.604	1.268
	(0.011)	(0.027)	(0.022)	(0.022)	(0.004)	(0.008)	(0.004)	(0.008)
湖南	1.324	3.223	2.643	6.054	0.55	1.117	0.538	1.102
	(0.008)	(0.02)	(0.016)	(0.037)	(0.003)	(0.007)	(0.003)	(0.007)
辽宁	7.449	2.152	14.294	0.735	13.452	77.337	0	2.781
	(0.046)	(0.013)	(0.088)	(0.005)	(0.083)	(0.477)	(0)	(0.017)

中心省份	辐射省份							
	河北	山西	山东	河南	陕西	甘肃	宁夏	青海
广东	1.581	2.756	2.617	4.175	2.104	1.433	3.452	2.747
	(0.016)	(0.028)	(0.026)	(0.042)	(0.021)	(0.014)	(0.035)	(0.028)

续表

中心省份	辐射省份							
	河北	山西	山东	河南	陕西	甘肃	宁夏	青海
山东	57.03	41.749	0	52.602	5.78	2.885	11.915	5.03
	(0.133)	(0.097)	(0)	(0.122)	(0.013)	(0.007)	(0.028)	(0.012)
江苏	4.596	6.302	13.676	13.885	2.494	1.245	4.036	2.23
	(0.011)	(0.015)	(0.034)	(0.034)	(0.006)	(0.003)	(0.01)	(0.005)
四川	1.56	3.353	3.097	3.898	5.576	6.472	8.367	11.028
	(0.014)	(0.03)	(0.028)	(0.035)	(0.05)	(0.058)	(0.076)	(0.1)
浙江	2.274	3.283	5.632	6.033	1.458	0.811	2.501	1.465
	(0.008)	(0.011)	(0.019)	(0.021)	(0.005)	(0.003)	(0.009)	(0.005)
河南	26.567	47.732	39.057	0	14.897	4.111	15.628	6.464
	(0.087)	(0.155)	(0.127)	(0)	(0.049)	(0.013)	(0.051)	(0.021)
河北	0	167.532	53.382	33.492	5.4	2.803	14.125	4.728
	(0)	(0.372)	(0.118)	(0.074)	(0.012)	(0.006)	(0.031)	(0.01)
湖北	2.885	4.928	5.525	14.461	3.8	1.411	3.993	2.38
	(0.018)	(0.031)	(0.035)	(0.092)	(0.024)	(0.009)	(0.025)	(0.015)
湖南	2.076	3.708	3.534	7.473	3.423	1.589	3.969	2.774
	(0.013)	(0.023)	(0.022)	(0.046)	(0.021)	(0.01)	(0.024)	(0.017)
辽宁	4.032	4.948	6.855	3.716	1.09	0.886	3.513	1.762
	(0.025)	(0.031)	(0.042)	(0.023)	(0.007)	(0.005)	(0.022)	(0.011)

中心省份	辐射省份							
	新疆	安徽	江苏	浙江	湖南	江西	湖北	四川
广东	0.488	6.171	9.117	4.945	2.965	8.071	9.381	1.441
	(0.005)	(0.062)	(0.091)	(0.05)	(0.03)	(0.081)	(0.094)	(0.014)
山东	0.755	23.251	39.335	8.9	0.891	4.458	12.659	1.878
	(0.002)	(0.054)	(0.091)	(0.021)	(0.002)	(0.01)	(0.029)	(0.004)
江苏	0.368	201.779	0	61.531	1.192	10.452	20.331	0.702
	(0.001)	(0.494)	(0)	(0.151)	(0.003)	(0.026)	(0.05)	(0.002)
四川	0.702	2.402	3.331	1.287	0.645	1.525	3.871	0
	(0.006)	(0.022)	(0.03)	(0.012)	(0.006)	(0.014)	(0.035)	(0)

续表

中心省份	辐射省份							
	新疆	安徽	江苏	浙江	湖南	江西	湖北	四川
浙江	0.269	34.053	111.998	0	0.938	9.596	11.324	0.494
	(0.001)	(0.118)	(0.387)	(0)	(0.003)	(0.033)	(0.039)	(0.002)
河南	0.718	25.251	29.652	7.079	1.399	5.865	24.602	1.755
	(0.002)	(0.082)	(0.097)	(0.023)	(0.005)	(0.019)	(0.08)	(0.006)
河北	0.615	8.024	12.374	3.363	0.49	2.104	6.188	0.886
	(0.001)	(0.018)	(0.027)	(0.007)	(0.001)	(0.005)	(0.014)	(0.002)
湖北	0.309	31.351	25.521	7.81	4.654	24.132	0	1.025
	(0.002)	(0.2)	(0.163)	(0.05)	(0.03)	(0.154)	(0)	(0.007)
湖南	0.376	11.649	13.598	5.879	0	25.698	42.286	1.551
	(0.002)	(0.072)	(0.084)	(0.036)	(0)	(0.158)	(0.26)	(0.01)
辽宁	0.436	3.11	6.055	2.162	0.205	0.975	2.093	0.34
	(0.003)	(0.019)	(0.037)	(0.013)	(0.001)	(0.006)	(0.013)	(0.002)

中心省份	辐射省份						
	贵州	福建	广东	海南	广西	云南	西藏
广东	5.422	0.177	0	12.46	2.439	1.01	0.517
	(0.054)	(0.002)	(0)	(0.125)	(0.024)	(0.01)	(0.005)
山东	1.406	0.059	1.935	0.587	0.198	0.326	0.425
	(0.003)	(0)	(0.004)	(0.001)	(0)	(0.001)	(0.001)
江苏	1.149	0.123	2.344	0.589	0.186	0.243	0.251
	(0.003)	(0)	(0.006)	(0.001)	(0)	(0.001)	(0.001)
四川	6.642	0.02	1.757	0.744	0.374	1.608	1.007
	(0.06)	(0)	(0.016)	(0.007)	(0.003)	(0.015)	(0.009)
浙江	0.893	0.207	2.315	0.546	0.161	0.193	0.19
	(0.003)	(0.001)	(0.008)	(0.002)	(0.001)	(0.001)	(0.001)
河南	2.015	0.057	2.293	0.678	0.248	0.419	0.47
	(0.007)	(0)	(0.007)	(0.002)	(0.001)	(0.001)	(0.002)
河北	0.939	0.028	1.094	0.353	0.124	0.225	0.323
	(0.002)	(0)	(0.002)	(0.001)	(0)	(0.001)	(0.001)

续表

中心省份	辐射省份						
	贵州	福建	广东	海南	广西	云南	西藏
湖北	1.879	0.079	3.028	0.692	0.252	0.315	0.251
	(0.012)	(0.001)	(0.019)	(0.004)	(0.002)	(0.002)	(0.002)
湖南	4.387	0.112	8.696	1.584	0.625	0.593	0.354
	(0.027)	(0.001)	(0.054)	(0.01)	(0.004)	(0.004)	(0.002)
辽宁	0.426	0.019	0.636	0.215	0.068	0.115	0.191
	(0.003)	(0)	(0.004)	(0.001)	(0)	(0.001)	(0.001)

(注:表中不加括号的数值为联系强度,加括号的数值为隶属度)

第三节　结论与建议

通过计算全国各个省域的物流联系强度及隶属度并结合各个中心省域的实际的经济发展水平、地理位置及物流发展水平等因素,最后选择以广东、四川、浙江、河北、湖北、辽宁 6 个省域为中心省份,各自辐射其周边省份的物流体系,打造出具有各自特色的省域物流圈,如表 5-4 所示。

表 5-4　中心省份及其物流辐射省份

中心省份	辐射省份
广东	海南、广西、福建
四川	重庆、甘肃、青海、新疆、贵州、云南、西藏、陕西、宁夏
浙江	上海、江苏、安徽
河北	北京、内蒙古、山西、天津、山东
湖北	湖南、江西、河南、安徽
辽宁	黑龙江、吉林

一、华南物流圈

该物流圈以广东省为中心省份,辐射周边的海南、广西、福建三个省份。

广东省位于我国的最南端,其省会城市广州是珠江三角洲的中心城市,广州港又是我国对外贸易的重要港口,珠江三角洲更是世界产业转移的首要选择地区之一。广东省独特的区位优势及发达的交通运输促进了该省物流产业的快速发展,进而促进了经济的飞速发展。无论是经济还是交通地理,广东省都有着不容忽视的优势,这大大地加速了该省物流行业的发展。虽然省域物流的供给能力与物流水平相对比较高,但从总体来看,需求较小于供给,由此可见广东省的需求市场还要进一步的改善,应该加强对物流业的投入,积极培育物流专业人才,从而促进发展专业化的物流市场,加大区域物流枢纽建设。

"依山傍海"的福建省交通便利、港口众多,是一个以港口为主导产业的省域,通过海港带动整体物流的发展。但是福建省整体的物流基础设施建设不全,专业人才缺乏,且物流产业依赖性强,抗风险能力较低。福建省是近年来台商投资的重点地区,而台湾的物流业有着完善的基础设施及健全的物流信息网络,可以依此引进台湾先进的技术、雄厚的资金及丰富的管理经验,加强物流基础设施建设,努力发展港口产业并带动整体物流业的发展。

海南和广西属于低水平均衡,省域物流供给能力和需求水平相对较低,区域物流竞争力较弱。作为最早发展物流产业的省域,广西的物流基础设施不全且专业化程度低,但是其重视人才的培养,又有国家政策的支持,可以构建集铁路、水运、公路为一体的物流运输公司,并建立可以为客户提供多种服务的新型物流信息网络。而海南省的物流业处于起步阶段,不仅没有完善的物流基础设施,还缺乏专业人才并且受制于政策管理。当地政府应该制定相关的政策方针积极发展物流产业,培育专业的物流人才,加强港口、公路、铁路及物流园等一些物流基础设施建设。

综上所述,该物流圈的中心省域——广东省应该利用自身在地理位置、经济发展及交通上的优势进一步加快物流市场需求的建设,同时加强与该物流圈中其他省域的往来互动,从而带动其他省域物流产业的发展。除此之外,该物流圈的港口众多,可以建设多功能物流园,大力发展港口物流,从而促进该物流圈内物流产业的发展。

二、华西物流圈

该物流圈以四川省为中心省份,辐射周边的重庆、甘肃、青海、新疆、贵州、陕西、云南、西藏、宁夏 9 个省份。

四川位于西部地区的中部，作为西部地区经济较为发达的省份之一，独特的地理位置使得四川具有辐射和带动整个西部地区的作用，同时又是开拓西部市场的门户，在整个西部地区中的引导作用是不容忽视的。四川省的物流产业已经有了初步的规模，物流基础的设施也在不断完善中，但是信息化水平不高、人才缺乏。所以，四川省应该着重培养专业的物流人才，积极引进较为先进的物流技术并加强物流信息网络建设，在此基础上加快多功能物流园区及物流中心的建设。我国西部地区的物流基本处于起步阶段，相对落后于其他地区，物流基础设施建设不全面，不管是企业还是政府，都没有从根本上认识到物流对区域经济发展的重要性，缺乏专业的物流人才。所以在发展西部地区物流产业时应该加强物流基础设施的建设，完善物流信息系统积极培育和引进物流专业人才，在此基础上积极发展不同省域的物流产业。作为西部及长江上游重要的水陆空综合交通枢纽，重庆有着明显的区域优势，物流基础设施也在不断完善中。为了发展区域内的物流产业，要积极引进新的物流技术降低物流成本，并加快建设区域性的物流综合中心。青海省的土地资源充足，可以建立以仓储为主、其他为辅的区域性物流中心。新疆位于亚欧大陆的腹心地，拥有 8 个周边邻国、29 个对外开放口岸，可以建立以国际物流为主的综合性物流中心。陕西是新欧亚大陆线上的中心省域，又是“丝绸之路”的发源地，可以作为商品流通中心及物流集散地。

在华西物流圈中，除四川省以外的 9 个省域都处于低水平均衡，省域物流的供给能力与需求水平明显低于全国的均衡水平，但两者的匹配程度相对较高。国家出台了众多政策积极发展西部经济，应该充分利用国家政策并结合区域自身的特点加快经济发展、加强物流基础建设、提升信息化水平，并加强与其他物流圈的互动，由此来促进该物流圈物流产业的发展。

三、东部沿海物流圈

该物流圈以浙江省为中心省份，辐射周边的上海、江苏、安徽等省份。

浙江作为东部沿海物流圈的中心省份，省域物流的供需水平相对较高且两者的匹配程度也较高，这说明浙江的物流产业达到了较为成熟的阶段，但是与其他发达国家相比，在基础设施和人才方面相对落后，政府应该积极培育出一些有实力、有发展潜力的物流企业，并引导企业走向集约化道路。位于长江口的上海不仅是我国最大的外贸港口城市，也是世界第三大港口城市，交通运输发达，集海陆空为一体，其国际地位不容忽视。上海的物流产业相对发达，在此基础上应该积极发展第三方物流产业，积极引进西方先进的物流技术，提高区域的物流水平。江苏省的供给能力及需求水平也相对较高，都大于1，居全国前列，但是供需两者的匹配度较低，需求明显大于需求，省域的物流供给无法满足物流需求，应加强物流基础建设、提高信息化水平及加大投资专业人才培养，从而加强省域物流供给；同时江苏省的港口众多，可以加大港口建设来促进物流发展。安徽省的供需水平相对较低且两者的匹配度也较低，应该加快物流基础设施建设，积极培育并引进专业的物流人才，并结合周边省域的辐射来促进物流发展。

在东部沿海物流圈中，该板块的经济水平较发达，拥有全国较大的贸易中心及外贸港口城市上海，境内交通运输发达，港口众多，拥有全国最大的港口，即宁波—舟山港，可以大力发展港口物流，加强港口物流枢纽的建设，同时不断的引进西方先进的物流技术，不断完善区域的物流产业。

四、华北物流圈

该物流圈以河北省为中心省份，辐射周边的北京、天津、内蒙古、山东及山西等省份。

在该物流圈中，首都北京拥有全国最便利的交通，中心省河北交通便利，集海陆空为一体，是首都北京与全国各地互动的重要交通枢纽。山东省东临渤海，拥有众多港口，如青岛港、烟台港、日照港等，交通便利，高速公路涵盖面积广，即将在2020年形成“五纵四横一环八连”大通道。天津，环渤海经济圈的中心，有着“双城双港” 城市之称，拥有我国最大的人造深水港。陕西省是全国重要的交通中转中心，交通运输发达，是西北地区通往国内其他省域及亚洲其他内陆国家的重要门户。内蒙古也在“十二五”期间国家政策的支持下加速公路建设。但尽管如此，除了河北和山东的供需水平较高外，该物流圈的其他省域的供给能力及需求水平都偏低，属于低水平均衡，物流基础设施建设需要进一步改善，同时也要加强对物流专业人才的培育和引进，充分利用国家政策完善物流信息系统，积极发展第三方物流产业，同时也要注重逆向物流的完善，积极发挥港口优势，发展港口物流产业。

综上所述，该物流圈在总体上应该加强物流基础设施的建设，培育物流专业人才，在努力发展港口产业的同时积极引导第三方物流产业的发展，加强与其他物流圈的往来互动，从而发展区域物流产业。

五、华中物流圈

该物流圈以湖北省为中心省份，辐射周边的湖南、江西、河南等省份。

该物流圈各个省份的省域物流的供给与需求水平在全国平均水平线上上下波动，处于中水平均衡，物流基础设施建设有待加强，应该积极培育专业的物流人才。作为国家的经济中心，湖北是我国重要的水陆交通运输枢纽，交通运输集水、陆为一体，其省会武汉是名副其实的“九省通衢”，既可以积极采纳引进东部先进的物流技术，又可以充分利用西部丰富的资源。湖南位于长江中游的江南地带，水路运输也十分发达，其境内的岳阳港是我国内陆地区吞吐量最大的国际贸易港口，其省会城市长沙位于重要的交通枢纽位置。江西拥有集水、陆、空为一体的便捷交通，“两纵两横”的水运格局，又有重要的内河港口——九江，不仅铁路运输四通八达，还拥有我国重要的干线枢纽机场——昌北国际机场。为了促进河南物流业的发展，国家制定了一系列的政策方针鼓励河南省的物流产业发展。

该物流圈可以利用自身特殊的地理位置及便捷的运输网络加强与四周物流圈的往来互动，同时通过加强物流基础设施建设、提升信息化水平及培育专业的人才资源等来加强省域物流建设。

六、东北物流圈

该物流圈以辽宁省为中心省份，辐射黑龙江、吉林两个省份。

在这物流圈中，中心省域辽宁省的供给与需求水平略高于全国平均水平线，处于中水平均衡，而其他两个省域供需水平偏低，属于低水平均衡。辽宁省不仅是东北经济区域我国其他经济区往来互动的衔接点，也是东北地区走向世界的桥头堡。黑龙江的交通便利，水运、陆运、空运都十分便利。所以在这物流圈中，物流产业集聚程度较高，但是在一些物流硬件基础设施方面还有待完善，应该通过加强物流基础设施建设、提升信息化水平及培育专业的人才资源等来加强省域物流建设，同时也要通过中心省域辽宁这一重要门户在物流方面与内陆及其他国家的往来，在提高自身省域物流水平的同时带动圈内其他省域物流的发展。

七、本章小结

省域的经济发展水平与省域的物流发展水平息息相关,物流的发展水平取决于省域物流能力,省域物流的能力主要体现在省域物流质量。本章从“省域物流质量”的本质出发,从省域物流的需求、供给及两者的匹配度等三个方面构建评价的评价指标体系,结合全国 31 个省 2012 年的统计数据进行研究。研究发现,我国物流发展整体上处于较为均衡的状态,但在省域间的物流发展存在着明显的差异,根据聚类分析可以划分为均衡水平高低不同的三个等级:广东、山东和江苏处于高水平均衡,省域物流发展水平较高,供应与需求也相对较旺盛,远远高于全国水平;北京、四川、浙江、河南、河北、湖北、湖南、辽宁、福建及安徽都属于中水平均衡,省域物流发展水平总体上略高于全国水平;上海、江西等其他省域都属于低水平均衡,供给能力、需求水平远远低于全国水平,供给、需求得分均为负值。从总体上来说,这样分类能够真实地反映全国的省域物流情况。本章利用 SPSS 软件中的因子分析及引力模型来测算我国各个省域之间的物流联系强度及隶属度,通过测算结果,可以构建以广东、四川、浙江、河北、湖北、辽宁为核心,辐射周边省域形成六大物流枢纽布局,为全国省域物流的健康、快速发展提供的一定的参考。

◆ 第六章 ◆

基于面板数据模型的区域经济与现代物流发展关系研究

本章提要:采用2000—2012年的我国31个省、直辖市及自治区的数据作为样本,构建面板数据模型,进行面板单位根检验、面板协整关系分析和面板回归模型分析等实证研究。研究显示区域经济的发展与物流业的发展存在密切的关系,物流产业的迅猛发展提高了经济进步。根据全面的统计分析,我国必须提高对物流业的关注,提高物流服务,加快物流信息化、现代化,加强物流产业的政策法规建设,以支持经济的快速发展。

第一节 研究背景与文献综述

在经济发展初期,当各行业都开始迅猛发展时,物流业取得了巨大的进步,并且成为区域发展中的推进型产业,同时它的进步还促进了其他经济单位的提升与进步。随着经济的快速发展,各种电商活动极速发展和壮大,市场竞争日益加剧,而被誉为"第三方利润源"的物流产业也开始迅速地蓬勃兴起,它是国民经济社会发展的一种基础性、战略性产业,是推进国民经济发展以及其他各产业发展的支撑点。物流业在现在经济发展中的地位显得越来越显著,在每年的国民经济发展增量中,物流业所带来的GDP份额变得越来越大,并成为国民经济发展中极为重要的一项。物流产业在经济发展中所占的比例极大,越来越多的国家以及其他各行业将物流的发展放在第一位,现在各国和各地区的政府日益关注物流的发展,并陆陆续续颁发了一系列相关文件,以推动物流行业的进步。2009年我国颁布了《物流业调整振兴规划》,我国经济的发展越来越依赖物流行业,物流的发展反过来也促使经济得以快速发展,两者之间相辅相成、互相提高和促进,相互间的联系变得越来越紧密。如何使物流与经济更加和谐地发展与共同进步,已经成为现今经济理论中重要的研究方向。

目前国内外对区域经济增长的相关因素进行深入分析和研讨的文献较多,然而就物流业这一方向对其进行分析的文献相对较少。自从物流一词从日本引入中国后,有关物流与经济两者的内在关系问题,即成为相关行业领域的研究热点之一。在经济发达国家中关于物流的发展与经济增长是否存在相关关系的研究已有较多讨论,一些物流企业或学术机构甚至对其进行长期的跟踪调查。

国外学者对物流与经济已有较多的发现和研究,主要有:美国著名的研究者罗伯特·达勒内从 1990 年开始第一次发布有关物流的文章后便持续不断地研究,在文章中表明了美国的交通运输与物流给经济所带来的作用之大,然而在其中却未提到对经济进步有何不同之处。Jack R.M.eredith(1998)也许是最先一个把物流业与区域经济相互结合起来进行研究的,并且其文章中还揭示出了城市交通基础设施提高与物流进步都将给区域经济的整体竞争力、改善投资环境带来极大的促进作用。Kenneth Button 所研究的文献里提出了关于国家基础设施的构筑是否完善对经济凝集以及进步都有着重要的分量,对经济迅猛发展有着重要的促进作用。

目前,国内有关的研究文献主要有:廖迎、阮陆宁(2008)对物流和经济发展之间具有怎样的联系进行了研究,并得出了两者具有正相关关系,我国必须大力加强物流服务和信息技术化以及现代物流产业化,加快繁荣电商产品市场来扩大其潜在的物流需求,以促进经济进步。邵扬、姚薇娜(2010)研究的物流业与区域经济增长一文中,将物流业的面板数据作为研究样本,利用面板单位根和面板协整检验,得出两者存在一定的关系,最后通过完全修正最小二乘法,揭示出物流业的发展给经济的成长带来了极高的促进作用。李全喜、金凤花等人(2010)以我国 31 个省 2003—2008 年的面板数据进行实证分析,从物流基础设施、物流产业规模以及物流经济产业三个指标入手,对物流投入、物流能力和经济增长间的联系做了全面的分析,并根据分析结果给出有利于物流产业发展的建议。张希风(2012)对浙江的经济增长、物流的进步以及物流能力进行了分析,以该省 11 个地区数据为样本,以 2001—2010 年数据构建面板数据模型进行实证研究,这对于物流业管理部门和政府制定相关政策具有一定的参考价值。王欢欢、黄汉江(2014)分析了长三角地区的物流与经济发展的关系,通过对 2005—2012 年的数据做面板模型分析,表明了物流的产业、供给及需求规模三者都对经济有促进作用,同时还表明了不同地区对经济进步存在不同程度的影响。胡林招、李成刚

(2014)通过选取 GDP、社会物流总额以及铁路里程三个变量作为指标,对1991—2011 年我国 31 个省市的数据建立空间面板数据模型进行具体的研究,揭示了物流发展与铁路建设都促进了经济的进步,并提出要大力发展物流业与铁路建设从而提高经济进步。杨菁(2014)从物流的社会支撑力、基础设备力及组织运作力三方面采用面板数据模型研究物流的发展,最后利用混合回归方程来说明物流业是有利于经济进步的。

从以上既有的研究文献来看,当前国内已有的相关文献仅仅是对物流业和经济增量的整体或单个的数据进行分析,数据的收集与应用只局限于时间序列,并且采用的数据样本比较小,时间上的跨越也较小,由于这些局限常常给数据检验与分析带来困难。并且在这方面的研究我国仍然仅限于少量的定性分析,对于定量的研究分析则更少。对此,我们需要进行一个系统而且全面的分析,为此本章应用面板数据模型,对我国各省物流产业中的多个指标与国民经济 GDP 增长之间存在的关系以及因果关系进行研究。

第二节　面板数据模型设计

一、指标选取与数据来源

从以上的研究文献可以看出,虽然物流业发展迅速,但目前对物流体系的研究文献还不够完整,为此本章将进行进一步的研究。通过理论与实际相结合,先对两者之间的密切联系进行理论研究,然后根据 31 个省(区)的 2000—2012 年的样本数据,通过面板单位根检验以及面板协整关系深入解析我国物流业对区域经济发展的重要影响,让我们更加直观地了解两者之间的关系,有利于我国政府制定出更加合理、更符合物流与经济发展的相关政策,对完善物流产业的发展具有十分重要意义。

为此指标的选取极为重要,但由于我国物流产业的界定仍不够明确,要找一个完全精确的指标来衡量物流产业的发展是不可能的。为了能较全面地反映我国各省地区的物流业发展状况,本章将尽量把有关影响因素纳入其中进行分析,根据前面国内外的研究检验,以及现有的统计数据。在此我将利用以下几个能体现物流产业的指标 X,具体为 5 个变量:(1)物流数量(X_1),这里通过货物周转量来表示，它被称作物流的过程，它可能不需要经过库存、包装这些环节，然而却要经过运输，所以它能够表示物流数量这一指标的多少。(2)商品市场对物流的需求(X_2)，在此采用社会消费品零售总额来表示，因为它与商品的产生、运输以及消费都有着密切的关系，两者是息息相关、不可分离的。(3)物流供给能力指标(X_3)，在此采用公路里程密度来体现，从现在新的经济理论我们可以看出，劳动力水平的高低、高速公路总量的大小还有现有的交通设备的保障都将对生产率起到关键性的作用，所以用公路里程密度来体现其大小是最合适的。公路里程密度是用各省公路里程除以各省的面积求得的。(4)物流业产量指标(X_4)，它不仅包括物流数量产值，还包括物流质量所产生的价值，因此选择物流业产值为指标。而交通运输、仓储、邮电业又在第三产业里占有重要的地位，所以用它们所带来的价值量表示物流业的产值。(5)物流信息化(X_5)，由于技术的进步，各行业都开始转向技术，当然物流业也不例外，因为只有高效的物流信息才能带来好的物流质量与效率。想从传统的储运统计中寻找衡量物流信息的指标几乎没有，因此从信息产业的统计数据分析，最后本章采取通信行业数据中的统计指标——邮电业务总量来近似代表物流信息化指标。而对于区域经济增长的变量Y，由于国民生产总值 GDP 能够最直接、最真实地反映区域经济的增长变化，本章选择 GDP 作为区域经济发展的衡量指标。具体如表 6-1 所示。

表 6-1　面板数据模型指标体系及解释

指标	指标内容	指标意义
Y	国内生产总值	反映经济规模
X_1	货物周转量	反映物流数量
X_2	社会消费品零售总额	反映商品市场对物流的需求
X_3	公路里程密度	反映物流供给能力指标
X_4	交通运输、仓储、邮电业的价值量	反映物流业的产值
X_5	邮电业务总量	反映物流信息化指标

确定了变量指标后，就是寻找数据的来源，由于早期邮电业务量数据的缺陷，本章的研究时间将从 2000 年开始至 2012 年，并选择了我国 31 个省市自治区的面板数据来构建面板数据模型，相应的指标数据由历年中国统计局以及各省市自治区的统计资料整理而得。

二、我国物流产业整体发展趋势分析

从纵向看,通过分析我国31个省市自治区2000—2012年的数据,可以发现各省份中各指标的数据总体是呈上升趋势的,这主要是随着时代的进步,我国在各方面都加大了政策保障,尤其在物流业这一方面,因为经济的发展离不开物流的支持,所以各指标的数据总体都在上升。但在2011年后的这几年,邮电业务量有所下降,主要是由于近年来电子邮件、QQ、微博、微信等开始迅速发展起来,人们开始更多地使用这些软件设备,从而导致邮电业务量开始下降。

从横向看,将我国划分成东、中、西三个地区后,对各地区指标取平均值后,可以看出除公路里程密度(X_3)指标外,其余五个指标分别在三个地区中均是东部>中部>西部,并且东部地区总是最高,而西部地区总是最低。这是由于东部地区沿海,港口物流发展迅速,因此经济发展也比较好;而西部地区由于交通运输不畅、气候极其恶劣等原因,致使西部地区总是落后。对于公路里程密度在三大地区的影响总体上都相近,说明各地区都需要有更好的交通基础设备来支持经济的进步,而公路里程密度出现上升后又下降、变动平缓的发展趋势,主要是由于公路等基础设施从建设到建成再到投入使用都是有阶段性的。

三、面板模型研究

依据我国各省物流产业指标与区域经济增长的相关变量指标数据,采用LLC检验、Breitung检验、IPS检验、Fisher-ADF检验和Fisher-PP检验五种不同的方法对数据进行单位根检验;利用协整的方法进行进一步的验证;再通过格兰杰因果详细说明各指标间的差异影响,确定两者的关系;最后探讨并确定两者内在的短期或者长期模型关系。

(一)面板单位根检验

要想了解物流产业与区域经济增长之间是否存在协整关系,就必须先确定全国各省的变量数据是否平稳。只有各指标数据存在平稳性时可以采用协整的方法来研究,若数据不平稳将对数据做进一步处理,直至数据成为平稳数据再可进入下一步有关方法研究。因此本章将对面板数据中各变量数据的时间序列进行单位根检验,采用Eviews6.0软件来对31个地区的各变量指标面板数据进行五种不同方法的单位根检验,检验结果整理得如表6-2所示。

表 6-2 我国各省物流产业与经济发展指标面板单位根检验

变量		LLC 检验		Breitung 检验		IPS 检验		ADF-Fisher 检验		PP-Fisher 检验	
		系数	p 值	系数	p 值	系数	p 值	系数	p 值	系数	p 值
Y	水平	32.3968	1	13.8897	1	10.5052	1	7.63905	1	27.2482	1
X_1	差分	-19.7041	0	-19.7041	0	-11.5343	0	230.963	0	280.587	0
X_2	水平	13.2863	1	7.04502	1	3.88292	0.9999	40.3277	0.9851	40.1906	0.9857
X_3	差分	-17.9686	0	-6.58674	0	-8.95822	0	187.449	0	278.484	0
X_4	水平	57.7691	0	14.2312	1	14.3833	1	1.93235	1	11.632	1
	差分	-17.8457	0	-6.09782	0	-11.8611	0	221.66	0	382.59	0
Y	水平	-22.3543	0	-2.02847	0.0213	-6.02849	0	101.437	0.0012	78.6715	0.075
X_1	差分	-28.1598	0	-13.1232	0	-10.4616	0	189.617	0	318.565	0
X_2	水平	13.832	1	7.59857	1	4.86201	1	39.7058	0.9877	42.4651	0.9726
X_3	差分	-13.7398	0	-4.30032	0	-5.70653	0	135.977	0	234.107	0
X_4	水平	-2.3530	0.0093	2.30871	0.9895	1.7580	0.9606	33.2521	0.999	16.0819	1
	差分	-3.52137	0.0002	8.76495	1	5.86426	1	69.8222	0.2314	150.066	0

注：检验的形式为带时间趋势项，以上差分为一阶差分。

从上表中各方法的验证结果可以看出，当对各指标面板数据的水平数据进行五种方法检验时，所得的结果里大多 p 值为 1 或者接近 1，只有0.0213、0.0012和 0.0093 这三个 p 值小于 0.05，仅仅就这三个值符合 5%显著性否认变量数据存在单位根的原假设，而大多的 p 值则说明其显著性在 96%以上甚至是 100%，从而可见，不可以完全否认变量数据存在单位根的原假设，因此变量指标的水平值不符合协整的条件，为此不能对其水平值采用协整分析，所以本章将对各变量指标数据做差分值处理或取对数处理，然后再次以上述五种方法检验，使之变成同阶序列。

在对各指标数据做一阶差分值检验后，我们不难发现各变量指标的检验结果表明 p 值大多都为 0 或近似为 0，只有 X_5 变量中的 Breitung t-stat 和 Im, Pesaran and ShinW-stat 这两种检验方法的 p 值为 1，以及 ADF-Fisher Chi-square 检验的 p 值为 0.2314，这三个 p 值不能符合面板数据的显著水平在 5%以下拒绝原假设。其他的 p 值均在 1%的显著水平下表明存在单位根，从而可以看出各变量面板数据的一阶差分值为平稳序列。所以 Y、X_1、X_2、X_3、X_4 与 X_5 面板数据为一阶单整变量，即同阶单整。

（二）面板协整检验

各变量面板数据的一阶差分值为平稳序列符合面板协整检验的前提条件，继续采用 Eviews6.0 软件中的 Pedroni 检验和 Kao 检验两种方法对 Y、X_1、X_2、X_3、X_4与 X_5面板数据的一阶差分值进行面板协整关系检验并分析，进一步分析物流业与区域经济增量之间的密切关系，Kao 以及 Pedroni 的检验结果整理如表 6-3 所示。

表 6-3　物流指标和经济增量的面板协整关系检验

检验方法	统计量名	统计量值（p 值）
Kao 检验	ADF	−10.60029（0.0000）
Pedroni 检验	Panel v-statistic	−1.072566（0.8583）
	Panel rho-Statistic	6.121462（1.0000）
	Panel PP-Statistic	−3.341745（0.0004）
	Panel ADF-Statistic	−4.420888（0.0000）
	Group rho-Statistic	8.282729（1.0000）
	Group PP-Statistic	−7.126621（0.0000）
	Group ADF-Statistic	−3.017524（0.0013）

我们可以清晰地看出，Kao 检验方法的 p 值为 0，p 值小于 0.05 表明支持协整，也就说明 Kao 检验结果是支持协整关系的。而 Pedroni 检验方法有 7 个统计量，其中 Panel v-Statistic、Panel rho-Statistic 和 Group rho-Statistic 这三项的检验效果最差，其他四项的检验效果都比较好，都在 1%的显著水平下拒绝原假设，所以存在协整关系。

（三）面板回归分析模型

那么各变量对经济增量所产生的作用大小又如何，具体是哪个指标对经济增长带来的影响最大呢？对各变量面板数据采用混合最小二乘法进行更具体的分析，得到混合最小二乘法模型的结果为：

$$Y=151.8304+0.0775X_1+2.2153X_2-4.2116X_3+2.0272X_4+1.2906X_5$$

回归方程调整后的拟合优度 $R^2=0.9967$，说明研究模型设定还是较正确的。由于各统计变量的系数存在正负，说明并非所有变量均对经济增量具有正相关关系。

第三节 结论分析与建议

一、面板模型结论分析

从以上面板回归分析结果，可以更加清楚地知道各变量对区域经济增长的影响大小 $X_2>X_4>X_5>X_1>X_3$，这也就明显地说明了各物流变量指标对区域经济增长带来的影响程度是不一样的。从 p 值结果我们也很明显可以看出 X_2、X_4以及X_5的显著效果也是最好的，说明三者与经济增量都有很大的促进作用。

在各指标中，公路里程密度 X_3的影响系数-4.2116 是一个负数，但是此参数的 t 统计量较小，p 值较大，为此并不能表明该指标对经济增长就没有影响，而是此系数拟合得不够理想。在实际情况中，我国的交通基础设施还不够完善，我国的中东部地区经济发展越来越发达，然而交通基础设施却没有相应跟上。对于经济相对落后的西部虽有较好的交通设施，可是并未使其发挥出应有的作用。这也是导致物流供给能力无法给经济发展带来促进作用的重要因素。

货物周转量 X_1实际上也和交通设施有一定关系，由于交通基础设施不够完善影响着货物周转的速度，进而影响了国民经济的增长。从回归结果也可以看出其系数为 0.0775，可见是非常小，说明我国的物流数量对国民经济增量的影响还不够。

从面板数据的回归结果可以知道，X_5的系数为 1.2906，在各物流指标系数里居中，说明我国的物流信息技术对经济增长是有一定的促进作用的。但是由于我国现在信息技术还不够发达，仍需要大力加强信息技术对物流产业和经济增长的技术投入。

X_4所代表的物流业产量这一指标的系数为 2.0272，在各指标里居第二，说明其对经济增长有非常大的促进作用。我国现在正大力发展第三产业，而交通运输、仓储、邮电业作为第三产业中的一部分，其发展也非常迅猛，这也就促进了经济的增长。

从表中我们发现 X_2的系数是 2.2153 并且是最大的，从而可以看出商品市场给物流的发展带来的促进作用最大。由于商品销售从而衍生出了物流这一行业，它与商品生产以及销售等过程都有着密切的联系。并且当这个市场不断扩大，社会消费不断增长时，也会促进物流业的发展，这也就说明了两者之间实际上是相互促进、相辅相成的作用。

二、扩展分析——东中西三大地区的比较

将我国31个省划分成中东西三大地区后，对各地区省份数据取平均值，并分别做面板回归模型，得到表6-4所示的结果。

表6-4 三大地区变系数面板回归结果

变量	结果	东部	中部	西部
常数	系数	242.2708	-1379.26	243.5598
	t统计量	0.5289	-3.7825	1.7344
	P值	0.5978	0.0003	0.0858
X_3	系数	176.0493	556.0085	-111.0078
	t统计量	0.5805	2.2114	-1.1588
	P值	0.5626	0.0295	0.2492
X_1	系数	0.0059	0.3404	0.5543
	t统计量	0.1505	7.5604	4.8738
	P值	0.8806	0.0000	0.0000
X_2	系数	2.2475	1.9626	2.4118
	t统计量	37.2508	24.2264	47.5408
	P值	0.0000	0.0000	0.0000
X_4	系数	2.0468	3.0874	0.9558
	t统计量	4.2567	6.3899	2.1609
	P值	0.0000	0.0330	0.0330
X_5	系数	1.1917	2.4423	-0.2091
	t统计量	4.6887	3.8597	-0.7232
	P值	0.0000	0.0002	0.4712

通过对比我们不难看出各指标因素对三大地区的经济边际效应，具体如下：X_3增长对Y发展的边际效应是中部>东部>西部，并且当X_3每增加1%，中部地区的Y将增加556.009%，东部地区Y将增加176.049%，西部地区将下降111.008%。X_1对Y发展的边际效应为西部>中部>东部，当X_1每增加1%，西部地区Y增加

0.554%,中部地区 Y 增加 0.340%,东部地区 Y 增加0.006%。X_2对 Y 发展的边际效应为西部>中部>东部,当 X_2每增加 1%,西部地区 Y 增加 2.412%,东部地区 Y 增加2.247%,中部地区 Y 增加 1.963%。X_4对 Y 发展的边际效应为中部>东部>西部,当 X_4每增加 1%,中部地区 Y 增加 3.087%,东部地区 Y 增加 2.047%,西部地区 Y 增加 0.956%。X_5对 Y 发展的边际效应为中部>东部>西部,当 X_5每增加 1%,中部地区 Y 增加 2.443%,东部地区 Y 增加 1.192%,西部地区 Y 下降 0.209%。

通过以上分析,我们发现各指标对不同地区所产生的作用效果也不尽相同,X_3、X_4和 X_5这三者都是对中部影响最大,对西部影响最小,这主要是因为中部地区经济发展还不够,并且在交通设备及信息技术方面都需要大力发展。而 X_1和 X_2对西部的影响最大,这主要是由于西部经济较为落后,商品市场无法得到提高,从而影响了商品的消费和物资的周转等。

三、总结与建议

在对 31 个省市自治区的各指标面板数据进行了面板单位根、面板协整和面板回归之后,我们清楚地知道物流业各指标与区域经济增长这两者是相互促进、共同进步的。我国物流业与区域经济增长的关系总体表现为:社会消费品零售总额对区域经济增长的促进作用最大,对经济增量的影响作用明显;交通运输、仓储、邮电业对区域经济的影响也颇为明显;公路里程密度对区域经济的影响最小;邮电业务总量、货物周转量对区域经济的影响居中。但是通过东、中、西三地区的分析结果我们又可以发现,各指标对不同区域经济所产生的作用也是不同的。总而言之,物流业与经济增长具有非常密切的关系,物流的提高将有利于经济得到更大的提高,但并非所有的指标对经济增长的影响程度都一样,也并非所有指标对各地区都有相同的作用,为此我们需要有针对性地根据各地区的要求提高物流效率,改善物流服务与物流信息技术带来的影响,从而全面提高经济的发展,这也正是本章所要研究的方向。

以上实证研究结果说明,我国目前的物流业发展还不够完善,对于物流的各项指标都还需要进行提高和完善,提升我国物流业的整体服务水平,才能更有利于我国区域经济的发展,为此提出相应的对策建议:

(一)完善交通基础设施,构建现代物流运输体系

通过对物流业中的公路里程密度和货物周转量指标的分析可以知道:我国目前的交通基础设施还不够完善,尤其对于我国中东部经济发达地区,研究结果

虽表明这两个指标对经济的促进作用不大，但这并不是说明它们对经济发展是无作用的，而是需要有完善的交通运输基础设施的大力支持，才能提高公路里程密度以及货物周转速度，从而提高物流产业的发展速度，进而促进经济的增长。为此，应该加强对交通运输的改进，着力构造铁路、高速公路、海港为主骨架枢纽的现代化运输体系。注重加强各种运输方式的衔接，大力发展多式联运，以降低运输成本，加速货运周转，提高货运质量。

（二）培育现代化物流人才，加大物流技术推广

随着科学技术的不断进步，越来越多的企业、产业等都依赖信息技术而逐渐发展壮大，物流产业也不例外，要想有高效的物流效率就必须依靠物流设施、设备的标准化、现代化和信息化。因此，应重点加强对全球卫星定位系统、条形码、射频、智能标签、电子数据交换、智能交通系统、地理信息系统等先进设备的应用，以提高物流系统的技术水平，推动物流作业的信息化，这样才能促进邮电业务的增长，从而影响物流业发展，才能提高邮电业务指标对区域经济发展的影响。而技术的利用又离不开高科技的物流技术人才来支持。为此，我国政府应积极培育现代化物流人才，加强物流学科专业人才培育以及实验基地建设，成立专项研究机构，给物流甚至国家带来更加有用的人才。

（三）加快第三产业发展，促进物流业产量的增长

物流产业的发展与三大产业的增长息息相关，交通运输、仓储、邮电业作为第三产业中重要的一部分，只有大力发展第三产业才能提高物流产业的发展和增长，最终促进经济的发展。因此需要做好规划，提高产业发展速度，逐步建立和完善我国第三产业发展规划，同时加大对第三产业的投入，充分发挥第三产业的优势。

第二部分

四化同步与现代物流发展篇

◆第七章◆

基于熵值赋权法的我国“四化同步”发展水平评价

本章提要:以全国31个省市自治区作为研究对象,构建新“四化”评价指标体系,运用熵值赋权法测算各地区新“四化”发展指数,进一步利用聚类分析和离散系数分析方法研究各地区“四化”协调发展情况。研究结果表明:从全国整体来看,全国“四化”发展步入了勉强协调阶段;从各省市自治区来看,按照协调发展的程度划分标准,可将各省市自治区依据“四化”协调发展水平划分为以下三种类型:高度协调、中度协调、低度协调。

第一节 “四化同步”提出及发展概况

我国“十三五”规划提出,要重点促进经济社会协调发展,增强城乡区域的协调发展,加大新型工业化、信息化、城镇化和农业现代化这新“四化”的协调发展程度,在增强国家硬实力的同时还要注重提升国家软实力,不断增强发展整体性。其实在此之前,“四化”在中国的政治舞台上就占有一席之地:“实现工业、农业、交通运输业和国防的“四个现代化”的指导方针早在1954年召开的第一届全国人民代表大会第一次会议上就提出来了;接着,在1964年12月,党召开了第三届全国人民代表大会,周恩来总理在第一次会议上首次提出:在20世纪内,中国必将建设成为一个具有现代国防、现代农业和现代科学技术现代工业的社会主义强国;1979年12月,邓小平副总理在把“四个现代化”归纳为“到20世纪末,中国争取实现小康水平,也就是将国民生产总值提高到人均1 000美元”。邓小平把实现“小康社会”的目标寄托在“中国式的四个现代化”;后来,李克强在中共第十八大上提出了新“四化”,虽然和之前的“四化”内容有不一样的地方,但总体上来说,其根本都是推动中国经济继续向前发展。李克强提出的新“四化”是指工业化、城镇化、信息化、农业现代化。

党的十八届五中全会提出,要想协调发展,就必须正确处理发展中的重大关系,牢牢把握中国特色社会主义事业的总体布局,用正确的方式去处理发展中遇到的重大问题,重点促进新“四化”的同步发展。这一论述对加快转变我国经济发展方式,推动现代化建设具有重要的指导意义,是我国在新阶段、新时期、着眼长远、立足当下,为推进社会主义现代化建设而做出的关键性战略部署。而新“四化”的协调发展离不开流通体系这个背景,因为,21 世纪经济是流通主导型经济,产业流通在社会经济生活中的地位和作用十分重要,现代流通体系既是现代流通体系的发展方向,也是其核心特征,它在国民经济发展过程中起着重要作用,因为它的两头分别连接着消费市场和企业生产,在起着扩大我国就业率、平衡市场供需、调剂余缺作用的同时,更是有着引导消费、引导生产的作用,它不仅是社会再生产过程中的主要支撑力量,还是各种要素整合以及聚变的承载者,是提高经济运行效益道路上的重要引导力量,可以说,如果没有现代化的大流通,就不可能有新“四化”的同步发展。在一些经济欠发达的地区,由于大流通产业发展滞后,严重制约了当地“四化”发展水平。

目前,“四化协同”在我国的发展情况为:信息化滞后于工业化、城镇化,农业现代化优于工业化、城镇化,工业化、城镇化、农业现代化“三化”也还没有实现信息化,整个经济社会的不平衡发展的一部分原因就出自新“四化”的不协调发展。那么,怎么样新“四化”才算是协调发展呢?新“四化”协调发展的标志应该是:工业化在有效推进城镇化的同时,还可以在一定程度上解决农村的剩余劳动力的问题,同时又为农村提供必要的资金以及技术设备支持,达到带动农业现代化的目的;城镇化适应工业化的状况达到健康发展,既不超前也不滞后于工业化,农民的城镇化和非农化实现同步,既没有严重的“农村病”也没有严重的“城市病”的情况发生;工业适时反哺农业、城市适时反哺农村,达到真正支持农业和农村的目的;农业达到“两化”,即产业化和机械化,农民收入不断以一种健康稳定的方式提高,工农业现代化、城乡差别逐步缩小;充分利用信息技术去影响农业、工业以及城乡,使得信息化与其他“三化”之间相互融合,致使其他“三化”跟上全球信息化的步伐。

改革开放以来,中国极大地提高了新“四化”的发展水平,如不考虑价格因素,第一产业的国内生产总值至 2014 年已经达到 58336.1 亿元人民币,是 1978

年 1018.4 亿元人民币的 57 倍多，且近年来保持每年 5%左右的稳定增长；1978 至 2014 年间，中国工业化率虽然没有较大的变化，一直在 40%与 50%之间波动，但第二产业的国内生产总值在 2014 年已经达到了 271764.5 亿元人民币，是 1978 年 1736 亿元人民币的 156 倍多，且近年来保持每年 10%左右的稳定增长；中国信息化更是从无到有突飞猛进，截止到 2014 年年底，我国的互联网普及率已经由 2007 年的 16%上涨到 47.9%，高于 40%的世界平均水平；城镇化率则由 1978 年的 17.9%大幅度上升到 2014 年的 55%（常住人口城镇化率），虽然与发达国家 80%左右的高城镇化率相比还有一定差距，但在人类社会城市化发展史上，我国的城镇化率平均每年提高约 1%的速度还是一个少见的案例。

工业化、城镇化、农业现代化和信息化都是现代化的重要组成部分，它们之间只有做到彼此互相协调配合，才能达到互相促进、相辅相成的目的；否则，“四化”发展过程中差距太大，就容易互拖后腿、互相掣肘，难以全面提高我国实力；实现我国新“四化同步”发展势在必行。本章通过分析我国各省市自治区的新“四化”的发展现状，探讨新“四化”之间同步发展的情况，认为我国西部大部分地区四化发展水平较低，且“四化”同步发展程度相对不高；东部地区“四化”发展程度相对较高，特别是沿海经济发达地区，但部分省市自治区的农业化发展水平相对较低，导致“四化”发展呈现低度协调；中部地区“四化”发展水平居中，“四化”发展协调程度较高。基于此提出我国“四化”协调发展的建议。

第二节 “四化”指标构建与研究方法

由于“四化同步”发展不仅体现为指导思想、发展模式、工作方法的要求，还是对状态、结果的衡量，必然要有一个科学的评价标准。实现我国新型工业化、城镇化、农业现代化和信息化“四化同步”发展的本质核心是同步发展，那么，全部的评判指标都应围绕“同步发展”而设计。只有这样，才能全面、科学、准确地考察评判“四化”是否同步发展以及“四化同步”发展的程度如何，从而帮助决策者适时地调整政策措施和工作重点。本章建立“四化同步”发展的评价指标体系和评价模型，通过具体实证计算分析其“四化”协调发展水平，提出相关建议。

一、指标体系与评价方法

(一)"四化"指标体系构建

自党的十八大报告提出工业化、城镇化、农业现代化和信息化"四化同步"发展以来,专家学者已对"四化同步"发展展开了多角度的研究,他们在研究"四化同步"发展时对工业化、城镇化、农业现代化和信息化的刻画既有综合评价指标,也有单个指标。工业化的单个指标有:工业化率(周建群,2013)、非农业的就业比重(钱丽、陈忠卫、肖仁桥,2012)、工业增加值占 GDP 比重(夏春萍、刘文清,2012);城镇化的单个指标有:城镇人口占总人口的比重(周建群,2013)、非农业人口占总人口的比重(马远、龚新蜀,2010)等;农业现代化的单个指标有:农业部门产值比重与农业部门就业人口比重之比(王贝,2011)、农村人均机械总动力(马远、龚新蜀,2010)等。在制定"四化"指标体系时作者认为"四化同步"发展的理论精髓是"同步",实践的要点难点是"何为同步"、"如何同步"。基于此,需要构建一套既具有较强的可操作性又能客观反映工业化、城镇化、农业现代化和信息化四化协调性的指标体系。在构建新"四化"综合发展水平评价指标体系时遵循指标体系中同时具有平均量指标、总量指标、相对量指标和绝对量指标的原则。在新"四化"综合发展水平中所构建的评价指标体包括三个层次:目标层、功能层和指标层,其中,第一层目标层全面反映新"四化"的综合发展水平,代表新"四化"综合发展指数;第二层次功能层包括"四化"发展的四个指数,分别反映新"四化"四个组成部分的发展程度。如表 7-1 所示。

表 7-1 新"四化"综合发展水平评价指标体系

四化	评价指标
工业化	第二产业产值(亿元)、人均第二产业产值(万元/人)、第二产业产值占地区生产总值的份额(%)、人均地区生产总值(元/人)
信息化	互联网上网人数(万个)、互联网宽带接入端口(万个)、电话普及率(部/百人)、互联网普及率(%)
城镇化	城镇居民人均可支配收入(元)、人口城镇化率(%)、建成区面积(平方公里)、城市人口密度(人/平方公里)
农业现代化	农村居民消费水平(元)、谷物单位面积产量(公斤/公顷)、单位耕地农机动力(万瓦/公顷)、有效灌溉率(%)

（二）“四化协同”综合评价方法

此前，已有众多学者对“四化协同”做出了综合评价。比如，刘文耀、蔡焘（2014）采用层次分析法（AHP 方法）对我国新“四化”同步发展水平进行评价；马铭杰、郭之茵、薛龙等（2015）采用于 ECM 模型对河南三化协调进行研究；熊巍、祁春节（2014）采用灰色模型和熵权法对“四化同步”发展进行综合评价；袁晓玲、景行军等（2013）运用格兰杰（ Granger）因果关系检验法和熵值法对我国新“四化”的互动关系进行了测度和评价；潘竟虎、胡艳兴（2015）采用 GWR 和 ESDA 对我国地级及以上城市四化的协调发展进行分析研究；刘新智、刘雨松等（2015）运用中国省际面板数据对 “四化”同步发展对农户收入增长的效应及空间差异进行研究探讨。本章采用熵值确定权重法对新“四化”的各项指标进行赋权，而后进行评价分析。

二、熵值赋权法评价分析

通过熵值确定权重法对新“四化”进行评价分析，步骤如下：

（一）对各个指标进行标准化处理

因为熵值确定求权重法在赋值时会出现纲量的影响，所以要对“新四化”的各个指标进行标准化处理。我们设 $X_{ij}=\{x_{ij}\}$ （ $0\leqslant i\leqslant n, 0\leqslant j\leqslant m$），$m$ 为评价体系中的评价指标，n 为评价对象的评价系统构成的初始数据矩阵。其中，x_{ij}为第 i 个地区第 j 项评价指标的数值。设 $x_{j\max}$为 n 个评价地区中，第 j 项评价指标的最大取值，x_{ij}'为 x_{ij}对于 $x_{j\max}$的相似度。因本章选取的指标全部为正向指标，因此有 $x_{ij}'=\dfrac{x_{ij}}{x_{j\max}}$。设标准化矩阵为 $Y=\{y_{ij}\}_{n\times m}$（ $0\leqslant i\leqslant n, 0\leqslant j\leqslant m$），其中，$y_{ij}=\dfrac{x_{ij}'}{\sum x_{ij}'}$，则 $0\leqslant y_{ij}\leqslant 1$。

（二）信息熵值 e_j和信息效用值 d_j的运算

假设第 j 项评价指标的信息熵值为 e_j，e_j是度量对象的数据的效用价值，$0\leqslant e_j\leqslant 1$，其计算公式为：

$$e_j=-\frac{1}{\ln n}\sum_{i=1}^{n}y_{ij}\ln y_{ij}$$

设 d_j是第 j 项评价指标的信息效用价值，则

$$d_j=1-e_j$$

如果计算出的 d_j 值越大，表明第 j 项评价指标的越重要，权重也越大。

（三）各个评价指标权重的确定

$$w_j = \frac{d_j}{\sum_{j=1}^{m} d_j}$$

（四）样本评价值的运算

假设第 i 个地区第 j 项评价指标的评价值为 f_{ij}，可得 f_i 是第 i 个地区评价值，则有：$f_{ij} = w_j \times x'_{ij}$，$f_i = \sum_{j=1}^{m} f_{ij}$。如果一个地区的评价值 f_i 越大，那我们就可以得出第 i 个地区的发展情况越好。

通过上述计算得出表 7-2。

表 7-2　各指标信息熵值、信息效用值和权重

指标	e（信息熵）	d（效用值）	w（权重）
工业化	0.9648	0.0352	0.3145
第二产业产值	0.9158	0.0842	0.1787
人均第二产业产值	0.9744	0.0256	0.0544
第二产业产值占地区生产总值的份额	0.9952	0.0048	0.0101
人均地区生产总值	0.9749	0.0251	0.0532
城镇化	0.9648	0.0189	0.1689
建成区面积	0.9312	0.0688	0.1460
人口城镇化率	0.9910	0.0090	0.0192
城镇居民人均可支配收入	0.9919	0.0081	0.0171
城市人口密度	0.9752	0.0248	0.0526
农业现代化	0.9879	0.0121	0.1078
农村居民消费水平	0.9756	0.0244	0.0518
谷物单位面积产量	0.9961	0.0039	0.0082
有效灌溉率	0.9848	0.0152	0.0322
单位耕地农机动力	0.9789	0.0211	0.0447
信息化	0.9542	0.0458	0.4088
互联网上网人数	0.9335	0.0665	0.1410

续表

指标	e(信息熵)	d(效用值)	w(权重)
互联网宽带接入端口	0.9280	0.0720	0.1528
电话普及率	0.9906	0.0094	0.0200
互联网普及率	0.9915	0.0085	0.0180

权重是针对某一指标而言的,它是一个相对的概念。指标在一个指标体系中的重要程度是从权重中反映出来的,但指标的权重是只代表了它在该指标体系中的重要程度[6]。从表 7-2 可以看出,信息化所占权重最大,也就是说在四化发展过程中,信息化相对于其他三化而言占据比较重要的位置,工业化次之,城镇化第三,农业现代化最小。

(四)新"四化"发展指数

求出我国新四化发展指数,如表 7-3 所示。

表 7-3 新"四化"发展指数

地区	工业化	排序	信息化	排序	城镇化	排序	农业现代化	排序	标准化指数	排序
北京	0.3844	18	0.3797	11	0.4288	18	0.9610	3	0.4249	13
天津	0.6029	6	0.1831	26	0.3805	21	1.0000	1	0.3834	15
河北	0.5345	8	0.5620	5	0.4591	14	0.7714	6	0.5744	5
山西	0.3317	20	0.2993	16	0.4095	20	0.6111	10	0.3457	18
内蒙古	0.5299	10	0.2326	23	0.3295	26	0.5443	17	0.3641	17
辽宁	0.6089	5	0.4628	8	0.5315	7	0.6176	9	0.5440	7
吉林	0.3904	17	0.2335	22	0.4331	17	0.5076	20	0.3262	21
黑龙江	0.2992	23	0.2744	18	0.5776	5	0.5204	18	0.3333	19
上海	0.5211	11	0.4009	10	0.4995	9	0.7921	4	0.4831	10
江苏	1.0000	1	0.7618	2	0.7528	3	0.7537	7	0.8725	2
浙江	0.7178	4	0.6443	4	0.5578	6	0.9705	2	0.7004	4
安徽	0.4095	16	0.3426	14	0.4526	15	0.5923	11	0.3999	14
福建	0.5339	9	0.4410	9	0.4152	19	0.6544	8	0.4965	9
江西	0.3469	19	0.2601	19	0.4687	12	0.4735	23	0.3289	20

续表

地区	工业化	排序	信息化	排序	城镇化	排序	农业现代化	排序	标准化指数	排序
山　东	0.8917	3	0.6892	3	0.7543	2	0.7890	5	0.7963	3
河　南	0.5604	7	0.5019	6	0.6414	4	0.5742	13	0.5589	6
湖　北	0.4712	13	0.3764	12	0.4983	10	0.5200	19	0.4415	11
湖　南	0.4413	14	0.3724	13	0.4632	13	0.5463	16	0.4268	12
广　东	0.9250	2	1.0000	1	1.0000	1	0.5856	12	1.0000	1
广　西	0.3059	22	0.2975	17	0.3241	27	0.4487	26	0.3212	22
海　南	0.1428	30	0.1226	28	0.2318	29	0.5040	21	0.1602	30
重　庆	0.3306	21	0.2523	20	0.3481	23	0.3802	29	0.3035	23
四　川	0.4768	12	0.4797	7	0.5130	8	0.4639	24	0.5013	8
贵　州	0.1873	28	0.1910	25	0.3369	24	0.3501	31	0.2181	26
云　南	0.2354	25	0.2476	21	0.3300	25	0.3977	28	0.2677	25
西　藏	0.1222	31	0.0707	31	0.1667	31	0.3582	30	0.1117	31
陕　西	0.4248	15	0.3047	15	0.4861	11	0.4746	22	0.3821	16
甘　肃	0.1851	29	0.1732	27	0.3666	22	0.4582	25	0.2145	27
青　海	0.2186	27	0.1026	30	0.2503	28	0.5501	15	0.1780	28
宁　夏	0.2201	26	0.1049	29	0.2139	30	0.5625	14	0.1767	29
新　疆	0.2504	24	0.2279	24	0.4415	16	0.4004	27	0.2725	24
平均值	0.4511		0.3669		0.4675		0.6160		0.4301	

从表7-3可以看出，新“四化”综合发展指数由高到低排名为：广东、江苏、山东、浙江、河北、河南、辽宁、四川、福建、上海、湖北、湖南、北京、安徽、天津、陕西、内蒙古、山西、黑龙江、江西、吉林、广西、重庆、新疆、云南、贵州、甘肃、青海、宁夏、海南、西藏。各省市自治区的工业化平均指数为0.4511，高出平均值的区域主要分布在东部沿海经济比较发达的地区以及中部资源较为丰富的地区，西部边远地区工业化发展指数明显低于平均值；信息化平均指数为0.3669，高出平均值的区域主要分布在东部和中部地区；城镇化发展指数平均值为0.4675，高出平均值的区域同样大多分布于东部、中部地区，与该地区经济发展水平基本一致；农业现代化平均指数为0.4301，高出平均值的区域多分布于东部经济发达地区

以及中部平原地区。总体而言,广东、江苏、山东、浙江这些东部沿海省份新“四化”发展水平较高;宁夏、甘肃、新疆、青海、贵州这些西部地区,四化发展水平普遍较低。

三、聚类结果与分析

(一)聚类结果

为了进一步分析各地区工业化、城镇化、农业现代化和信息化“四化”发展的综合特征和协调性,对全国 31 个省市自治区的“四化”发展指数进行聚类分析。把相似程度较大的指标聚合为一类,这就是分类的基本思想。通过对全国 31 个省市自治区的工业化、城镇化、农业现代化和信息化“四化”发展指数进行聚类分析,用谱系聚类法,根据表 7-4 的最终聚类中心确定分为 4 个类别。

表 7-4 最终聚类中心

	1	2	3	4
工业化	0.9389	0.5521	0.4481	0.2198
城镇化	0.8357	0.4651	0.4785	0.3010
农业现代化	0.7094	0.8990	0.5462	0.4410
信息化	0.8170	0.4340	0.3524	0.1790

(二)聚类结果分析

根据聚类分析结果,将全国 31 个省市自治区分成如表 7-5 所示的 4 类地区。

表 7-5 聚类结果

地区	第一类	第二类	第三类	第四类
东部	江苏、广东、山东	北京、天津、河北、浙江、上海	辽宁、福建	海南
中部	无	无	吉林、山西、黑龙江、安徽、江西、河南、湖北、湖南	无
西部	无	陕西	内蒙古、四川	广西、重庆、贵州、云南、西藏、青海、宁夏、甘肃、新疆

第一类地区，新“四化”发展指数高度发展、协调程度中度水平发展地区。该类型地区包含广东、江苏、山东三个省份。工业化、城镇化、信息化三化发展水平最高，农业现代化发展水平虽也居全国前列，但与其他三化相比，还处于略低水平。该类地区新“四化”水平发展中度同步，信息化和城镇化协调性较好。这一类型的区域，应进一步加强农业现代化的发展，使之与工业化、城镇化、信息化进一步融合。

第二类地区，新“四化”发展指数中高度发展、协调程度中度水平发展地区，包括北京、天津、河北、浙江、上海、陕西六个省市，除陕西外，其他地区均属于东部发达地区。此类地区工业化、信息化、城镇化都处于中高度发展水平且协调程度中度水平，但农业现代化发展水平处于我国分类地区最高值。此类地区，应充分利用农业现代化的发展较高的优势去带动工业化、城镇化、信息化三化的发展，促进其他三化与农业现代化的进一步同步发展。

第三类地区：新“四化”发展指数中度发展、协调程度高度水平发展地区。该类地区有辽宁、福建、吉林、山西、黑龙江、安徽、江西、河南、湖北、湖南、内蒙古、四川 12 个省份。该地区工业化、城镇化、农业现代化和信息化四化高度协调发展，但工业化、农业现代化和信息化三化相对落后，工业化和城镇化发展较为协调，农业现代化水平高于其他三化。此类地区信息化发展相对落后，与城镇化发展程度相比还有一些距离，应加快信息化的发展，力促与其他三化比齐。

第四类地区，新“四化”发展指数低度发展、协调程度低水平发展地区，包括以下省份：海南、新疆、广西、重庆、贵州、云南、西藏、青海、宁夏、甘肃 10 个省份。该类地区的共同特点是工业化、城镇化、农业现代化和信息化四化低度发达，农业现代化发展水平相对较高。该类型的区域，应利用农业现代化的发展带动工业化、城镇化和信息化发展的同时力求达到同步发展。

为了进一步分析工业化、信息化、城镇化、农业现代化在发展差异程度方面的状况，需对工业化、城镇化、农业现代化和信息化四化发展指数各自的离散系数进行比较分析，得到表 7-6。通过对各发展指数离散系数进行分析可知，各省域之间信息化和工业发展差异度比较接近，而且都比农业现代和城镇化发展差异度大，农业现代化和城镇化发展差异度比较接近。

表 7-6　各发展指数离散系数

	工业化	城镇化	农业现代化	信息化
均值	0.4387	0.4536	0.5850	0.3546
标准差	0.2239	0.1708	0.1765	0.2100
离散系数 CV%	51.04%	37.65%	30.17%	59.21%

第三节　总结与政策建议

一、总结

对于正处于深化改革的关键时期的中国,工业化、城镇化、农业现代化和信息化的协调发展是对我国新一轮改革的内在要求。十八大报告提出“要坚持走中国特色新四化道路,推动工业化、信息化两化间的深度融合,实现城镇化、工业化两化的良好互动、促进农业现代化、城镇化两化的相互协调,促进工业化、城镇化、农业现代化和信息化这四化的同步发展”。这一部署是根据我国基本国情,立足于当下而着眼于长远提出来的,有利于我国今后的政策发展导向,推进我国的现代化进程,是推动中国经济良好发展的重要力量。

工业化、城镇化、农业现代化和信息化“四化”的发展在增强企业竞争力、促进我国经济结构转型的同时还发挥着提高信息化普及率、破解城乡发展中的瓶颈以及瓦解“三农”难题的作用。以往,因为各级政府缺乏用联系的眼光看待工业化、城镇化、农业现代化和信息化的发展,虽也都不同程度地把经济重心放在发展“四化”上,但并没有解决问题,这是因为他们往往只把目光重点聚集在“四化”中的某一个化或其中两三化,只是片面追求单一指标的最大化,而忽略了工业化、城镇化、农业现代化和信息化“四化”协调发展是一个复杂的整体。工业化、城镇化、农业现代化和信息化“四化”中的每个子系统不是孤立发展的,缺少其中任何一个都达不到经济社会健康、稳定、可持续发展的目的,相反,要达到此目的必须要各目标间的协调发展。

二、政策建议

(一)完善“四化同步”发展评价体系

目前我国并没有一套完整的“四化同步”发展评价指标体系,不同学者专家对“四化同步”进行研究时往往采用不同的评价指标,结果往往存在很大差异。因此,应做到以下几点:第一,政府有关部门应针对“四化”之间存在的复杂关系来对“四化同步”发展进行统筹部署,加强“四化同步”发展的系统设计;第二,建立统计体系和科学评价机制,建立健全反映“四化同步”发展的统计体系十分紧迫,因为我们是通过评价体系来确定“四化”的发展情况以及协调发展情况,再基于此来制订一系列的方案以及措施的,方案制订是否科学,在一定程度上取决于评价体系是否正确。

(二)全面改善新“四化”发展现状

具体措施为:第一,加快推进农业现代化。农业现代化是我国“四化”建设中主要的“短腿”问题,因此要加大力度优先发展农业现代化。第二,实施工业反哺农业的发展方针。进入工业化中后期阶段的我国,选择工业反哺农业为最优方案。第三,建设新型城镇化。为了达到充分发挥市场经济中的资源配置效应的目的,应采用政府引导的城镇化代替政府主导的城镇化;第四,全面推动信息化社会建设。充分利用信息化对社会进行全面建设,逐步解决“三农”问题。

(三)在城乡转型发展新时期,推进“四化协调”

应该把信息化作为先导、新型工业化作为目标、优化工业发展作为格局,为中小企业的发展提供一个相对宽松的政策环境;应大力扶持中心村镇的发展、着力深化户籍制度改革、促进城乡公共服务;政府应继续加大对农业农村的资金扶持,引导社会资本向农村投资倾斜,通过新型城镇化带动农业现代化。

◆第八章◆

区域工业化进程中的物流业推动效应研究

本章提要:本章对我国工业化进程的发展现状及其存在的问题、现代物流业发展现状及其存在问题,以及工业化进程中物流业的推动效应等方面,进行了理论分析。采集全国 31 个省市自治区 2006—2014 年的数据,构建面板数据模型。实证研究结果表明,现代物流业与工业化发展之间存在协整关系,并且对我国工业化进程表现出推动效应,但这种效应效果不大或不明显,基于研究结论对现代物流业本身以及其与工业企业联动发展方面提出政策建议。

20 世纪 70 年代末,随着中国经济的快速发展,越来越多的人认识到物流的重要性,也使得各省的物流水平被重视起来。物流业是国家的重要基础产业之一,它不仅为国家带来巨大财富,更衔接着国家经济各部门,使各部门成为一个有机整体。为了使我国物流业能够持续稳定发展,政府加强了扶持力度。"十八大"报告为我国现代物流业的发展确定了方向。李克强在 2014 年国务院常务会议上强调政府要支持物流企业,加大物流设施设备建设的力度,要将物流业做大做强。

物流业对我国经济发展的积极作用已经得到了专家的一致认同。在工业化进程中,物流业与工业呈现出了相互渗透、相互融合的发展趋势,对工业化也起着推动效应。因此,在 2009 年颁布的有关物流业调整和振兴的规划中,明确将工业与物流业协同合作项目列为物流行业发展的首要项目之一。"十三五"规划中也提到要积极引导工业企业与物流业的合作与发展。但近几年工业发展较快,物流业相对于工业来说处于更缓慢的发展状态。在这种环境背景下,研究怎样将物流业对工业化的推动效应发挥到最大,是非常有意义的。

因此,本章对我国区域化进程中物流业的推动效应进行理论分析,再通过面板模型进行实证研究，进而得出结论，提出指导建议。

第一节　我国区域工业化与物流产业发展

一、工业化与工业化进程

（一）工业化

工业化的含义随着时间演变，其具有久远的历史根源。最早是从18、19世纪开始，那时候的经济学家认为工业化可能是经济发展和生产效率提升的因素之一，但对其并没有深入的认识。20世纪中期以后，人们开始了解工业化，并对其含义进行阐述。但当时普遍的观点都觉得工业化只是工业的发展，工业化发展决定了国家的经济。之后越来越多的学者都把精力放在工业化的含义和问题分析上，对此他们也提出了很多自己的观点，大部分是从经济结构变化角度解释了工业化。张美云（2012）认为工业化是工业占国民经济份额越来越重，并代替农业成为国民经济的主体的过程。

更具体地说，工业化就像是一系列总是在变化的函数基本生产过程，是由农业占主体经济形式向工业占主体经济形式演变，最终形成工业占主体经济形式的过程。这个过程的最后成果是工业技术基础有了很大提高，人类可以真正遵循有效率且可持续性的原则创造与获取价值，也可以真正摆脱生存危机和社会生产能力的威胁。

（二）工业化进程

工业化进程只是国家和地区对自己产业化经济发展进行判断的一个重要过程，并没有一个标准定义。一般是从不同标准值来定义自己的工业化进程。

国外主要有“工业结构四阶段理论”、“人均收入六阶段理论”、“配第-克拉克定理”、“产业结构三阶段理论”这些典型的理论，主要从工业、产业、从业结构，人均收入水平、城市城镇化率等方面对工业化进程进行测量。这些理论方法普遍获得了国际的认可。

总的来说，由于关注的重点不一样，所以才会有不同的测度理论，但都包含了这四类指标：一是反映经济发展的人均GDP；二是反映生产结构和需求结构；

三是反映城市化发展；四是反映国民经济工业化程度。

黄群慧(2013)按照人均 GDP、工业结构等指标对我国工业化进程进行了测度，他认为从工业结构的这个指标上看，我国处于工业化后期；从人均 GDP 看，我国处于工业化中期；从人口城镇化率来看，我国工业化还处于初期。

(三)我国工业化发展进程及存在的问题

改革开放以来，在经济平稳增长的情况下，工业也取得了长足的发展。按区域来说，东部地区工业化飞速发展，中部地区发展相对平稳，而西部地区工业长期滞后；以全国描述，我国全体进入工业化中级阶段，大部分发达区域已经进入工业化后期。更具体地说，东部区域的粤、浙和苏已经完成了工业化，并陆续进入后工业化，同时，辽、闽、鲁等进入工业化后，我国省域工业化水平的阶段性分布结构将从“椭圆型”转变为“倒金字塔型”。

由于我国大部分省域还是处在工业化的中期阶段，问题和矛盾仍很突出。王琦评(2014)认为主要有这些问题：第一，生产能力过剩；第二，第三产业的实际比重下降；第三，我国工业区域发展不平衡；第四，我国工业技术滞后于工业发展。

总体来说，我国工业化仍存在这些问题：供给能力适应不了市场需求的变化；工业技术跟不上工业化发展的步伐；技术能力水平低，导致其产品的附加价值低；工业化过程中资源浪费严重、环境污染高等等。所以，中国的工业化道路仍需更加努力。

二、我国物流产业发展

(一)物流业的发展现状

近几年物流业飞速发展，产业规模不断扩大。但物流业是新兴产业，其统计制度还很不完善。所以本章采用各省交通运输、仓储和邮政业产值来反映我国各地区的物流这几年发展的情况，对我国东、中、西部 31 个省、市、自治区 2006—2014 年的物流产值进行比较(即东部包括京、津、冀、辽、沪、苏、浙、闽、鲁、粤、琼，中部包括晋、吉、黑、皖、赣、豫、鄂、湘，西部包括内蒙古、桂、川、渝、贵、云、陕、甘、青、宁、新、藏)。首先用各省物流总产值计算出东、中、西部 2006—2014 年每年的平均值，得出结果如表 8-1 所示。

表 8-1 各区域 2006—2014 年物流产业平均值

地区	2006	2007	2008	2009	2010	2011	2012	2013	2014
东部	548.02	635.19	729.03	758.04	891.4	1027.9	1133.7	1186.3	1280.7
中部	553.17	639.25	732.17	755.76	884.69	1020.1	1131.2	1182.9	1276.1
西部	414.32	476.65	545.17	568.70	659.75	763.04	851.66	898.61	974.39

从表 8-1 可以看到,总体上东部地区与中部地区每年的产值相差不大,但却远超西部地区。再采用 2006—2014 年的物流产值对各省进行 K-均值聚类分析,按照聚类的最合理化,将其分为四类,如表 8-2 所示。

表 8-2 我国区域物流业产值特征分类表

分类	地区	省份	数量
第一类	东部	辽、沪、闽	3
	中部	豫、鄂、湘	3
	西部	内蒙古	1
第二类	东部	琼	1
	西部	云、藏、青、宁、新、甘	6
第三类	东部	粤、鲁、苏、冀	4
第四类	东部	京、津、沪	3
	中部	晋、吉、赣、黑、皖	5
	西部	陕、桂、渝、川、贵	5

从表 8-2 的结果可以看出,第三类的粤、鲁、苏、冀的物流产值最高,都是处于东部较发达的省份,其次是属于第一类的内蒙古、辽、沪、闽、豫、鄂、湘,再而是第四类晋、吉、陕、黑、沪、皖、京、津、赣、桂、渝、川、贵各省市,最后是第二类的琼、云、藏、甘、青、宁、新。

单从物流业产值看,各省域都达到了一定的范围,但各省域之间还是存在着很大的差距。以第四类的江西来说,2014 年物流产业值为 710.47 亿元,高于青、藏等大多数西部省,但比鲁、粤、苏等地区还是存在很大差距,其产值只有粤的 27%左右。而从表中我们可以看出,西部地区的甘、云、宁、青、藏等的物流产业还是比较落后,其中,2014 年,藏物流业产值只有粤的 2%左右。这些结果都证实了我国物流业存在较强区域差距的现状,形成了东部较强、西部较弱的趋势。为此,要提升西部地区物流业还需更加努力,任重而道远。

(二)物流业发展存在的问题

我国物流业还处于初级阶段,总体各方面都比较不完善,还存在比较多的问题。主要表现在:

1.传统物流体制限制了现代物流产业体系的发展

许多生产企业因为商业机密、物流质量等原因还是实行传统的运行体制,在观念上不与时俱进,没有专业化的物流技术水平,成本昂贵却运行效率低。进而导致不必要的浪费和不能快速反映客户的需求,严重影响了现代物流的发展。这些观念与意识都限制了现代物流体系的发展。

2.基础设施建设还处于相对落后的状态,不能满足现代物流发展的要求

适应电子商务发展的物流信息系统相对落后,机械化、自动化程度低,整体物流技术水平比较落后,企业对计算机的应用多限于处理日常事务,对物流过程的配送中心选址问题、运输路线的确定及最优库存控制等,大多还处于半人工决策状态。大部分企业的信息化水平不高,更是很被动地按照客户要求去执行,而很少会深入整个供应链提供策划和组织。

3.政策法规体系不健全,市场秩序不规范

物流属于新兴产业,我国的政策法规还是很不完善。由于体制的不完善,导致各部门的职能不明确,各部门的职能虽有分工但也存在相互交叉的状况,加上物流行业的管理也没有一个统一的管理制度,市场秩序处于比较混乱的状态。这一切导致物流行业的管理存在条块分割、部门分割、重复建设等一系列的问题。

4.物流人才缺失,限制了物流业的发展

目前我国的物流从业人员普遍都没有现代物流观念,没有经过专业化的训练,技术水平不高,很难满足现代物流发展的需求,现代物流需要复合型、高素质的物流人才。因此,要提高物流水平,必须注重人才的培养,提高他们的专业化技术能力。

正因为我国物流存在这些问题,不仅降低了我国生产企业产品的竞争力,而且在宏观上也影响了国民经济的运行效率。同时,中国的物流基础设施的不足,使得物流布局不合理化严重影响了物流行业的整体发展。

第二节 工业化进程物流业推动效应分析

一、工业化进程中物流业的推动效应机理分析

在工业化进程中,工业离不开物流服务。物流不仅有利于工业的产业升级,更提升了工业的生产效率和核心竞争力。理论上证实了物流在工业化进程中起着推动效应。主要体现在这几方面:

(一)物流业使工业企业集中发展核心业务

在市场竞争激烈的今天,企业要想在市场中立足,就必须要很好地掌控成本较高的活动或者占公司资金比例较高的业务,这样才能更好地改善企业的相对成本,获得成本优势。在资源有限的情况下,企业若还是不能对很多附加值低的业务进行取舍的话,是经受不住市场的考验的。企业应该把重心放在自己的核心业务上,走精而不泛的道路,把附加值低的业务外包给物流公司,这样就可以有更多的时间与精力在市场中竞争。

(二)物流业可以提高工业企业客户服务水平

梁红艳、王健(2013)认为通过高效的物流服务水平,企业可以快速响应客户需求,提高顾客满意度。物流业有着强大的信息网络和网络节点,利用其设施设备在客户所期望的时间内传递货物。这样既提高了客户的满意度,同时反馈客户对产品的建议信息,使得企业可以更好地快速响应市场需求,树立了企业的良好形象。

(三)降低工业企业的相关成本

工业企业把附加值低的业务外包给物流业,物流企业通过其先进的设施设备和专业化的技术为工业企业减少不必要的资金浪费和时间成本,降低了企业物资消耗,提高了企业经济效益,使得物流企业和工业企业都达到最优效果。工业企业不需要在物流设施和设备上投资,而是把其投资的成本转移给物流企业,进而可以降低企业的相关成本。

很明显,物流业的推动效应是建立在两者联动的基础之上的,要发掘他们之间的关系,扩大他们的合作空间,在信息等资源利用上达成共享,使之更好地合作。所以物流业与工业要更好地互动,才能充分发挥物流业的推动效应。

二、研究方法

张言(2014)对物流总产值与工业总产值进行面板数据模型分析,检验可知,我国物流总产值与工业总产值具有长期、稳定的协整关系。高詹(2013)运用ADF检验方法分析出制造业和物流业之间存在耦合关系,他们有着互相影响、良性互动的关系。苏秦、张艳(2011)用中国的工业生产函数和投入产出表来分析中国制造业与物流业联动的现状,发现物流业的发展是促进制造业的主要因素之一。结合了前人的这些经验办法,本章采用面板数据分析,结合客观的数据体现物流业与工业的关系,表明物流业的推动效应,能更加清晰地了解物流业的推动效应不显著的主要原因。

通过对物流业和工业的定性与定量分析,研究物流业对工业化进程的推动效应,找到主要影响因子,为推动效应达到最大提供一定的科学决策依据。

本章主要是研究物流业对工业的推动效应,也就是物流业对工业是否存在一种长期稳定的影响,它们之间关系的数学表示为:

$$ind=\beta_1 Log+\beta_2 X_1+\beta_3 X_2+\xi$$

式中,ind代表的是我国各省的工业化进程,使用各省的工业总产值作为变量,是被解释变量。Log代表中国物流业的水平,从数据的可靠性角度出发,以交通运输、仓储和邮政的产值代表。X_1、X_2各表示为资本形成水平的高低、外贸发展水平。这些指标的数据分别选用人均全省GDP、省固定资产、全省进出口总额出口贸易为代理变量;ξ表示它是随机的,反映其他因素(模型未包括)对我国工业化的影响,假定它是独立分布的。采用面板数据模型,它既可以表达作为横截面的各省之间的差异,又可以表达各省指标在时间上的变化,因为它有可能存在单位根问题、伪回归,需要对面板数据进行单位根检验。

三、实证分析

(一)面板单位根检验

查阅2006—2014年中国统计年鉴得到相关数据。单位根检验可以判断“伪回归”现象是否存在,如果存在序列不平稳现象,则利用差分将其转变成平稳序列,从而确保估计结果的科学性。测试物流业与工业的关系,必须首先检查各变量序列的平稳性。考虑工业化与物流业等变量之间是否具有推进的均衡性,采用相同根单位根检验的 LLC 和不同根单位根检验的 ADF 这两种检验方法来检验序列的稳定性，检验结果如表 8-3 所示。

表 8-3 面板数据的单位根检验

变量	LLC 检验			ADF 检验		
	t 值	*P* 值	是否平稳	*t* 值	*P* 值	是否平稳
ind	0.23370	0.5924	否	16.5048	1.0000	否
d(ind)	-14.8261	0.0000	是	106.776	0.0004	是
log	1.89035	0.9706	否	15.7409	1.0000	否
d(log)	-11.5799	0.0000	是	116.973	0.0000	是
X_1	22.9576	1.0000	否	4.01977	1.0000	否
d(X_1)	-5.52023	0.0000	是	77.5578	0.0879	是
X_2	3.67914	1.0000	否	15.7230	1.0000	否
d(X_2)	-11.1330	0.0000	是	116.407	0.0000	是

表 8-3 的检验结果显示：各省面板数据的所有变量值不是固定的，并且分别在 1%或 10%的显著水平的一阶差分里都是拒绝原单位根假设，所以是符合计量回归条件。

（二）协整检验

协整检验的目的是检验工业与物流业、资本形成、外贸发展之间是否存在一种长期稳定的关系。从水平序列看各变量都是不平稳的，但表 3-2 的结果可以看出各变量都是一阶单整，它是符合协整检验的前提。

原假设：工业与物流业无协整关系。采用 Kao 检验方法，P 值为 0.0000，小于 0.05，结果表明物流业在 5%的显著水平下对工业产生长期而稳定的影响，所以拒绝原假设。因此工业与物流业之间存在协整关系。

（三）面板数据模型的回归分析

为确保整个实证分析过程的有效性，在进行面板数据回归分析之前，需要确定使用哪个模型更为合理。面板模型大体上分为：

混合模型：$Y_{it}=\alpha+bx_{it}+\mu_{it}\quad(i=1,2,\cdots,N;\ t=1,2,\cdots,T)$

变截距模型：$Y_{it}=\alpha_i+bx_{it}+\mu_{it}\quad(i=1,2,\cdots,N;\ t=1,2,\cdots,T)$

要判断用哪一个模型，可以计算出 F 值来验证两个假设：

$$F=\frac{(S_2-S_1)/[(NT-K-1)-(NT-N-K)]}{S_1/(NT-N-K)}=\frac{(S_2-S_1)/(N-1)}{S_1/(NT-N-K)}$$

假设：

$H_0: a_i = a_j$ 模型中不同个体的截距相同；

$H_1: a_i \neq a_j$ 模型中不同个体的截距不同。

S_1、S_2分别代表的是变截距模型、混合回归模型的残差平方和，N 代表截面个数，K 代表解释变量数。如果计算出来的 F 小于一定显著性水平下的相应临界值，拒绝原假设 H_0，则使用变截距模型；反之接受原假设，用混合模型。

首先计算得出 S_1 为 2.388008，S_2为 29.87996，代入公式得

$$F = \frac{(S_2 - S_1)/(N-1)}{S_1/(NT-N-K)} = \frac{(29.87996-2.388008)/(31-1)}{2.388008(31\times 9-31-3)}$$

$$= 94.01879764 > F_{0.05}(30,245) = 1.5224$$

结果可以看出，F 值大于临界值，所以拒绝原假设，选择变截距模型。

变截距模型又分为随机效应模型和固定效应模型，因此要在这两种模型中再进行区分选择，主要选择方法为 Huasman 检验，根据检验出来的 P 值来判定用哪种模型。

假设：

H_0：个体效应与回归变量存在关系（固定效应回归模型）；

H_1：个体效应与回归变量没有关系（随机效应回归模型）。

如果，Huasman 检验出 P 值大于临界值，则接受原假设，选择固定效应回归模型；反之，则拒绝，选择随机效应。按照以上步骤对模型进行选择，本章面板模型检验估计结果如表 8-4 所示。

表 8-4 计量回归模型

被解释变量	工业化			
	随机效应模型		固定效应模型	
	模型 1	模型 2	模型 3	模型 4
物流业	1.1822(0.0000)	0.5052(0.0000)	1.1764(0.0000)	0.3430(0.0000)
资本形成(X_1)		0.3157(0.0000)		0.3851(0.0000)
外贸发展(X_2)		0.1255(0.0000)		0.1276(0.0000)
F 值	2 147.4260	1 223.3560	799.6349	1 469.4730
obs	279	279	279	279
调整的 R 值	0.8853	0.9295	0.9890	0.9943
Hausman 检验的 P 值	0.0000			

可以从模型试验中的估计 Hausman 检验统计量的是 51.5487，P 值为 0.0000<0.05。所以接受原假设，选择固定效应模型，因此本章将模型设定为固定效应回归模型。

在模型 3 和模型 4 中，物流业发展变量的统计系数值分别为正的 1.1764 和 0.3430，其统计值都通过了 1%水平的显著性检验，从回归模型的数据中可以证实物流业的推动效应。在模型 4 中，将影响我国工业化发展的变量资本形成、外贸发展这两个变量代入模型中，也使得该模型更具说服力。从这个模型中我们可以看出，物流业的弹性系数为 0.3430，表明物流业发展水平每提升 1%对工业水平有近 0.3%的推动效应，但从弹性系数上看，物流业对工业的推动效应是不明显的。

现代物流业的本质是社会服务分工的产物，它主要通过外部效益的发挥影响经济。通过物流企业专业化技术使工业企业降低成本，提高企业服务水平，突出企业的核心业务，进而提高工业企业运行质量，提升了企业的竞争能力和经济效益，促进了工业化的快速发展。我国 GDP、工业总产值和物流总产值虽然都是处于逐年增长的趋势，但是物流业的发展速度比工业发展速度和我国 GDP 增长速度都慢。这说明物流业相对于工业来说发展得更慢，主要体现在我国物流业的各方面能力水平都相对较低、物流业与其他产业的关联度不强，这应该是物流业对工业化的推动效应不明显的主要原因

第三节　结论与政策建议

一、主要结论

从以上的估计结果可以看出，物流业在工业化进程中具有推动效应。但其推动效应并不显著，主要原因是中国物流业发展相对滞后，表现在四个方面：(1)以传统的观念来规划经济模式；(2)是农业经济封建社会带来的影响；(3)我国物流还是处于中期，总体水平不高；(4)是物流服务本身的问题，物流服务功能的社会化程度相对较低、政策环境的不完善都是目前存在的问题。

如今，两大行业联动中存在一个很大的问题就是物流的服务能力，以及市场和政策环境，这些都是有待提高的。所以我们必须认识到的是行业之间联动发

展的障碍,在此基础上寻找一个可行的方式使两个产业更好地合作,从而实现工业和物流业的协调发展。这是两个产业共同发展的需要,是发挥产业集聚的作用,并促进现代物流信息系统的建立和使用。所以提高物流发展水平是推进我国工业化进程最重要的因素之一。不过,工业化与物流发展水平的不和谐只是暂时的,随着时间的推移,我国工业化与物流发展水平最终会走向优质协调的状态。

二、政策建议

通过本章研究,我们更加认识到了物流业和工业两者联动的关系,也了解到要充分发挥物流业的推动效应的话,在物流方面就要提高物流业的服务能力和完善的物流供给能力,从而利于推动物流业和工业的发展。所以必须做到以下几个方面。

(一)对物流自身的建议

1.健全物流设施设备,提高物流供应能力

物流设施设备是物流发展的硬件条件,大部分企业设施设备还比较落后,能耗大、效率低,导致物流业发展缓慢。所以政府要合理规划物流布局,加强物流基础设施的投资建设,健全物流的设施设备,形成比较完善的全国性物流网络。企业也要不断引进新资源,提高企业的信息化和机械化水平,进而提高物流业的总体水平。

2.制定协调统一的物流管理体制,优化物流业的发展环境

政府要鼓励各物流企业制定管理体制,使企业各部门分工明确,提高企业运行效率;更要完善物流业的相关政策,使现代物流的发展能够有法可依,使其有更好的发展环境;也要完善市场竞争规则等方面的法规制定,使各企业之间能够公平竞争。

3.推进物流业与信息业的融合,逐步推动物流现代化

物流业的发展需要运用先进的信息技术,比如:自动机械技术、条码识别技术等,提高物流业的机械化和信息化水平。在物流企业与工业企业的合作上,先进的信息化技术是两者之间进行信息共享的基础,消除企业物流交流的障碍,实现了两业之间联动活动的无缝连接。因此我国应充分合理地运用现代信息化技

术,逐步推动物流现代化。

4.大力培养优秀的物流人才

客户服务是企业管理的基础,而专业物流人才是提高物流管理和物流服务水平的重要保障。所以我们应建立和完善多层次的物流人才培育机构,培育出优秀的物流人才。物流企业要加强对员工的专业素质和服务水平的培训,鼓励人才之间的交流,创造更良好的发展环境加强物流领域的广泛合作,为我国造就一批批优秀的物流人才。

(二)对物流业与工业联动的建议

在物流与工业的合作方面,我们也必须将工业与物流业的互动关系进一步达到“主动—主动”,形成紧密融合型合作伙伴。物流业与工业要实现合作和互惠共享机制的前提是相互信任,它也是信息共享平台的要求。两者之间合作必须要以信任为基础,懂得与对方分享。实行数据实时采集与对接,建立共享平台,这样不仅可以降低交易成本,而且也有利于提高物流企业的服务水平,为合作奠定坚实的基础。

在联动过程中,工业往往比较活跃,位置优势,而物流业往往处于从属和被动的位置,有些工业企业为了降低成本,要求物流企业降低价格,同时还要求物流服务水平要提高,这使得物流企业会处于一个困难的境地。然而,这应该是一个双赢的发展机会,两个行业之间应该是相互信任的,给小型物流企业市场机会,提升整体产业集群和供应链的竞争力,并形成双方在基础产业和物流业的联动发展,这样才能充分保证共享成果收益,使物流业与工业能够长期形成“主动—主动”的合作形式。

◆ 第九章 ◆

流通业对新型城镇化发展的影响

本章提要:利用 2005—2014 年省际面板数据探究我国流通业对新型城镇化发展的影响,构建指标体系,确定面板数据模型,检验结果表明各变量序列为一阶单整序列并存在协整关系,简单回归分析显示人均社会消费品零售总额和流通业从业人员占比每提高 1 个百分点,分别会带动城镇化提高 0.1728 和 0.1408 个百分点;为提高回归分析的可靠性,加入控制变量(人均 GDP 和人均货物周转量)进行再次回归估计,回归系数仍为正数,表明流通业发展对新型城镇化具有长期稳定的正向促进作用;再取解释变量与控制变量的滞后项建立流通业对新型城镇化发展的短期影响模型,短期影响系数也为正数;实证研究表明不管从长期或短期来看,流通业发展对新型城镇化具有正向促进作用。

党的十八大报告户籍制度改革中指出“要有序推进农业转移人口市民化”,人口市民化就是城镇化的过程。根据党的十八大报告、2013 年中央城镇化工作会议等精神编制的《国家新型城镇化规划(2014 年—2020 年)》指出城镇化对经济社会发展的重要意义,在规划中还就如何推动新型城镇化做出具体部署。自 1978 年首次全国城市工作会议之后,直至 2015 年 12 月才再次召开中央城市工作会议,两次全国性城市工作会议相隔 37 年,此次会议再一次将“城市工作”上升到中央层面做出专门的研究部署,习近平总书记出席此次会议指出新型城镇化有望加速推进,为解决“城市病”提供了可能,也将成为未来经济增长的重要动力之一,国务院总理李克强在会上对做好城市工作做了具体部署并做总结讲话。这些无疑为推进新型城镇化建设提供了强有力的政策保障。与传统城镇化相比,新型城镇化手段特别强调的是市场化。传统城镇化实质上是一个政府主导的城镇化,而新型城镇化是要市场来主导,政府起到一个引导的作用;推进城镇化进程,不只是简单的扩张城市面积,或者城市人口的增加,而是要实现经济产业结构、生活环境和各种行为方式上的实质性转变,在本质上实现农村到城市的转变。在这种转变过程中,产业从沿海发达地区向西部落后地区扩增转移,工商企业将扩增自己的营销渠道至三四线城市,电子商务也将在农村一级市场增加网点,而上述所有的行为方式的转变都离不开流通业的发展和支撑。流通业作为推动经济发展以及城乡互动发展的纽带,与新型城镇化之间存在着密不可分的关系。2015 年 5 月商务部等 10 部门印发《全国流通节点城市布局规划(2015—2020 年)》,指出为更好发挥流通业的作用、促进消费水平的提高,结合新型城镇化规划和全国主体功能区规划等确定了“三纵五横”全国骨干流通体系,从国家层面结合“一带一路”、京津冀协同发展以及长江经济带战略等做出战略部署,不仅大力推进流通业发展,而且综合城镇化发展特点和要求来布局流通业发展,由此又进一步显现出流通业与新型城镇化两者之间存在着紧密的联系。

对于城镇化与流通业之间究竟存在何种关联关系,已有不少学者进行研究。比如晏维龙、韩耀、杨益民(2004),朱发仓、苏为华(2007)[2]以及刘根荣、李欣欣(2010)对两者之间的关系采用时间序列方法进行研究,得出两者相互影响的结论;杨军、王厚俊、杨春(2011)发现不管是长期或是短期,城镇化都是正向推动农产品物流效率的提高。本章首先从理论上对我国流通业和新型城镇化发展以及两者相互促进的发展关系进行概述,而后从国家统计局官网和《中国统计年鉴》搜集 2005—2013 年的省域面板数据,选择城镇人口占总人口的比重作为被解释变量,人均社会消费品零售总额和流通产业从业人数占全社会从业人数比重作为解释变量,利用 Eviews8.0 进行定量分析,首先确定面板数据模型,利用单位根检验来确定序列的平稳性,再利用协整检验来分析两者之间的长期均衡关系;为了增强回归分析的可信度,进一步加入人均国内生产总值和人均货运周转量作为控制变量进行回归分析,最后建立滞后一期的解释变量与当期被解释变量进行回归分析,以考察前一期的流通业发展对当期城镇化之间的短期影响效应关系。

第一节 流通业推动新型城镇化发展的作用

一、我国流通业发展概况

针对流通业的概念,国内至今没有统一的认识。各学者都有不同的观点, 董劲(2015)、朱立龙、于涛、夏同水(2012)指出,流通业指从原材料供应商、生产制造商、销售商到最终消费顾客等,对流通四要素即商流、物流、信息流、资金流进行计划、组织、协调与控制等。宋艳萍(2015)指出,流通业包括交通运输、仓储和邮政、批发和零售业,以及住宿和餐饮业。综合各学者论述,一般来说流通业有狭义和广义之分,广义的流通业通常上是指在实体经济范畴内的商流、物流、信息流和资金流的总和,一般是由商品流通直接引起的,与商品流通有直接关系的并且为商品流通服务的行业。狭义的流通业是指以营利为目的的商品买卖,是职业经营者组成的行业,包括交通运输、仓储、住宿餐饮业、批发业、零售业等四大物流所涉及的一切领域。

在市场实体经济不断完善的社会,流通业已由末端产业变成了先导产业,由社会的再生产环节,变成了重要的中心环节,从稳打稳扎的小心摸索到深入探索,流通业发生了较大的变化,这些变化主要发生在基础设施建设、流通业态、建设规模等方面。首先,流通基础设施日益完善,流通能力不断提高:根据国家统计局统计,货运周转量从 2005 年的 582.1 亿吨公里,上涨到 2014 年的 1036.71 亿吨公里,翻了将近一番,由此可见流通能力不断提升。其次流通业态日益多样化。流通业态已从传统的夫妻店、杂货店,发展到现在的专卖店、超级市场、批发市场、商场、折扣店、厂家直销中心等形式。再次,从流通业建设规模方面,近年来在扩大内需方针的引导下,我国商贸流通已经具有了庞大规模,把全国分为东、中、西三大地区,对比 2005 年和 2014 年的统计数据,三大地区的生产总值从 2005 年到 2014 年基本上翻了两番,其中增长速度最快的是东部地区上涨了 26 万亿元,中部次之,西部最后。社会消费品零售总额,各大地区都在稳步增长,中部地区从 2005 年的 16517.5 亿元上涨到 2014 年的 69241.5 亿元,东部地区 10 年之间上涨了 112641.9 亿元,西部由于经济相对落后,相比其他地区来讲上涨绝对值没那么高,但相对于本身及 2005 年来讲,2014 年的社会消费品零售总额是 2005 年的 4 倍,发展速度也是非常快。

二、流通业能够促进就业，推动新型城镇化进程

国内外对于采用城市化还是城镇化的争论由来已久[8],国际上通常或较多使用“城市化”概念,即 urbanization。“一般指人口向城市地区聚集的过程。地区集聚和乡村地区转变为城市地区的过程。”在我国,城镇化说法的使用则更为普遍。1991 年,辜胜阻教授在其出版的《非农化与城镇化研究》中使用并拓展了“城镇化”概念,中国共产党《关于制定国民经济和社会发展第十个五年计划的建议》正式通过并第一次采用“城镇化”,城镇化是一个历史的过程,表现在农村人口不断迁移到城镇,第二三产业也随着人口的迁移而集聚到城镇的过程。许晓芳、周建龙(2013)认为“城镇化即城市化、都市化是指农村人口转化为城镇人口的过程。具体而言,是指由以农业为主要经济形式的传统乡村社会向以工业和服务业为主要经济形式的现代城市社会逐渐转变的历史过程。”陈苡(2015)认为城镇化是农村人口迁移到城镇并逐步转化为城镇人口的过程。这个过程是传统农村社会为主的第一产业转化为现代城市社会为主的第二三产业的经济形式,即农业逐步向为工业、服务业发展。城镇化即城市化,是各个国家所经历的一种社会、人口及人文变迁的反映,也是实现国家工业化和现代化的过程。综合各位学者的观点,一般可以将城镇化定义为农村人口不断集聚到城镇,第二、三产业不断转移到城镇的过程。把全国分为东中西部三大地区考察 2005 年至 2014 年城镇化率(城镇人口数占总人口数),如表 9-1 所示。

表 9-1　2005—2014 年我国东、中、西部三大地区城镇化率

单位:%

	2005 年	2006 年	2007 年	2008 年	2009 年	2010 年	2011 年	2012 年	2013 年	2014 年
东部	53.61	54.86	55.72	56.68	57.59	60.02	61.01	62.16	63.09	63.90
中部	39.10	40.39	41.64	43.03	44.18	45.31	46.99	48.49	49.66	50.85
西部	34.52	35.69	37.00	38.48	39.66	41.44	42.99	44.74	45.98	47.37

数据来源:根据 2006—2015《中国统计年鉴》数据整理计算而得。

城镇化就是农村人口不断迁移到城镇,城镇人口数不断增加的过程。而要想让农村人留在城镇,首要问题就是解决就业问题,而流通业的发展能够带动批发业、零售业、住宿业、餐饮业、交通运输业、电子商务行业等发展,相应地提供了更多的就业机会,提高农村人口的就业率,使农村人口能够稳定地向城镇转移,推动新型城镇化进程。

由表9-1可知,城镇化率每年都在不断提高,城镇化水平显著提升。其中中部地区城镇化率从2005年的39.1%上涨到了2014年的50.85%,上涨了11.75%;东部地区经济发展较好,城镇化率一直保持最高,但其城镇化率上涨幅度相对较小,10年内上涨了10.29%;西部地区的城镇化率虽然是三大地区中最低的,但其上涨幅度较大,10年内上涨了12.85%。流通业发展为新型城镇化进程聚集的人口提供了大量的就业岗位,有效促进了农村剩余劳动力的转移,考察三大地区个体就业人数中城镇就业和乡村个体就业人数的比例可以进一步得到佐证。三大地区个体就业人数中城镇就业人数比例都呈现逐年上升趋势,东、中、西部地区该比例从2005年到2014年分别上升了9.62%、10.13%和7.92%,分别从2005年的54.5%、54.5%和54.5%上涨到2014年的64.12%、68.82%和66.45%;与其相反,三大地区的乡村个体就业人数占比则呈现逐年下降趋势,从2005年到2014年分别下降了相应的百分点,分别从2005年的45.50%、41.31%和41.47%下降到2014年的35.88%、31.18%和33.55%。同时,随着新型城镇化发展为人口创造了更多的就业机会,进而提高居民的收入,带动了居民的消费水平,又反过来促进了流通业发展。随着新型城镇化进程的推进,市场规模不断扩大,商品的多样化明显提升,使得流通业分工要更加细化,批发零售业、第三方物流和第四方物流、专卖店等都是流通业分工细化的结果。

三、流通业发展能够提升城市经济运作效率,推动新型城镇化进程

从流通业发展现状分析来看,我国三大地区商贸流通业在十年间都在不断发展壮大,尤其是东部地区由于经济较发达,发展较为迅速,中部地区次之,西部地区最后。虽然三大地区流通业发展都非常迅速,但仍存在以下问题:(1)城乡区域间流通资源配置不合理。城乡之间本身存在着繁荣与落后的结构性矛盾,由于缺乏有效指导和规划,造成流通资源向发达地区和城市过多集中,形成了重复建设和资源的浪费。再加上沟通和协调的缺乏,不同地区、不同产业过于看重眼前的局部利益,从而造成了更加严重的城镇空间资源的消耗和浪费。(2)消费环境有待优化。在市场发展滞后的农村及一些小城镇,群众的购买力依然薄弱,对于大宗及名牌高档产品依然无力消费,加上售后服务网点少的局限,虚假打折、虚假广告以及商品掺杂作假的不良风气,依然存在售后服务不到位的问题。(3)粗放式经营和服务结构不合理。政府注重地区生产总值、流通业增加值的增加,商家注重销售额和利润的提高,只关注量的增加,而忽略了服务质量,有的商

家为了竞争,而把价格和广告促销放在首位,忽视了品牌和服务质量。流通业发展方式较为粗放。(4)流通业运作模式分散经营、单打独斗。我国商贸流通产业缺少流通龙头企业的牵动,在整体上存在以下问题:一是行业发展方面,存在产业发展不明确因素,市场集中化及低占有率和行业进入门槛过低的问题;二是发展战略方面,则表现为战略不明确,盲目投资和过度扩张;三是企业自身发展方面,有些企业发展后劲不足,造成资金、信息和技术不能共享,以及成本过高等问题。而流通主体之间关联度低,我国流通企业呈现出规模整体散小、微弱的状态,再加上现代化、信息化经营管理水平不高,流通业集团化、规模化程度的偏低,松散的流通结构和低下的流通效率的影响,是造成流通企业竞争力不强的重要原因。

社会再生产由生产、分配、交换、消费等四个环节组成。交换的本质是流通,交换是连接生产与消费的桥梁和纽带,对生产和消费有着重要影响,能够提升运作效率,促进经济的发展。流通业的发展能够提升城镇居民的消费水平,丰富居民的消费内容,将异地的消费内容引入本地消费,消费形式从线下消费向线上消费发展。从需求角度来看,伴随着新型城镇化发展,社会阶层不断分化,居民的身份地位、消费观念等发生了变化,为了满足多样化的需求,要求流通业专业化和精细化。新型城镇化发展,需要流通业作为纽带推动城乡消费的互补性,新型城镇化不只是人口的聚集和城市面积的扩大,还有消费结构的提高,生活方式的转变,以及生活质量的提升。这就要求新型城镇化进程中,不断释放农村的消费潜力,推动城乡统筹发展。而要释放农村的消费潜力,就需要流通业作为纽带,让农产品更为快速方便地流入城镇中,推动城乡发展的互补性消费。

第二节　指标体系、研究方法与面板数据模型确定

一、指标体系

朱发仓、苏为华(2007)用城镇人口占总人口的比重度量城市化水平,用城镇人口占总人口的比重来衡量城镇化发展水平。王春宇、仲深(2009)衡量流通业发展水平采用的指标是社会消费品零售总额。因为各城市人口数量不同,为增强数据的真实有效性,杨海丽、刘瑜(2014)采用人均社会消费品零售总额(社会

消费品零售总额/地区人口数)来衡量流通业发展水平;孙金秀(2014)、郑书莉、盛亚、曹玉香(2014)采用流通业从业人员人数来衡量流通业的人力资源投入。本章参考以上相关文献,并考虑数据的可得性,衡量流通业发展水平的指标采用流通业从业人员占总就业人员比重、人均社会消费品零售总额。此外,本章的主要目的是探讨流通业发展对城镇化进程的影响,增加控制变量可以有效防止其他因素对估计结果产生的影响,为了增强检验结果的可信度,采用人均国内生产总值、人均货运周转量作为控制变量进行回归估计。因此,面板数据模型指标体系的变量名称及含义如表 9-2 所示。

表 9-2 面板数据模型指标体系

指标名称	变量符号	变量属性	变量定义	指标意义
城镇人口占总人口的比重	y	被解释变量	城镇人口/总人口	衡量城镇化发展水平
人均社会消费品零售总额	x_1	解释变量	社会消费品零售总额/总人口数	衡量流通业发展水平
流通产业从业人数占全社会从业人数比重	x_2	解释变量	流通业从业人数/总就业人数	衡量流通业的人力资源投入水平
人均国内生产总值	z_1	控制变量	地区 GDP/总人口数	衡量区域经济发展水平
人均货运周转量	z_2	控制变量	货运周转量/总人口数	衡量物流周转需求水平

二、研究方法

熊曦、柳思维、张闻、汤春玲(2015)利用熵权法综合评价法分析我国流通业与城镇化,并基于协同理论模型和计算公式测度各省市两者的协同发展水平;曹静(2011)对我国相关数据进行有序样本最优分割,得出近三十年来我国城市进程和流通产业发展的互动因果关系;杨水根(2015)通过构建流通产业经济效应门槛面板回归模型来研究两者之间的关系;黎星驰、韩小敏(2013),王德章、宋德军(2007)使用 1990—2005 年数据分别做了格兰杰因果关系检验与建立误差修正模型,分析两者之间的关系;朱发仓、苏为华(2007)以及刘根荣、李欣欣(2010),柳江、程锐(2014)等采用时间序列对城镇化与流通业进行研究。晏维龙、韩耀、杨益民(2006)等为了分析城镇化水平与流通业发展之间的阶段性关系,采用时间序列分析法及横截面数据分析法进行实证分析。

时间序列的对象单一,会在一定程度忽略个体上即不同地区之间的差异性;横截面虽可以看出不同个体间的差异,但时间又单一,无法分析变量的整体性;面板数据既包括横截面数据即不同个体同一时间的差异,也包括时间序列即同一个体不同时间的变化情况,这样可以提高检验结果的精确度和可信度。面板数据可以分析不同个体不同时间的差异性,对于研究动态分析具有较高的可靠性,对于所考察的经济体系而言,经济结构和经济制度的变化通常是渐进性的,我们很难找到一个量化的指标来反映这种渐进性变化,而面板数据中时间效应有助于反映经济结构、经济制度的渐进性变化 ,面板数据可以提供更微观的信息,有助于反映经济体的结构性特征,从而具有更为明显的优势,因此本章采用面板数据模型对城镇化和流通业发展水平进行分析研究。

三、面板数据模型确定

用以下模型分析流通业发展与城镇化之间存在的关系:

$y_{it}=a+bx_{it}+cz_{it}+\mu_{it}$

其中,i 代表省份,t 代表时间,x_{it} 为解释变量向量,z_{it} 为控制变量向量,b 和 c 分别为解释变量和控制变量的系数,μ_{it} 为误差项。本章将进行两种回归估计,并对结果进行比较静态分析,以提高模型及估计结果的解释力和可信度。其步骤如下,首先,以 y_{it} 为被解释变量,x_{it} 为解释变量向量对流通业与城镇化进行一次回归分析,其中解释变量 x_{it} 包括:人均社会消费品零售总额和流通产业从业人数占全社会从业人数比重;其次,加入控制变量 z_{it} 再进行一次回归分析,其中控制变量 z_{it} 包括:人均国内生产总值、人均货运周转量。

设 y_{it} 为被解释变量,ρ 为第 j 个解释变量($j=1,2,\cdots,K$),ρ 为随机误差项,其中 i 代表横截面($i=1,2\cdots N$;N 表示个体截面成员的个数),t 代表时间($t=1,2,\cdots,T$;T 表示每个截面成员的观测时期总数),ρ 为第 j 个解释变量的模型参数;a_i 为常数项或截距项,代表第 i 横截面(第 i 个体的影响)。面板数据模型一般形式可写成:

$$y_{it}=a_i+b_{1i}x_{1it}+b_{2i}x_{2it}+\ldots+b_{ki}x_{kit}+\mu_{it} \quad (i=1,2,\ \cdots,N;\ t=1,2,\cdots,T)$$

若记:$x_{it}=(x_{1it},x_{2it},\ldots,x_{kit})$ 为解释变量,$b_i=(b_{1i},b_{2i},\ldots,b_{ki})$ 为系数向量,μ_{it} 为随机误差,满足相互独立、零均值、同方差的假设,则上式可写成:

$$y_{it}=a_i+b_ix_{it}+\mu_{it} \quad (i=1,2,\cdots,N;\ t=1,2,\cdots,T)$$

根据截距向量的不同,面板数据回归模型可分为:

(1)混合模型:$a_i=a_j=a,b_i=b_j=b$

$$y_{it}=a+bx_{it}+\mu_{it} \quad (i=1,2,\cdots,N;\ t=1,2,\cdots,T)$$

(2)变截距模型:$a_i\neq a_j\neq a,b_i=b_j=b$

$$y_{it}=a_i+bx_{it}+\mu_{it} \quad (i=1,2,\cdots,N;\ t=1,2,\cdots,T)$$

建立面板数据模型首先要确定是属于哪种模型,即检验 a_i 是否为常数项,主要有以下假设:

H_0:$a_i=a_j$ 模型中不同个体的截距相同;

H_1:$a_i\neq a_j$ 模型中不同个体的截距不同。

判断一个面板数据究竟属于哪种模型,可用 F 统计量,来检验以上假设。

$$F=\frac{(S_2-S_1)/[(NT-K-1)-(NT-N-K)]}{S_1/(NT-N-K)}=\frac{(S_2-S_1)/(N-1)}{S_1/(NT-N-K)}$$

其中,S_1为变截模型的残差平方和、S_2为混合模型的残差平方和,K 为解释变量的个数,N 为截面个体数量,若计算得到的统计量 F 的值大于给定显著性水平下的相应临界值,则拒绝原假设,采用变截距模型。反之,则接受原假设,用混合模型。利用 Eviews 软件可得 $S_1=0.263268,S_2=8.006991$,

$$F=\frac{(8.006991-0.263268)/(31-1)}{0.263268/(310-31-2)}\approx 271.5878>F(30,277)=1.5041$$

所以拒绝原假设,应建立变截距模型,即:

$$y_{it}=a_i+bx_{it}+\mu_{it} \quad (i=1,2,\cdots,N;\ t=1,2,\cdots,T)$$

接着,应建立个体随机效应回归模型还是个体固定效应回归模型可采用豪斯曼统计量进行检验。

H_0:个体效应与回归变量没有关系(个体随机效应回归模型);

H_1:个体效应与回归变量存在关系(个体固定效应回归模型)。

利用 Eviews 软件求得豪斯曼统计量的值为 49.5955,相对应的概率是0.0000,即拒绝接受原假设,应建立个体固定效应模型。

第三节 实证研究与分析

一、单位根检验

本章采用2005—2014年全国31个省市自治区的面板数据,以避免因样本量过小引起的误差,原始数据来自于国家统计局官网和2006—2015年的《中国统计年鉴》,在实证分析中均采用各变量的对数值,来消除异方差的影响。为了避免出现伪回归,采用单位根检验来检查数据的平稳性。为更好确定单位根检验类型,要先确定各变量是否含有趋势项和截距项,对序列的时序图进行粗略观测和判断,可知各数据序列存在截距项和趋势项,所以选择截距项和趋势项进行单位根检验。单位根检验一般是先从水平序列开始检验,若P值大于相应的显著性水平则存在单位根,需对该序列进行一阶差分后继续检验,若P值符合要求则存在一阶单整,若不符合则仍存在单位根,还需进行二阶甚至高阶差分后检验,直到序列平稳。本章采用各种单位根检验方法(LLC、IPS、Breintung、ADF-Fisher和PP-Fisher),检验结果表明各变量的一阶差分均通过显著性检验,如表9-3所示,可知各变量序列均为一阶单整I(1)序列。

表9-3 平稳性检验

变量序列	LLC	Breintung	IPS	ADF-Fisher	PP-Fisher	检验结论
y	0.0000**	0.4856	0.6213	0.5795	0.4395	不平稳
$d(y)$	0.0000**	0.1796	0.1277	0.0053**	0.0000**	平稳
x_1	0.0207*	0.6614	0.9976	0.9786	0.9554	不平稳
$d(x_1)$	0.0000**	0.0242*	0.0000**	0.0000**	0.0000**	平稳
x_2	0.0000**	0.9635	0.1444	0.0124*	0.0000**	不平稳
$d(x_2)$	0.0000**	0.1245	0.0000**	0.0000**	0.0000**	平稳
z_1	0.0020**	1.0000	0.9989	0.9998	1.0000	不平稳
$d(z_1)$	0.0000**	0.0000**	0.1745	0.0201*	0.0000**	平稳
z_2	0.0000**	0.9485	0.8265	0.8433	0.7679	不平稳
$d(z_2)$	0.0000**	0.0000**	0.0000**	0.0000**	0.0000**	平稳

注:变量序列d()表示相应变量的一阶差分序列,表中数值为检验P值,上标*号表示通过5%的显著性检验,上标**号表示通过1%的显著性检验。

二、协整检验

以上单位根检验结果表明,各变量均满足协整检验的前提条件,表明变量之间可能存在协整关系。采用 Kao 协整检验方法,来研究流通业与城镇化发展是否具有长期均衡关系,检验的原假设为无协整关系,检验结果显示 t 统计量为 −3.9156,P 值 0.0000,通过 1%的显著性检验,所以拒绝原假设,即存在协整关系。可对模型进行回归,回归结果如表 9−4 所示。

表 9−4 面板数据固定效应模型简单回归结果

变量名称	变量符号	简单回归系数	标准误差	t 值	P 值
人均社会消费品零售总额	x_1	0.1728	0.0040	43.0855	0.0000
流通产业从业人数占全社会从业人数比重	x_2	0.1408	0.0377	3.7392	0.0002
常数项	a	−0.6213	0.0254	−24.4890	0.0000

回归结果表明,所有解释变量均通过 1%的显著性水平,且各项系数均为正数,表明城镇化与流通业发展存在正向关系。解释变量人均社会消费品零售总额的回归系数表明,每提高人均社会消费品零售总额一个百分点,会相应推动 0.1728个百分点的城镇化,表明流通业对城镇化起着积极的作用。人均社会消费品零售总额一方面代表着流通业(批发零售业、住宿餐饮业、交通运输业等)的发展水平、人们的消费水平,又侧面反映着居民的人均收入水平,收入水平提高,人们对商品的消费水平也随之提高,而城镇恰是满足这种需求的最佳去处,向城镇转移的需求意愿更加强烈。解释变量流通产业从业人数占社会从业人数的比重表明,每增加一个百分点的流通业从业人员就业率,城镇化会相应提高0.1408个百分点,流通业从业人员占全社会从业人数越高,表明流通业从业人数较多,间接体现了流通业发展水平较高,需要较多的人力资源投入,而流通业水平的提高也会带动城镇化的发展,批发零售业、住宿餐饮业等相对集中于繁华的城市,使得人们更愿意向城镇集中,且随着交通运输业的发展,人们进城更加方便。

三、估计结果的比较静态分析

为了加强简单回归的真实性、可信度，加入控制变量再次进行回归估计，其估计结果如表 9-5 所示。

表 9-5　加入控制变量后的回归模型

变量名称	变量符号	加入控制变量后的回归系数	标准误差	t 值	P 值
人均社会消费品零售总额	x_1	0.0735	0.0300	2.4477	0.0150
流通产业从业人数占全社会从业人数比重	x_2	0.1301	0.0363	3.5810	0.0004
人均国内生产总值	z_1	0.0896	0.0334	2.6844	0.0077
人均货运周转量	z_2	0.0227	0.0072	3.1600	0.0018
常数项	a	−0.7164	0.0446	−16.0662	0.0000

表 9-5 中第三列为加入控制变量的回归结果。可以看出，与表 9-4 的简单回归系数相比，加入控制变量后的回归系数符号没有发生变化，均为正数。表明流通业发展与城镇化发展存在正相关。静态比较分析表明本章的实证结果分析具有较强的可信度。

控制变量人均 *GDP* 回归系数表明，人均 *GDP* 每增加一个百分点，城镇化提升 0.0896 个百分点。表明国家的经济水平的提高会推动城镇化的发展。人均货运周转量每提高一个百分点会相应提高 0.0227 个百分点的城镇化，货运周转量的提高表明流通业规模效益的提高，可以加快农产品向城镇化流动的效率，促进农村与城镇之间的联系与发展，可以不断加快农村向城镇转移，促进城镇化。

四、短期影响分析

前面已通过协整检验分析流通业发展与城镇化的长期平稳关系，为全面研究两者的关系，以及加强实证结果的可信度，采用建立解释变量和控制变量滞后一期来分析前期的流通业发展与当期城镇化之间的短期波动关系。建立原理：

对各解释变量和控制变量均取滞后值，对被解释变量取当期值，并把上述加入控制变量回归模型所得到的残差序列作为误差项加入，建立短期影响回归模型，短期影响回归系数如表 9-6 所示。

表 9-6 短期影响回归模型

变量名称	变量符号	短期影响系数	标准误差	t 值	P 值
人均社会消费品零售额	$x_1(-1)$	0.0912	0.0152	6.0037	0.0000
流通产业从业人数占全社会从业人数比重	$x_2(-1)$	0.1268	0.0167	7.6025	0.0000
人均 GDP log(agdp?)	$z_1(-1)$	0.0686	0.0166	4.1308	0.0000
人均货物周转量	$z_2(-1)$	0.0239	0.0034	6.9377	0.0000
常数项	a	-0.6707	0.0217	-30.9575	0.0000

由检验结果可知，各变量均通过 1%显著性水平，人均社会消费品零售总额、流通产业从业人数占全社会从业人数比重这两个解释变量的回归系数仍为正数，表明其对城镇化的短期波动影响仍是促进作用。与长期均衡比较，人均社会消费品零售总额系数从 0.0735 上涨到 0.0912，表明人均社会消费品零售总额对城镇化的影响是，短期推动城镇化的效果高于长期。流通产业从业人数占全社会从业人数比重，短期与长期的系数变化不大，说明其对城镇化的长期与短期的推动效果基本上一样。控制变量人均 *GDP* 的系数是 0.0686，相对于长期的回归系数 0.0896 来说有所下降，表明人均 *GDP* 对城镇化的推动效果是一个长期过程，短期推动效果影响不是很大。

第四节 主要结论与政策建议

一、主要结论

本章利用 2005—2014 年的省际面板数据对我国流通业发展与城镇化之间的关系进行探究。研究结果表明，流通业发展对城镇化具有长期稳定促进作用。

人均社会消费品零售总额每提高一个百分点,城镇化相应提高 0.1728 个百分点,每增加一个百分点的流通业从业人员就业率,城镇化会相应提高 0.1408 个百分点。加入控制变量后,人均社会消费品零售总额、流通业从业人员就业率、人均*GDP*、人均货物周转量每提高一个百分点,会分别带动城镇化提高 0.0735、0.1301、0.0896、0.0227个百分点;加入残差序列分析短期波动影响时,其系数仍为正数且变化不大,表明不管从长期或短期来看,流通业发展与城镇化存在着稳定的促进作用。

二、政策建议

综合上述实证研究结论,本章提出如下建议:

(1)要为城镇化与流通业发展创造良好环境,从长远发展角度出发。合理配置城乡区域间的流通资源,建立连接各城镇的流通网,提高流通效率,降低流通成本,加快商品供应速度,促进批零业、住宿餐饮业等的发展,同时要改善环境污染、资源浪费等现象,提升城镇对农村人口的吸引力,加快农村人口向城镇转移,促进城镇化发展。

(2)全力促进流通业发展,推动流通业对城镇化的贡献。积极调整流通业产业结构,引导和促进电子商务、第四方物流、第三方物流、连锁经营等现代流通业发展,提高农村的流通效率,加强农产品和城市消费品的相互流通,缩小城乡之间的差距,推动城镇化发展。

(3)挖掘流通业与城镇化互动发展的潜力。各省市要做好批发市场、零售店、住宿餐饮业等的布局,为社会消费品的推广提供支撑,来提升社会消费品零售额的增长;要注重打造工业品下乡与农产品进城的产销对接平台,建立覆盖农村的现代物流配送体系、电子商务服务体系等,推动城乡经济发展。

(4)优化城乡商业网点布局。积极改造夫妻店、杂货店等传统业态,鼓励专卖店、超级市场、专业店、生鲜超市等新业态的发展,重点推进连锁经营的发展。在居民居住集中区设立便捷的生鲜超市等网点以方便居民这种小批量、多频率采购商品的消费方式。

(5)引导流通企业制定、实施绿色低碳的经营战略。在生产、加工、包装、运输、仓储、销售等环节采用绿色材料、节能环保设备、低碳技术等,注重节能减排、资源节约、环境保护。积极引导企业对垃圾的有效处理防止再污染等,积极引导企业对资源的循环利用,避免资源浪费。

(6)积极推进中小城镇发展现代物流,探索智慧物流。鼓励物流企业广泛采用条码、智能标签、无线射频识别等技术,提升物流配送效率。大力支持流通企业采用先进信息技术,在物流设施、设备中嵌入 RDID 电子标签等技术,实现对运输车辆、集装箱、货架、仓库等的可视化监管,实时掌控各项物流进程,提高仓储、采购、运输、订单等环节的科学管理,提高物流效率,降低物流成本。

◆ 第十章 ◆

基于农产品物流的我国农业现代化投入产出水平评价研究

本章提要：以农产品物流总额为参考序列，通过灰色关联度分析法构建出基于农产品物流的农业现代化评价指标体系，以此计算出农业投入产出指标的关联序，并细化权重，从而得出基于农产品物流的农业现代化评价指标体系的四类指数，用以表征目前我国基于农产品物流的农业现代化发展进程与质量，最后提出相关性的政策建议，以发展农产品物流为基础确保农业发展平稳进行。

作为传统的农业大国，我国农业现代化作为现代化的重要内容已在国家发展战略中有着重要体现，农业是全面建成小康社会、实现现代化的基础，在党的十八大以来，推行了统筹城乡发展、“四化同步”等一系列农业发展政策，农业现代化水平大幅提升。但是当下我国仍处于农业初等时期，农业仍然是制约国民经济发展的薄弱环节，农产品商品价格逐年上升，国内农业生产成本快速攀升，如何在环境条件有限的情况下保障农产品的有效供给，从而实现农产品市场化，提升农业可持续发展能力，是当下我国必须应对的一个重大挑战。已有较多专家学者的研究和探讨认为农产品物流对农业现代化的影响是突出的，是衡量农业现代化水平高低的一个重要指标，农产品物流已经成为农业现代化的重要组成部分，发展农产品物流是解决农产品流通问题的关键所在[1]；农产品物流是农业现代化的重要保证，是实现农业现代化规模水平和效益水平的重要保障[2]。与此同时，我国也越来越注重农产品物流的发展，在我国“十三五”规划中提出要大力推进农业现代化，完善农产品物流供应机制，在转变农业结构上寻求新突破，发挥其在现代农业建设中的引领作用。

本章通过对我国农产品物流以及农业现代化投入产出指标的全面分析与计

算,深入分析我国农产品物流与农业现代化之间的关系,以发展农产品物流的必要性与可行性为前提条件,运用灰色优势分析法计算农产品物流对于衡量农业现代化投入产出指标的灰色关联矩阵,通过细化权重进一步确定基于农产品物流的我国农业现代化的四类指数,最后对其进行回归分析。基于农产品物流发展进一步阐释我国现阶段农业现代化发展水平,将农业现代化研究与物流产业有效结合起来,以期提高农业生产的积极性与创造性,为农业现代化发展开辟新途径。

为了更深入研究农产品物流与农业现代化的相互影响关系,本章基于农产品物流发展的角度,选取若干能够衡量农业投入水平和产出水平的评价指标,用于衡量我国农业现代化水平,首先通过计算和比较得到与农产品物流关联度较高的指标,再通过灰色优势分析计算出其关联序,确定各指标权重,得出投入指数、产出指数、规模指数以及效益指数,最后对规模和效益指数进行回归分析。

第一节 理论分析与研究方法

农业是我国国民经济的基础,通过研究农产品物流,进一步分析我国农业现代化发展途径,将有效地解决农产品流通中地区差异与货畅其流的矛盾、农产品产出与市场需求的矛盾,从而加快新农村建设步伐,保证农产品的有效供给,提高农业的可持续发展能力。在经济全球化和信息化背景下,探寻解决“三农”问题、实现小康社会的有效途径就是实现农产品的市场化,将现代物流与农业结合,通过利用现代物流的理念及技术,加强对农业产前、产中和产后的管理,能够大大降低农业生产和流通的成本,提高农业运行的效率和质量,达到农业增值、提高农业及农产品竞争力、增加农民收入的目的。由于农产品需要通过流通领域才能实现其最终价值,因此,农产品物流现代化是农业现代化的重要组成部分,农产品物流的发展可以提高农业总产值、促进产业结构的优化和升级,大力发展现代农业物流,是现阶段我国解决“三农”问题、实现小康社会的一个有效途径,同时农业现代化的发展可以产生更大的农产品物流需求,为农产品物流的发展提供坚强的后盾。

一、我国农产品物流的发展

物流作为第三利润源与经济的发展是相互依存、相互制约的,农产品物流是以农业产出物为对象,以传递到消费者为中间过程,以农产品保值增值为目的,是将农产品从生产者到消费者进行空间物理移动的经济活动。农产品物流作为物流行业的一大重要组成部分,既具有物流的共性,也具有自身特性,农业产业化与农产品流通体系建设两者是相互依赖、相辅相成、互相促进的联动关系。由农产品加工而产生的生产物流、农业投入品而产生的供应物流、冷鲜制成品为交换对象的冷链物流、回收农产品为核心的回收物流等组成的农产品物流在我国的国民经济中发挥着重要的作用。加快发展我国农产品物流产业关系到我国的农业现代化进程,积极采用供应链管理方法对农产品物流进行管理,能够进一步推动优势农业的发展,增加农业收入,扩大农业规模经营,促进农民收入多元化以及农产品市场化,进而能够提升国家综合竞争力。

改革开放以来,我国物流业发展较快,但农产品物流发展却不受重视。长期以来,“重生产、轻流通”的思想使得对流通领域的投入较少,当前我国农业发展的瓶颈已从生产领域转到流通领域。陈超、李斌(2013)的研究认为,中国通过财政资金、金融机构投资、农民集体投资等融资途径对农业基础设施进行了大量的建设,而且取得了举世瞩目的成绩,但由于底子薄、国土辽阔,且受到城乡二元经济结构影响和农村生产力水平较低等各方面因素的制约,中国的一些农产品批发市场和农贸市场流通设施少且简陋,缺乏相应的仓储、检验、保险、冷藏设施以及冷链设施系统,在车辆进场管理、农产品检验等方面比较落后,效率低下且物流基础设施建设和物流技术开发落后、物流技术水平低下、信息化程度不高、农产品物流体系不完善。统计数据显示,当下我国粮食产后损失占粮食总产量的12%～15%,如能挽回此项损失的一半,可供2000万人口消费四年,我国农产品物流还存在宏观调控力度不够、流通过程中损耗率和成本高、效率低下、产后增值能力差、农产品冷链物流还没形成等具体问题,很难适应经济社会迅速发展的需要。

农业物流是维系农业生产、农民生活和农村发展的血脉系统,建立安全方便、畅通高效的农业物流服务体系,是发展现代农业,推进社会主义新农村建设的重要基础。根据国家统计数据,我国农产品物流总额从1991年至2014年呈逐年递增趋势,其中自2007年至2011年同比增长速度最快,但也存在一些问题,比如部分省份在部分年份因为各种因素出现了退步的情况，虽然从 2005 年之后东中西部差距有逐年缩小的趋势，但东中西部的差距还是明显存在的。

二、农产品物流与农业现代化相互关系分析

农产品物流的现代化是发展农业现代化的必由之路，如今要通过加大农业资源的开发、调整农产品价格等提高农业生产对国民经济的贡献已经相当困难，农产品物流的发展可以通过提升物流水平来稳定农产品价格，进而推动农产品市场化，以此来增加农民收入，使“三农”直接或者间接受益，十八届五中全会将农村电商放在十分重要位置，体现了发展农产品物流的迫切性。这在理论上已有相关研究，比如，陈超、李斌（2013）分析认为农产品物流的现代化建设对促进我国产业集合化发展，实现工业化、信息化、城镇化、农业现代化“四化”协同具有十分重要的作用。漆雁斌、杨晶晶、唐瑜皎（2008）认为农产品物流能够有效解决农产品生产销售等问题，以此来实现农产品的保值增值，进而推动农业与加工业、流通业的发展，加快农业现代化的进程。

农业现代化的发展使粮食总产量大大提高，刺激了农产品加工包装运输的需求以及产品的市场化，为农产品物流的发展提供动力和机会，同时，农业现代化的发展能有效地推动农业科技水平的发展，为农产品物流提供技术保障。农业产业化中发展农产品物流，通过以农民为主体，构建城乡商业网，在龙头企业带动下，实现物流体系的规模化经营，对于提高农产品流通运作效率、促进农产品流通具有十分重要的意义。近年来，伴随着农业现代化的发展，交通运输、农业、供销、邮政管理等部门加快农村公路建设投入，农村交通基础设施网络得到逐步完善，随着城镇化发展和“菜篮子工程”、“新网工程”、“快递下乡工程”、发展农村邮政物流等多项举措的实施和推进，这对于改善农村交通基础设施和农村流通体系发挥了积极作用，将有力推进农村物流健康发展、有效降低全社会物流成本。

农业现代化已经成为推动四化协同发展、统筹城乡发展的重要保障，推进农村物流健康发展，有利于进一步健全农业服务体系，促进农业产业结构调整和农业产业化经营，提高农产品市场化，为农业现代化提供重要支撑。农业现代化的发展同时也在科技、信息、需求等方面推动农产品物流的发展，农业与物流业的结合能更好地促进国民经济持续健康的发展以及产业结构的优化升级，农产品物流作为物流活动在区域经济中的一种方式，与农业经济之间是相互依存发展

的关系，只有农产品物流与农业经济协调发展才能实现更高标准的农业现代化。

三、指标体系与数据来源

衡量农业物流与农业现代化的指标有较多，已有学者对农产品物流和农业现代化的相关指标进行深入研究，比如，王文宾(2006)的研究构建了农产品物流相关的一系列指标体系，其中提到农产品物流总额=报告期内农产品商品产值-农业生产者直接通过集市贸易售予居民消费的部分，以此来说明农产品物流总额是对农产品物流综合性概括程度最高的指标。李丽纯(2014)将农村机械、水利、电力、化学、财政、资产、教育投入作为投入指标，农业总产值、劳均粮食产量、农业出口水平、地均粮食产量、农业收入水平作为产出指标，采用多元线性回归模型计算出农业投入产出规模指数。本章主要分析农产品物流对农业现代化的影响，并指出投入产出指标对农产品物流的关联度，结合研究文献和统计数据，考虑到数据的可得性，从产业结构、生活水平、农业生产条件、农业生产水平和农业产出效率等五个方面，选取 16 个细化指标作为比较序列，将农产品物流总额作为参考序列，如表 10-1 所示。

表 10-1 农产品物流及农业现代化指标体系

指标类型	具体指标	单位	代码
参考指标	农产品物流总额	亿元	X_0
农业产业结构	第一产业产值比重	%	X_1
	第一产业对 GDP 的贡献率	%	X_2
	第一产业就业人员比重	%	X_3
农民生活水平	农村居民消费	亿元	X_4
	农村居民消费水平	元	X_5
	农村居民家庭恩格尔系数	%	X_6
	农村居民家庭人均纯收入	元	X_7
农业生产条件	农作物总播种面积	千公顷	X_8
	有效灌溉面积	千公顷	X_9
	乡村从业人员	万人	X_{10}

续表

指标类型	具体指标	单位	代码
农业生产水平	农业机械总动力	万千瓦	X_{11}
	农用化肥施用折纯量	万吨	X_{12}
	农村用电量	亿千瓦小时	X_{13}
农业产出效率	劳均农业产值	万元/人	X_{14}
	粮食播种面积单位面积产量	万吨/千公顷	X_{15}
	劳均粮食产量	公斤/人	X_{16}

上述16个评价指标共涉及23个统计数据指标，通过查询1991—2014年《中国国家统计年鉴》、1991—2014年《中国物流统计年鉴》以及2015年《中国国家统计公报》以时间作为序列找出原始数据，对于个别缺失数据采用投资分析预测报告中数据计算得出。

四、农产品物流与农业现代化指标的灰色关联度计算

信息全部掌握的系统称为白色系统，信息未知并无从了解的系统称为黑色系统，部分信息明确、部分信息不明确的系统称为灰色系统。灰色系统理论自1982年由我国华中科技大学邓聚龙教授首次提出以来，因其能够借助几何方法有效解决"小样本、贫信息"的变量分析问题，在工业、农业、生态、经济、社会、生物等多个学科领域中得到广泛应用。李虹来、勒中坚(2007)在其研究文献中指出，灰色系统理论以贫信息不确定、随机不确定、认知不确定为研究对象，以信息覆盖和映射为方法依据，以小样本的系统大样本的统计为侧重点对所选数据进行科学系统的分析并最后得出相关性结论。灰色关联分析在有关物流产业与现代经济发展方面已有较多的研究应用，比如，詹凤林、郭晓军(2013)曾用灰色关联度分析物流与区域经济的协调关系。本章则在此基础上将区间值化算子的标准化处理结果作为各行为序列在系统评价指标中的赋权依据，来计算出农产品物流与农业现代化各指标之间的关联度，不需要指定各系列之间的相关关系和函数关系，从而克服干扰因素，提高可信度。

研究步骤：

(1)采用区间值化变换进行数据的标准化处理，即分别用1991—2014年指标值与该指标历年最小值的差值，分别除以该指标历年最小值的差值，以消除指

标量纲不同的影响。

$$X_t{}'(k)=\frac{X_t(k)-\min[X_t(k)]}{\max[X_t(k)]-\min[X_t(k)]}\quad(k=0,1,2,\cdots,m;t=1,2,\cdots,T)$$

其中,k 代表 17 个指标,$k=0$ 为参考序列,即物流业发展指标,$k=1,2,16$ 为对比序列,代表 16 个农业现代化发展指标,亦即 $m=16$,t 代表 1991—2014 年期间的 24 个年份,亦即 $n=24$。

(2)求差序列。按照如下公式:

$$\Delta X_t''(k\Theta 0)=X_t''(k)-X_t''(0)\quad(k=1,2,\cdots,16;t=1,2,\cdots,24)$$

求以上标准化处理后的各对比因子数列与参考列的差值,可以得到各对比数列与参考数列的极大和极小差值,分别为:$\Delta_{\min}X_t{}''(k\Theta 0)$ 和 $\Delta_{\max}X_t{}''(k\Theta 0)$。

(3)求关联系数。应用公式:

$$\xi_t(k\Theta 0)=\frac{\Delta_{\min}X_t{}''(k\Theta 0)+\rho\Delta_{\max}X_t{}''(k\Theta 0)}{\Delta X_t{}''(k\Theta 0)+\rho\Delta_{\max}X_t{}''(k\Theta 0)}\quad(k=1,2,\cdots,16;t=1,2,\cdots,24)$$

计算各第 k 个对比序列($k=1,2,\cdots,16$)与参考指标序列($k=0$)之间灰色关联系数 $\xi_t(k\Theta 0)$,用于衡量指标间关联程度大小。其中 ρ 为分辨系数,ρ 取值越小,分辨率越好,其一般的取值范围为(0,1),参照大多研究文献的取值方法,为了简化计算,取 $\rho=0.5$。

(4)计算灰色关联度。由如下公式:

$$E(k\Theta 0)=\frac{1}{T}\sum_{t=1}^{T}\xi_t(k\Theta 0)\quad(k=1,2,\cdots,m)$$

计算各年灰色关联系数的算术平均值,即可得到农产品物流(X_0)与 16 个比较指标($X_1,X_2,X_3,\cdots,X_{16}$)的灰色关联度,如表 10-2 所示。

表 10-2 农业现代化指标与农产品物流关联度

指标	X_1	X_2	X_3	X_4	X_5	X_6	X_7	X_8
关联度	0.5261	0.5991*	0.5315	0.9690*	0.9073*	0.5478	0.9216*	0.8412*
指标	X_9	X_{10}	X_{11}	X_{12}	X_{13}	X_{14}	X_{15}	X_{16}
关联度	0.8992*	0.7661*	0.8526*	0.7549*	0.8994*	0.8952*	0.7877*	0.9163*

* 为关联度较高指标

第二节 实证研究

以与农产品物流关联度高低为标准，选取投入产出水平衡量指标，由灰色关联度可以得出第一产业对 *GDP* 的贡献率（%）、农村居民消费（亿元）、农村居民消费水平（元）、农村居民家庭人均纯收入（元）、农作物总播种面积（千公顷）、有效灌溉面积（千公顷）、乡村从业人员（万人）、农业机械总动力（万千瓦）、农用化肥施用折纯量（万吨）、农村用电量（亿千瓦小时）、劳均农业产值（农业总产值/乡村就业人数）、粮食播种面积单产（粮食产量/农作物总播种面积）、劳均粮食产量（公斤/人）共计 13 个指标关联度超过 0.55，如表 10-3 所示。把这种优势排序的量化处理结果，作为各行为序列在系统评价指标体系中的赋权依据。与一般的多元统计分析中的关键因素分析法相比较，此法的最大优势在于不用事先假定各序列间存在某种特定的函数关系，从而基本克服了指标赋权时的主观因素干扰，提升了整个评价体系的可信度。

表 10-3 基于农产品物流的农业现代化投入产出水平评价指标

准则层	指标层	单位	代码	指标解释
农业现代化产出指标	第一产业产值比重	%	M_1	产出指标：农业现代化进程中创造的各种有用的物品和劳务指标。
	农村居民家庭人均纯收入	元	M_2	
	劳均农业产值	万元/人	M_3	
	粮食播种面积单位面积产量	万吨/千公顷	M_4	
	劳均粮食产量	公斤/人	M_5	
农业现代化投入指标	农村居民消费	亿元	N_1	投入指标：反映投向农业现代化进程中的人力、物力、财力等资源的指标。
	农村居民消费水平	元	N_2	
	农作物总播种面积	千公顷	N_3	
	有效灌溉面积	千公顷	N_4	
	乡村从业人员	万人	N_5	
	农业机械总动力	万千瓦	N_6	
	农用化肥施用折纯量	万吨	N_7	
	农村用电量	亿千瓦小时	N_8	

一、灰色优势分析

灰色系统优势分析与多元统计分析中关键因素分析的原理和方法一致，当系统中参考系列和对比系列都有多个指标的时候，利用所测算的关联矩阵，对各元素之间关系进行分析，从而考察其中的优劣势因素。在本案例中，通过计算产出指标和投入指标之间的关联度，关联度的大小分别反映出该指标对于衡量产出水平和投入水平的代表性强弱，关联度越大，表明该指标的代表性越强，反之则越弱。

二、投入产出水平评价指标选取与评价指标灰色综合关联矩阵计算

首先，根据上述表格中的投入产出指标体系，计算出灰色综合关联矩阵，得出投入产出指标的关联度，把各指标的关联度作为指标体系的赋权依据。

利用“灰色系统理论建模系统”软件，将投入产出指标实际值代入计算，得出关联度矩阵，以及投入指标 M_i 与产出指标 N_j 的灰色综合关联度 η_{ij}。

研究步骤：采用区间值化变换进行数据的标准化处理，得到标准化序列值 $M_t''(i)$，$N_t''(j)$，之后按照如下公式求投入产出水平的差序列：

$$\Delta\zeta_{ijt}=M_t''(i)-N_t''(j)\quad(i=1,2,\cdots,5;j=1,2,\cdots,8;t=1,2,\cdots,24)$$

求以上标准化处理后的各对比因子数列与参考列的差值，可以得到各对比数列与参考数列的极大和极小差值，分别为：$\Delta_{\max}\zeta_{ijt}$ 和 $\Delta_{\min}\zeta_{ijt}$。

应用公式：

$$\tau_{ijt}=\frac{\Delta_{\min}\zeta_{ijt}''+\rho\Delta_{\max}\zeta_{ijt}''}{\Delta\zeta_{ijt}''+\rho\Delta_{\max}\zeta_{ijt}''}\quad(i=1,2,\cdots,5;j=1,2,\cdots,8;t=1,2,\cdots,24)$$

计算各 i 个产出指标序列（$i=1,2,\cdots,5$）与投入指标序列（$j=1,2,\cdots,8$）之间的灰色关联系数 τ_{ijt}，其中分辨系数 ρ 仍取值 0.5。

进一步用公式：

$$\eta_{ij}=\frac{1}{T}\sum_{t=1}^{T}\tau_{ijt}\quad(t=1,2,\cdots,24)$$

计算各年度投入与产出指标之间的灰色关联系数的算术平均值，即可得到 5 个产出指标与 8 个投入指标的灰色关联度矩阵，如表 10-4 所示。

表 10-4 农业现代化投入产出关联度矩阵、关联度与指标赋权

指标	N_1	N_2	N_3	N_4	N_5	N_6	N_7	N_8	$\sum_{j=1}^{8}\eta_{ij}$	α_i
M_1	0.6845	0.6374	0.5256	0.5827	0.5480	0.7518	0.6553	0.6879	5.0732	9.40%
M_2	0.9000	0.9831	0.4567	0.4998	0.4674	0.6630	0.5390	0.8454	5.3544	9.93%
M_3	0.8782	0.9627	0.4542	0.4965	0.4646	0.6545	0.5345	0.8281	5.2734	9.77%
M_4	0.5061	0.4789	0.8752	0.9015	0.9092	0.6382	0.8022	0.5413	5.6526	10.48%
M_5	0.6165	0.5752	0.6524	0.7596	0.6822	0.8085	0.8588	0.6672	5.6205	10.42%
$\sum_{i=1}^{5}\eta_{ij}$	3.5854	3.6374	2.9641	3.2401	3.0713	3.5160	3.3898	3.5699		
β_j	6.65%	6.74%	5.49%	6.01%	5.69%	6.52%	6.28%	6.62%		

三、灰色优势分析

计算$\sum_{j=1}^{8}\eta_{ij}(i=1,2,\cdots,5)$和$\sum_{i=1}^{5}\eta_{ij}(j=1,2,\cdots,8)$分别得到各产出指标和各投入指标的关联度,比较各关联度值的大小,有:

$$\sum_{j=1}^{8}\eta_{5j}>\sum_{j=1}^{8}\eta_{4j}>\sum_{j=1}^{8}\eta_{2j}>\sum_{j=1}^{8}\eta_{3j}>\sum_{j=1}^{8}\eta_{1j}$$

表明农业产出指标中最具代表性的是劳均粮食产量,其次为粮食播种面积单产,接下来是农村居民家庭人均纯收入、劳均农业产值和第一产业对 GDP 的贡献率等指标。有:

$$\sum_{i=1}^{5}\eta_{i2}>\sum_{i=1}^{5}\eta_{i1}>\sum_{i=1}^{5}\eta_{i8}>\sum_{i=1}^{5}\eta_{i6}>\sum_{i=1}^{5}\eta_{i7}>\sum_{i=1}^{5}\eta_{i4}>\sum_{i=1}^{5}\eta_{i5}>\sum_{i=1}^{5}\eta_{i3}$$

表明农业投入指标中最具代表性的是农村居民消费水平,其次是农村居民消费,接下来分别是农村用电量、农业机械总动力、农用化肥施用折纯量、有效灌溉面积、乡村从业人员和农作物总播种面积等指标。

四、评价指标赋权

令α_i和β_j分别表示产出指标和投入指标的权重($i=1,2,\cdots,5$; $j=1,2,\cdots,8$),其计算方法如下:

$$\sum_{j=1}^{8}\alpha_i=\sum_{i=1}^{5}\beta_j=50\%$$

其中 $\alpha_i=[\sum_{j=1}^{8}\eta_{ij}/\sum_{i=1}^{5}\sum_{j=1}^{8}\eta_{ij}]\div 2\quad(i=1,2\cdots 5)$，$\beta_j=[\sum_{i=1}^{5}\eta_{ij}/\sum_{j=1}^{8}\sum_{i=1}^{5}\eta_{ij}]\div 2\quad(j=1,2,\cdots 8)$，计算出各指标的赋权结果如表 10-4 所示。

五、我国农业现代化指数测度

依据上述赋权结果和各指标的区间值化标准值，按得出农业投入产出指数。通过标准值加权平均，即把各指标的标准化值与上述投入产出指标的权重相乘再累加计算得出衡量农业现代化的四类指数，其计算方法分别为：

(1)农业产出指数(C)，从农业产出规模的角度考察农业现代化发展水平。其计算方法如下：

$$\mathrm{OUT}_t=\sum_{i=1}^{5}\mathrm{ZM}_{it}\times\alpha_i\quad(t=1991,1992,\cdots,2014)$$

(2)农业投入指数(T)，从农业投入规模的角度考察农业现代化发展水平。其计算方法如下：

$$\mathrm{IN}_t=\sum_{j=1}^{8}\mathrm{ZN}_{jt}\times\beta_j\quad(t=1991,1992,\cdots,2014)$$

(3)农业投入产出规模指数(M)，从农业产出和投入总规模的角度考察农业现代化发展水平。其计算方法如下：

$$\mathrm{SCAL}_t=\mathrm{OUT}_t+\mathrm{IN}_t\quad(t=1991,1992,\cdots,2014)$$

(4)农业投入产出效益指数(Z)，从农业投入产出效益的角度考察农业现代化发展水平。其计算方法为：

$$\mathrm{DEM}_t=\mathrm{OUT}_t-\mathrm{IN}_t\quad(t=1991,1992,\cdots,2014)$$

四类指标的计算结果如表 10-5 所示。

表 10-5 农业现代化指数表

年份	产出指数	投入指数	规模指数 M	效益指数 Z	年份	产出指数	投入指数	规模指数 M	效益指数 Z
1991	0.1915	0.2050	0.3965	-0.0134	2003	0.2700	0.2994	0.5694	-0.0294
1992	0.1886	0.2099	0.3985	-0.0213	2004	0.2440	0.3128	0.5568	-0.0688
1993	0.1998	0.2166	0.4164	-0.0168	2005	0.2685	0.3261	0.5945	-0.0576
1994	0.2104	0.2265	0.4369	-0.0161	2006	0.2931	0.3386	0.6317	-0.0455
1995	0.2135	0.2386	0.4520	-0.0251	2007	0.3425	0.3564	0.6990	-0.0139
1996	0.2286	0.2514	0.4800	-0.0228	2008	0.3176	0.3741	0.6917	-0.0566

续表

年份	产出指数	投入指数	规模指数 M	效益指数 Z	年份	产出指数	投入指数	规模指数 M	效益指数 Z
1997	0.2380	0.2605	0.4985	−0.0225	2009	0.3410	0.3890	0.7299	−0.0480
1998	0.2398	0.2657	0.5055	−0.0258	2010	0.3736	0.4079	0.7815	−0.0342
1999	0.2473	0.2709	0.5182	−0.0236	2011	0.3924	0.4372	0.8297	−0.0448
2000	0.2486	0.2788	0.5274	−0.0302	2012	0.4060	0.4617	0.8676	−0.0557
2001	0.2419	0.2851	0.5270	−0.0432	2013	0.4414	0.4789	0.9203	−0.0376
2002	0.2531	0.2925	0.5455	−0.0394	2014	0.4589	0.5000	0.9589	−0.0411

由四类指数波动趋势图可以看出，产出指数(OUT)、投入指数(IN)规模指数(SCAL)均呈上升趋势，这与国家加大对农业的投入有很大的关系。以 2000 年为界 1991—2000 年 C> T 说明这一阶段主要靠产出拉动，虽然在 20 世纪 90 年代我国对农业的投入资源有限，国家对农业的改革主要依靠政策上的支持，但是产出水平依然维持较高的水平。2000—2014 年 C< T 说明这一阶段主要靠投入拉动，国家开始重视民生问题以及三农问题，加大对农业的科技、信息以及方方面面的投入，从重视农业发展的"量"到"质"的变化，虽然产出规模相对降低，但是总体在增长的趋势。效益指数(Z)呈波动趋势发展且在 1995 年前后有所降低，说明中国农业现代化发展在投入产出方面仍然存在时间阶段性的不同。

第三节　主要结论与政策建议

一、主要结论

对我国能够衡量农业现代化的 16 个指标的近 25 年的数据进行灰色优势分析得出灰色关联度，可以发现有近 13 个指标的关联度大于 0.55，说明农产品物流的现代化是农业现代化的重要组成部分，农产品物流能够推动农业现代化的长远发展，也是实现农业现代化的重要保障。

根据关联度矩阵分析的结论，由所计算出的投入产出指标的关联度可以看出，与农产品物流关联度最高的投入指标为劳均粮食产量，产出指标为农村居民消费水平，这说明农产品物流与农村生产生活质量息息相关。农产品物流关系到民生的一些基础指标，关系到农村居民的生活水平，发展农产品物流能够有效地降低农产品成本，切实提高农民收入，有利于三农问题的高效解决以及城乡协同高效发展。

二、政策建议

1.推动有效的农产品物流运作模式运作

我国是农产品生产大国，农产品流通是否畅通，关系到农产品生产者和消费者的切身利益，关系着我国整个经济的运行效率与质量，影响着整个社会的稳定。加强农产品物流中心主导运作，丰富农产品市场业态形式，实现生鲜农产品的快速调配，满足最终消费者的需求，有助于改善中国生鲜农产品市场的现状，对我国的农产品发展具有重要的理论和现实意义。

2.加强农产品包装机制、完善加工环节

加强“一带一路”建设，为我国农业经济发展带来了新机遇，也使未来我国农业企业向加工、物流、仓储、码头等资本和技术密集型方向发展；改善国内外农产品“价格倒挂”的不合理现象，解决好农产品物流的“最先一公里”问题，提高农产品附加值，彻底打开农产品的国内外销路；使农产品损耗降到最少，缩短销售周期，为我国农产品走出国门提高国际竞争力提供有效的保障。

3.政府应当加强对农业的支持力度

政府应在降低农产品物流成本中担当主导角色，从制度供给的层面，加大相关法律、规章、政策的支持力度；减少部分农产品的物流成本，提高农民的组织化程度和食品安全水平；扶植冷链物流的发展，即对农产品冷链物流的食品安全出台立法监管，对冷链物流行业实行统一机构管理，并把农产品冷链物流列入城市基础性和公益性设施范畴。

4.以农产品加工企业为核心整合运作

农户 、农产品基地、供销社可依托专业的第三方物流公司来完成配送业务，实现农产品加工、包装、运输一体化的大配送模式。第三方物流公司凭借降低配送损耗、提高食品质量、减少管理成本等优势，提升整个运作模式的服务能力，因此能够灵活多样地为客户创造更多的价值，使顾客满意度提高。

◆第十一章◆

基于VAR模型的我国“五化协同”发展研究

本章提要：为了研究我国“五化协同”的发展情况，构建评价指标体系，应用因子分析法对我国“五化”发展情况进行评价和分析，然后构建VAR模型对“五化协同”进行实证分析，检验结果表明各序列为一阶单整序列并存在协整关系，而格兰杰因果检验结果显示，“五化”之间存在融合不够、互动不足等问题，进一步通过VAR(1)模型、脉冲响应及方差分解证明“五化”之间互相作用、不可或缺。提出须加大协同发展力度，从以工促农、城乡一体化发展、加深五化融合和倡导创新绿色发展方式等多方面促进“五化协同”发展的政策建议。

2012年，党的十八大报告从国家战略层面上提出了“实现工业化、城镇化、农业现代化和信息化协调发展”，即“四化同步”发展的新思路；2015年3月，中共中央政治局会议上首次提出“绿色化”，将“四化”充实为“五化”，即“协同推进新型工业化、城镇化、农业现代化、信息化和绿色化”的“五化协同”重要战略思想。2015年10月，国家“十三五”规划中再次强调了在促进工业化、城镇化、农业现代化、信息化同步发展的同时要坚持绿色发展。

2012年中国工业化进程出现新的转折点，中国工业化已开始走向后期阶段，2014年我国人均GDP达46623元，第二产业比重为42.7%，低于第三产业比重48.1%，说明我国工业化水平已正式进入后期阶段。1978—2014年这37年间，我国城镇化率从17.9%提升到54.77%，增长了近37个百分点，即年均增长率接近1%，表明我国城镇化发展很稳定。我国高度重视信息化的发展，在“十三五”规划提出实施“互联网+”政策，扶持各类和互联网有关的创新活动，我国当前的信息化发展速度快、效果显著，已经迈进以物联网和与云计算为代表的新兴社会生产力这一阶段。我国农业现代化水平稳步提高，但发展速度还远远落后于其他

"三化"的发展。绿色化于 2015 年提出,虽然有些基础,但总的来说绿色化发展只能算刚刚起步,任重道远。当前,我国在工业化、城镇化、农业现代化、信息化、绿色化建设中仍然存在着难题,具体表现为同步发展程度较差,相互间协调不力、融合不足。首先,我国是工业大国,但因为工业化与信息化的融合深度不够,致使我国工业只能一直陷在低端产品的产业链中无法向更高层次发展;其次,由于工业化与城镇化不能相互融合,出现工业化与城镇化发展速度不一致的问题;再次,由于农业现代化的发展远远跟不上城镇化和工业化成长的发展,致使农业基础薄弱,城乡之间收入差距不断扩大,从而反倒限制城镇化与工业化的发展;此外,因为信息化未能积极融入其他"三化"之中,导致其对另外"三化"发展的支撑和拉动作用不显著,进而造成其他"三化"未能有效促进信息化的发展;最后,绿色化的发展与其他"四化"之间同样存在融合不足的问题,致使其他"四化"对生态系统产生消极影响。这些难题的解决可以加快我国的现代化进程,因此,中央政治局会议提出"五化协同"的重要战略思想,为我国现代化建设的早日完成带来一缕希望之光。

中央政治局会议第一次把"绿色化"定为"政治任务"并将之提升到新的战略高度,"四化同步"加上"绿色化"组成的"五化协同"是一种新的创新理论;该理论的出现使我国生态文明建设开始有了理论基础,也有了实践的路径,同时也为现代化建设的完成添加了助力;对我国"五化协同"发展情况进行研究具有非常重要的现实意义。本章从"五化协同"提出及其在我国的发展状况,"五化"的指标体系构建与研究方法,"五化协同"发展的 VAR 模型实证分析三个方面研究我国"五化"之间的关联,得出研究结论并提出政策建议。

第一节 "五化协同"的内涵、本质特征与评价指标

一、"五化协同"的内涵

第一,关于"五化"方面。目前"五化"的单个概念已经有了定义。党的十六大(2002)对新型工业化的定义是:坚持以信息化带动工业化,以工业化促进信息化,是科技含量高、经济效益好、资源消耗低、环境污染少、人力资源优势得到充分发挥的工业化。城镇化即人口向城镇集中转移的过程。我国新型城镇化注重

城镇质量、内涵的提升，强调城乡统筹、节约集约、生态宜居，其核心是农业和粮食、生态和环境的协调发展，推动城乡一体化、平等化，最终实现共同富裕。农业现代化是指农业由传统落后向现代先进发展的过程。信息化是通过使用信息技术，利用信息资源，进行信息上的交流和知识全共享，进而产生可以推动社会转型发展的进程。"绿色化"一词于 2015 年 3 月中共中央政治局会议上首次提出，其具有三重含义：其一，它是一种高科技、低能耗、少污染的产业结构和生产方式；其二，它是一种绿色低碳、文化健全、力戒奢靡浪费和不合理消费的生活方式和消费模式；其三，它还是一种重视生态文明、致力于树立社会新风的价值取向，简而言之，绿色化就是高度重视生态文明建设。

第二，关于协同发展方面。"协同"是指两个或两个以上随时间变化的量或事物在变化过程中保持一定的相对关系；"发展"是指事物的一个运动变化过程，即由低级到高级、由小到大、由旧物质到新物质。"协同发展"则是指两个或两个以上随时间变化的量或事物保持一定比例发展，由低级到高级、由小到大、由旧物质到新物质的一个运动变化过程。"五化协同"即"协同推进工业化、城镇化、农业现代化、信息化和绿色化"，是"五化"的动态形成组合关系，并保持一定的相对速度，个体和整体都分别由初级到高级、由不发达到发达的运动变化进程。其主要内涵是指为了使可持续发展早日得到实现，工业化、城镇化、农业现代化、信息化的发展不能以牺牲绿色发展质量为条件而取得提升，应主动促成绿色化与工业化、城镇化、农业现代化、信息化的融合创新，争取尽快达到绿色工业化、绿色城镇化、绿色农业现代化、绿色信息化的发展目标。

二、"五化协同"的本质特征

"五化协同"发展的本质可归纳为两方面：第一，它是一种国家现代化路径。"五化协同"发展是中国特色社会主义"五位一体"伟大事业中经济建设的前进道路，可以说，"五化协同"发展是中国特色社会主义道路的有机组成部分，"五化协同"发展的道路是历史的、具体的选择。新中国成立初期，我国的首要目标是建立现代工业体系，这一段时间的前进目标就是工业化；改革开放以后，城镇化和工业化在加速发展的同时，自发地相互促进、相互影响，但是农业现代化进度仍然滞后；进入 21 世纪，信息化高歌猛进，渗透其他"三化"，进而走上"四化同步"发展的道路；绿色化是我国经济实现新常态发展的客观要求，是落实创新、绿色、共享发展理念的具体落实。

第二,它是一种经济社会发展方式。“五化协同”发展的内在要求与科学发展观的全面、协调、可持续的基本要求是一致的。全面,即“五化”基本上涵盖了经济社会发展的所有重要领域协调;同步,即要求“五化”必须保持一定的相对关系,互为条件、互为动力,相互促进、整体最优;可持续,即同步发展,是系统发力、相互推动、进程协调、动力持久。过去较长一段时间,人们对现代化的认识还停留在新型工业化、农业现代化和城镇化,但第三次科技革命,物联网、大数据、云计算等新型信息技术的出现,迅速推动了传统生活、生产方式的转变,出现了数字化、信息化、智能化等发展新方式,由过去以物质产品生产和获取为中心转变为以信息产品生产和共享为中心,以物质产品生产和获取为基础。在十八大五中全会,党中央将绿色化提高到政治的高度,会议上提出深化绿色化与其他“四化”的融合度,体现了党和国家坚持可持续发展战略与保护生态环境的理念与决心,更是当代经济发展与人民追求高质量生活方式的迫切要求。绿色化与工业化、信息化、城镇化、农业现代化融合创新发展模式是我国乃至全世界经济建设过程中的潮流趋势,是人类文明发展到一定程度的结果。从“三化”到“四化”再到目前的“五化”,都是对一定时期客观现实的把握。

三、五化协同评价指标体系构建

从现有文献来看,尚未见有对“五化协同”发展进行研究的文献,对“五化”中某一化进行单独研究或侧重“两化”或者“三化”同步发展之间的研究较多,对“四化同步”进行研究的数量仍相对较少,其中较有代表性的“四化同步”研究文献,如徐维祥、舒季君、陈国亮等(2014)对我国“四化”同步发展的地区差异和同步合作区架构进行研究,董梅生、杨德才(2014)应用 VAR 模型对“四化”的互动关系进行研究,王新利、肖艳雪(2015)以黑龙江农垦为研究对象进行“四化”协调发展评价研究。黄安胜、许佳贤(2013),张琳、邱少华(2014),许凡、宋殿清(2014)以及刘文耀、蔡焘(2014)对“四化同步”的本质特征和指标构建进行阐述并对我国“四化”发展与协调水平进行评价研究。“四化同步”与“五化协同”是党中央在经济发展新常态背景下提出的发展思路和理念,其评价指标未见有官方权威发布。以下通过考察每一化的内涵并借鉴以前学者对相应指标的选取,为评价指标体系构建提供依据。

工业化是工业发展的显著特征之一,著名发展经济学家 H.钱纳里、W.A.刘易斯与 S.库兹涅茨等人认为工业化就是第二产业或是制造业的总产值占 GDP

的比重的增加,以及在制造业或是第二产业领域的就业人员比重也相应增加的一种。我国发展经济学家张培刚指出工业化的内涵:它是一系列基本的生产函数在国民经济中不间断地发生由低向高的突破性变化的过程。工业化能够促进一国或地区产业结构的优化升级发展,大大提高社会生产能力和生产效率。在查阅工业化与其他几化之间协调关系的研究文献中,不同学者所选取和构建评价指标有所差异,常见的有工业化率、人均 GDP,工业增加值占 GDP 比重、第二产业就业比重等指标。

城镇化一般定义为农村人口不断向城镇人口聚拢的过程。对于城镇化概念的论述,德国农业经济学家冯・杜能曾通过著名的“杜能环”理论解释农村与城镇在城镇化过程中的发展关系:先从农业和城市工业分布演变为综合的城市工业,而后再以城市为中心,按照农业生产收益,形成不同分工的环状产业带。国内学者冯献等认为,城镇化体现为农村人口向城区转移的过程,农业劳动力逐渐成为非农产业劳动力,融合城乡差异,最终非农经济产业聚集并主导城镇经济结构。城镇化是伴随着工业化的发展而产生的,随着第二和第三产业的发展,人口也不断流向城市,导致城市各种功能趋于完善;我国的城镇化不仅仅是指农村人口向城镇转移,应更加注重城乡一体化建设,缩小城乡差距,为居民提供更为优质的社会服务和提高居民的生活质量。在城镇化与其他几化之间协调关系的文献中,主要评价指标有城镇失业率、恩格尔系数、城镇化率、人均道路面积等。

农业现代化是指在农业生产过程中运用现代化的机器设备、高新的农业技术以及科学的管理方式来提高农业生产水平,有效提高农业经济效益和生态效益。农业现代化表现为农民的自身素质提高与生产的优质化、管理的科学化以及绿色化;农业现代化是农业发展的高级阶段,它包括农业在管理、技术和结构三方面的现代化。冯献等认为农业现代化具体表现为农业现代化管理水平的提升、农业生产设备的更新完善、高度发达的农产业机械化以及较高的土地产出比率等。常见的有土地生产率、单位耕地农机动力、有效灌溉面积、土地生产率、农村居民恩格尔系数等指标见诸农业现代化与其他几化之间协调关系的研究文献中。

信息化是指发展智能化工具(以计算机为主)作为新的组织工具,运用到社会的生产、生活的各个领域中去,使人类生活更加方便快捷,造福于人。日本学者梅棹忠夫在 1963 年最早提出了信息化概念,随着信息技术的出现及应用,一些学者纷纷著书立说展开对未来信息技术发展的遐想,“信息化”一词也逐渐为世人所知晓。一般认为信息化是将现代信息技术的先进工具运用于社会经济的不同领域,使人民的生活水平、社会群体的文化素质以及国家的综合国力得到普遍提升,以达到现代化水平的人类社会高级阶段。日本经济学家小松畸清认为,衡量信息化水平高低主要有信息量、信息装备率、通信主体水平和信息系数等四个方面。国内文献对信息化的评价指标有电话普及率、互联网普及率、邮电业务总量、科技人员比重、国家铁路电气化里程等。

绿色化不仅仅是强调生态环境的“绿色”,其进一步提倡将绿色低碳环保融入人类的生产生活中,促进资源的有效利用。“绿色化”一词起源于苏联,直译为绿化,20 世纪 90 年代后逐渐演变为有机、无公害,再到后来的生态、环保逐步融入制造业、建造业、化工等领域。绿色化是本着以人为本的发展理念,把生态、环保、节俭贯彻于生产、消费等经济过程[12],以高效节约的方式实现经济增长。我国第一次明确将绿色化作为“五化”之一,将绿色化提升到政治的高度,体现了党和国家坚持可持续发展战略与保护生态环境的理念与决心,发展绿色化更是当代经济发展与人民追求高质量生活方式的迫切要求,说明党对人民的关心负责、认真办实事、实事求是的工作作风。目前对于绿色化的定量研究还较少,其评价指标有:单位 GDP 能耗、单位耕地面积化肥施用量、建成区绿化覆盖率、燃气普及率、工业固废综合利用率、森林覆盖率等指标。

结合每一“化”的内涵并借鉴以往学者专家对于各“化”指标的设置,本着系统性、典型性、动态性、可量化等原则,并考虑数据的可得性与可操作性,各“化”分别选取 4 个具有代表性的指标,构建了“五化”评价指标体系,如表 11-1 所示。

表 11-1 “五化”评价指标体系

维度	评价指标	单位	计算公式
工业化（M_{ind}）	工业化率	%	工业增加值/GDP
	第二产业就业比重	%	第二产业就业人数/总就业人数
	工业增加值指数	1978 年=100	
	人均 GDP	元/人	
城镇化（M_{cou}）	城镇化率	%	城镇人口/总人口
	非农产业就业比重	%	第二产业与第三产业就业人数之和/总就业人数
	城乡恩格尔系数比	%	城镇居民家庭恩格尔系数/农村居民家庭恩格尔系数
	城乡人均可支配收入比	%	城镇居民家庭人均可支配收入/农村居民家庭人均纯收入

续表

维度	评价指标	单位	计算公式
农业现代化(M_{agr})	农业产值比重与农业就业比重之比	%	(农业总产值/国内生产总值)/(第二产业就业人数/总就业人数)
	每公顷用电量	千瓦/公顷	农村用电量/农业总播种面积
	有效灌溉率	%	有效灌溉面积/耕地面积
	单位耕地农机动力	千瓦/公顷	农用机械总动力/耕地面积
信息化(M_{inf})	信息产业增加值占 GDP 比重	%	信息产业增加值/GDP
	电话普及率	部/百人	
	人均邮电业务总量	元/人	邮电业务总量/总人口数
	局用交换机容量	万门	
绿色化(M_{gre})	单位 GDP 能耗	万吨标准煤/亿元	能源消费总量/ GDP
	工业固废综合利用率	%	
	森林覆盖率	%	
	农用化肥施用折纯量	万吨	

注:以上指标数据均来源于国家统计局官网及《中国统计年鉴》,经笔者整理计算而得。

第二节　基于因子分析法的我国“五化”发展综合评价

一、研究方法

关于“五化协同”的评价方法,对比张琳、邱少华(2014)的复杂系统理论,许凡、宋殿清(2014)的熵值法,董梅生、杨德才(2014)的因子分析法及刘文耀、蔡焘(2014)的层次分析法(AHP 方法)等评价方法,因子分析法能够有效处理多变量的信息重叠问题,相比其他主观赋权法,因子分析方法确定综合评价模型的权重更具有客观性。

因子分析是一种常用的统计方法,其根据所研究变量之间的内部依赖关系,应用简化数据的技术,用少数几个“抽象”的变量来表示所观测数据的基本数据结构,进而达到指标降维的目的。因子分析一般的数学模型如下:

$$X_i = l_{i1}F_1 + l_{i2}F_2 + \cdots + l_{im}F_m + \xi_i$$

其中,$F_1, F_2, \cdots, F_m$ 为随机变量,称为公共因子,每一个随机变量 X_i 线性依赖于这些公共因子;l_{ij} 是第 i 个变量在第 j 个因子上的载荷(其中 $j = 1, 2, \cdots, m$),称为因子负载。ξ_i 为特殊因子,表示在原始变量中公共因子无法解释的部分。一般而言,因子分析方法有以下几个基本步骤,即:对原始变量进行标准化处理,以消除变量之间不同量纲的影响;建立变量之间的相关系数矩阵;按照一定的准则,根据矩阵的特征值和累计方差贡献率大小确定公共因子的个数;建立初始的因子载荷矩阵;对初始因子载荷矩阵进行方差最大化旋转,得到旋转后的因子载荷矩阵;最后计算各因子得分和综合得分,并根据研究目的做出相关分析。

二、我国“五化”发展综合评价

根据表 11-1 中的指标体系,查阅年鉴资料采集或计算得到相关数据,时间跨度为 1978—2014 年,采用 SPSS19.0 统计软件进行因子分析评价。以工业化发展的因子分析为例,按照因子分析实证研究的基本步骤,首先对原始数据进行标准化处理后得到 KMO 值和 Bartlett 球形检验结果:取样足够度的 Kaiser-Meyer-Olkin 度量值等于 0.758,Bartlett 球形度检验值为 129.96,显著性概率 $P = 0.000 < 0.05$,反映出研究中所选取的变量指标间具有较强关系,说明研究适合采用因子分析法。其次,经因子分析处理得到初始和旋转后解释总方差,旋转后系数矩阵中有两个大于 1 的特征值,分别是 2.699 和 1.092;方差贡献率分别为 67.475%和 27.297%,累积贡献率达到 94.773%,大于 85%,说明这两个主成分变量能够反映出指标体系中所有指标的主要信息,可以选择作为公共因子。再次,为了进一步加强公共因子的分析解释能力,通过方差最大化正交旋转(varimax)方法对成分矩阵进行因子旋转,旋转在三次迭代后收敛,得出方差旋转成分矩阵表。从方差旋转成分矩阵表可以观察出,公共因子 F_{11} 在工业化第 2、3 和 4 个指标变量上的载荷比较大,分别为 0.939、0.941 和 0.943,公共因子 F_{12} 在第 1 个指标变量上的载荷比较大,为 0.978。建立因子得分函数:$F = A'R^{-1}X$,其中,$F = (F_{11}, F_{12})'$,F_{11},F_{12} 为 2 个公共因子得分向量;A 为因子载荷矩阵;R 为相关系数矩阵,因子得分用于反映所解释变量的发展变化情况,从统计意义上看,因子得分是通过降维手段得到的一组无量纲化评价值,其值可正可负,正值一般表明高于研究范围内的平均

水平,负值一般表明低于平均水平。由 SPSS 软件可以得到成分系数矩阵,进一步由成分得分系数矩阵可以求得两个公因子的得分,

$$F_{11}=0.234\times ZM_{ind1}+0.348\times ZM_{ind2}+0.379\times ZM_{ind3}+0.388\times ZM_{ind4}$$

$$F_{12}=1.065\times ZM_{ind1}+0.000\times ZM_{ind2}+0.103\times ZM_{ind3}+0.133\times ZM_{ind4}$$

其中,0.234、0.348、0.379、0.388 为公因子 F_{11} 的得分系数值,1.065、0.000、0.103、0.133 为公因子 F_{12} 的得分系数值,ZM_{ind1}、ZM_{ind2}、ZM_{ind3} 和 ZM_{ind4} 分别为工业化四个评价指标的标准化值。

对原始数据进行标准化处理后,各“化”的主成分因子方差贡献率见表 11-2,在公因子累计方差贡献率大于 85%的基础上,选取两个公因子,解释总方差贡献率及累计方差贡献率如表 11-2 所示。

表 11-2 “五化”的因子分析方差贡献率及累计贡献率

单位:%

主成分	工业化(M_{ind})		城镇化(M_{cou})		农业现代化(M_{agr})		信息化(M_{inf})		绿色化(M_{gre})	
	方差贡献率	累计方差贡献率	方差贡献率	累计方差贡献率	方差贡献率	累计方差贡献率	方差贡献率	累计方差贡献率	方差贡献率	累计方差贡献率
1	67.475	67.475	59.823	59.823	56.738	56.738	56.314	56.314	59.897	59.897
2	27.297	94.773	36.160	95.983	30.023	86.761	39.446	95.760	39.353	99.250

参照以上同样步骤,可以得到 1978—2014 年我国城镇化的两个公因子得分 F_{21} 和 F_{22}、农业现代化的两个公因子得分 F_{31} 和 F_{32}、信息化的两个公因子得分 F_{41} 和 F_{42} 和绿色化的两个公因子得分 F_{51} 和 F_{52}。“五化”的各公因子得分如表 11-3 所示。

表 11-3 我国 1978—2014 年“五化”的公因子得分

年份	工业化(M_{ind})		城镇化(M_{cou})		农业现代化(M_{agr})		信息化(M_{inf})		绿色化(M_{gre})	
	因子得分		因子得分		因子得分		因子得分		因子得分	
	F_{11}	F_{12}	F_{21}	F_{22}	F_{31}	F_{32}	F_{41}	F_{42}	F_{51}	F_{52}
1978	-1.076	1.635	-1.652	1.053	-1.053	-0.682	-0.056	-1.518	-0.046	-2.740
1979	-1.052	1.397	-1.367	0.328	-1.022	-0.604	0.190	-1.936	-0.234	-2.320
1980	-0.909	1.588	-1.192	-0.087	-0.996	-0.528	0.195	-1.942	-0.422	-1.912
1981	-1.107	0.572	-1.090	-0.681	-0.975	-0.569	0.151	-1.866	-0.491	-1.727

续表

年份	工业化(M_{ind})		城镇化(M_{cou})		农业现代化(M_{agr})		信息化(M_{inf})		绿色化(M_{gre})	
	因子得分		因子得分		因子得分		因子得分		因子得分	
	F_{11}	F_{12}	F_{21}	F_{22}	F_{31}	F_{32}	F_{41}	F_{42}	F_{51}	F_{52}
1982	-1.193	-0.048	-1.043	-1.165	-0.975	-0.516	0.164	-1.888	-0.345	-1.665
1983	-1.213	-0.431	-0.879	-1.763	-0.877	-0.271	0.100	-1.777	-0.449	-1.403
1984	-1.201	-1.000	-0.768	-1.577	-0.836	-0.100	-0.152	-1.346	-0.672	-0.967
1985	-1.150	-1.221	-0.943	-0.766	-0.748	0.485	-0.563	-0.640	-0.925	-0.487
1986	-0.966	-1.041	-0.726	-0.702	-0.644	0.800	-0.615	-0.548	-0.991	-0.282
1987	-0.980	-1.325	-0.495	-1.131	-0.532	1.166	-0.667	-0.454	-1.080	-0.067
1988	-0.879	-1.131	-0.481	-1.050	-0.447	2.023	-0.756	-0.294	-1.230	0.268
1989	-0.934	-1.272	-0.251	-1.579	-0.328	2.695	-0.929	0.009	-1.064	0.295
1990	-0.224	1.789	-0.622	-0.589	-0.080	1.757	-0.866	-0.087	-1.069	0.424
1991	-0.220	1.554	-0.459	-0.631	-0.042	1.387	-1.082	0.297	-1.106	0.595
1992	-0.110	1.743	-0.396	-0.323	0.083	1.158	-1.180	0.490	-1.192	0.823
1993	-0.192	0.745	-0.479	0.587	0.161	1.013	-1.026	0.287	-1.242	1.055
1994	-0.233	0.131	-0.431	0.831	0.264	1.168	-0.949	0.247	-0.772	0.920
1995	-0.194	-0.233	-0.340	0.588	0.365	1.357	-0.792	0.099	-0.710	1.005
1996	-0.192	-0.783	-0.214	0.213	-1.129	-0.382	-0.698	0.060	-0.719	1.106
1997	-0.168	-0.992	-0.243	0.454	-0.996	-0.484	-0.760	0.294	-0.577	1.074
1998	-0.115	-0.815	-0.206	0.584	-0.869	-0.466	-0.857	0.627	-0.423	1.010
1999	-0.207	-1.099	-0.290	1.202	-0.737	-0.654	-0.872	0.836	0.083	0.683
2000	0.014	0.020	-0.169	1.253	-0.625	-0.862	-0.749	0.938	0.103	0.692
2001	-0.023	-0.265	-0.080	1.336	-0.516	-1.017	-0.736	1.236	0.126	0.707
2002	-0.102	-0.413	0.123	1.250	-0.257	-0.942	-0.605	1.328	0.133	0.719
2003	0.081	0.118	0.249	1.337	-0.061	-1.170	-0.261	1.191	0.319	0.597
2004	0.312	0.322	0.315	1.480	0.154	-0.947	0.290	0.843	0.843	0.284
2005	0.629	0.833	0.496	1.318	0.329	-0.902	0.652	0.700	0.884	0.282
2006	0.917	1.070	0.791	0.928	0.556	-0.950	1.037	0.540	1.100	0.183
2007	1.144	0.759	0.995	0.771	0.777	-0.918	1.442	0.387	1.245	0.149

续表

年份	工业化(M_{ind})		城镇化(M_{cou})		农业现代化(M_{agr})		信息化(M_{inf})		绿色化(M_{gre})	
	因子得分		因子得分		因子得分		因子得分		因子得分	
	F_{11}	F_{12}	F_{21}	F_{22}	F_{31}	F_{32}	F_{41}	F_{42}	F_{51}	F_{52}
2008	1.303	0.738	1.207	0.354	1.048	-0.812	1.870	0.085	1.365	0.121
2009	1.270	-0.094	1.444	-0.010	1.223	-0.665	2.087	0.085	1.802	-0.138
2010	1.572	0.160	1.435	0.178	1.472	-0.423	2.611	-0.342	1.791	-0.085
2011	1.824	0.145	1.683	-0.384	1.732	-0.321	0.850	0.992	1.396	0.224
2012	1.894	-0.458	1.888	-0.775	1.924	-0.183	0.987	1.059	1.474	0.205
2013	1.852	-1.094	1.971	-1.155	2.177	0.028	1.204	1.037	1.549	0.175
2014	1.827	-1.607	2.218	-1.676	2.478	0.332	1.341	0.972	1.549	0.198

以各“化”的每一个公共因子的方差贡献率作为权数，利用以下五个公式可以得到各“化”发展的综合得分，分别用 M_{ind}、M_{cou}、M_{agr}、M_{inf}和 M_{gre}表示。

$$M_{ind}=(0.67475F_{11}+0.27297F_{12})/0.94773$$

$$M_{cou}=(0.59823F_{21}+0.36160F_{22})/0.95983$$

$$M_{agr}=(0.56738F_{31}+0.30023F_{32})/0.86761$$

$$M_{inf}=(0.56314F_{41}+0.39446F_{42})/0.95760$$

$$M_{gre}=(0.59897F_{51}+0.39353F_{52})/0.99250$$

与因子得分类似，从统计意义上来看，应用因子分析方法评价所得的综合得分是评价指标经过数据标准化，通过降维处理得到的一组无量纲化评价值，可以用于评价所评价对象的综合发展情况，其值的大小一般用于不同研究样本间发展情况或者发展趋势比较，综合得分值可以是正值也可以是负值，得分为正值一般表明发展情况高于所研究样本范围内的平均发展水平，得分为负值一般表明发展情况处于平均水平之下。以时间为横坐标，综合得分为纵坐标，可以得到如图 11-1 所示我国 1978—2014 年各“化”的发展趋势和情况折线图。从图 11-1 可以看出，除了个别年份，工业化、城镇化、农业现代化、信息化、绿色化在大部分研究样本范围内均呈现出上涨的整体发展趋势，但涨速不一，信息化上涨最快，农业现代化、城镇化和绿色化的上涨紧随其后，工业化的上涨较为缓慢，虽然上涨过程曲折，曾多次出现下降趋势，最近从 2011 年开始又一次出现下降趋势，但总体涨幅仍保持在相对稳定的范围内。从研究样本 37 年期间跨度内各“化”的整体发展趋势来看，可以初步判断我国“五化”之间可能存在长期均衡关系。

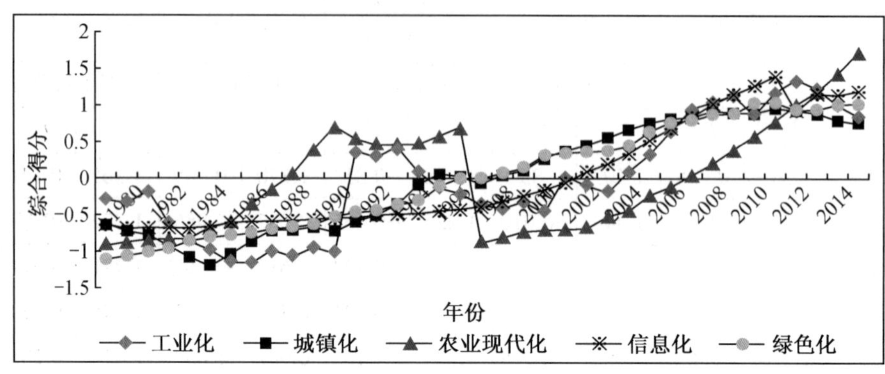

图 11-1　1978—2014 年我国“五化”综合评价折线图

第三节　平稳性检验、协整检验与格兰杰因果检验

为了研究“五化”之间是否存在确切的长期均衡关系，可以建立 VAR 模型进行分析。向量自回归模型简称 VAR 模型，是一种常用的计量经济模型，其原理在于把每个内生变量作为系统中所有内生变量滞后值的函数来构造模型，从而避开了结构建模方法中需要对系统每个内生变量关于所有内生变量滞后值的建模问题；向量自回归具有预测相互联系的时间序列间的关系以及分析随机扰动项对变量系统动态影响的作用。

一、平稳性检验

为了避免时间序列数据处理结果出现“伪回归”问题，需要保证序列的平稳性，使用软件 Eviews8.0 利用 ADF 方法进行平稳性检验，其检验结果如表 11-4 所示。由检验结果可知工业化、城镇化、农业现代化、信息化和绿色化五个综合得分的水平序列 ADF 检验值分别为-0.979、-1.019、-0.418、0.638、-0.682，均大于 1%、5%和 10%三个显著性水平下的临界值，而且 *P* 值均较大，由此可知 5 个水平序列均为非平稳序列。对“五化”综合得分水平序列取一阶差分，仍然使用 ADF 方法进行平稳性检验，检验结果表明工业化、农业现代化、信息化和绿色化四个一阶差分序列的 ADF 检验值,均大于 1%、5%和 10%三个显著性水平下的临界值,而且 P 值均接近于 0。城镇化一阶差分序列的 ADF 检验值,虽然小于 1%显著性水平下的临界值,但是都大于 5%和 10%显著性水平下的临界值,而且 P 值也较低,可以认为城镇化综合得分水平序列经过一阶差分之后为平稳序列。综上,由检验结果可知“五化”综合得分水平序列经过一阶差分之后为平稳序列。

表 11-4 ADF 检验结果

序列	检验形式	ADF 检验	临界值			P 值	结论
			0.01	0.05	0.10		
M_{ind}	(C,0,0)	-0.979	-3.627	-2.946	-2.611	0.750	不平稳
M_{cou}	(C,0,0)	-1.019	-3.627	-2.946	-2.611	0.736	不平稳
M_{agr}	(C,0,0)	-0.418	-3.627	-2.946	-2.611	0.895	不平稳
M_{inf}	(C,0,0)	0.638	-3.627	-2.946	-2.611	0.989	不平稳
M_{gre}	(C,0,0)	-0.682	-3.627	-2.946	-2.611	0.839	不平稳
d(M_{ind})	(C,0,0)	-5.805	-3.633	-2.948	-2.613	0.000	平稳
d(M_{cou})	(C,0,0)	-3.184	-3.633	-2.948	-1.613	0.029	平稳
d(M_{agr})	(C,0,0)	-5.315	-3.633	-2.948	-2.613	0.000	平稳
d(M_{inf})	(C,0,0)	-5.225	-3.633	-2.948	-2.613	0.000	平稳
d(M_{gre})	(C,0,0)	-5.481	-3.633	-2.948	-2.613	0.000	平稳

注:变量序列 d( )表示相应变量的一阶差分序。

二、协整检验

从表 11-4 平稳性检验可知,“五化”都是 I(1)一阶单整序列,满足协整分析的前提条件,可以进一步做协整分析。在做协整检验前,首先需要确定最优滞后长度,然后按检验显著量少数服从多数原则,选择最优滞后长度。本章选择从滞后 3 期中选取最佳滞后期,从表 11-5 可以看出最优滞后期为 1 期,“迹”检验结果也显示选择滞后 1 期,如表 11-6 所示。

表 11-5　滞后 3 期的各种检验统计量

Lag	Log*L*	LR	FPE	AIC	SC	HQ
0	-53.813	NA	0.000	3.460	3.684	3.536
1	118.364	283.585 *	0.000 *	-5.198	-3.851 *	-4.739 *
2	140.136	29.457	0.000	-5.008	-2.539	-4.166
3	170.042	31.665	0.000	-5.297 *	-1.705	-4.072

表 11-6　Johansen 迹检验结果

原假设协整方程个数	特征值	迹统计量	5% 临界值	Prob. * *
None *	0.464	69.819	66.499	0.039
At most 1	0.425	45.325	47.856	0.085
At most 2	0.369	26.525	29.797	0.114
At most 3	0.235	10.893	15.495	0.218
At most 4	0.051	1.789	3.841	0.181

在 5%的显著性水平下，迹检验结果表明“五化”间存在长期协整关系，以农业现代化为被解释变量，经标准化后的协整方程为：

$$M_{agr}=1.828\ M_{ind}-2.909\ M_{cou}+1.166\ M_{inf}+0.534\ M_{gre}$$

由上式我们可以看出，工业化、信息化和绿色化对农业现代化的发展都有一定程度的影响，工业化、信息化和绿色化每变动 1%，将分别带动农业现代化发展 1.828%、1.166%和 0.534%；工业化促进带动作用最大，信息化次之，绿色化最小，而城镇化对农业现代化发展却存在负面影响。这是因为伴随先进工业的出现并在实际中得到有效运用，科学技术水平不断提高，农用机械的运用使生产效率提升，工业在发展同时还能有效改善产业构成，提供更多就业机会，变相地使农业生产更加专业，提高农业现代化水平。信息化能够为农业现代化提供最新的产销信息，及时调整相关的生产活动，指引农业现代化转型升级。绿色化在农业现代化中起着督促作用，敦促其要农业环保并且懂得充分利用土地资源进行农业生产，坚决禁止以牺牲环境资源为代价发展农业。我国正处于社会转型期，城镇化发展在很多地方存在土地城镇化快于人口城镇化的现象，加上城乡差距的不断加剧，城镇的虹吸效应造成农村剩余劳动力持续流失，尤其是青年劳动力弃农厌农现象普遍存在，在土地资源有限的情况下，土地的城镇化在一定程度上挤占农业用地资源，城镇化进程中对基础设施和公共服务建设的大量投入也挤占了有限的公共财政资源，使得投资高且见效慢、风险较高的农业现代化在资金使用上更显得捉襟见肘，这些造成了发展现实与预定目标的一定背离，在协整方程中表现为负相关关系，表明我国当前城镇化发展在一定程度上拖累了农业现代化的发展进程。

三、格兰杰因果检验

只有稳定的模型才能深入分析"五化"之间的关系，对"五化"的一阶差分序列进行根检验，检验结果显示 AR 根都在单位圆内，表明 VAR 模型是稳定的，进一步做格兰杰因果检验、脉冲响应和方差分解。如表 11-7 所示，在 90%的置信水平下，只存在城镇化是农业现代化的格兰杰原因以及工业化是农业现代化的格兰杰原因这两种关系。城镇化是农业现代化的重要条件，可以直接带动提升农业现代化水平；近年来我国城镇化水平稳定增长，虽然一部分农村剩余劳动力不断走进城市，使得农业产业结构得到优化，农业生产活动将更加专业、集中、高效。工业化影响农业现代化的发展，随着工业化的快速进步，科学技术陆续研发并投入使用，为农用机械的广泛使用提供了基础，使得农业生产效率不断提高，工业在发展同时进一步改善产业构成，提供更多就业机会，使农业生产更加专业，增强农业现代化水平。基础设施投入有限等原因使得信息的传播在农村地区仍相对落后，再加上需要经过教育引导培训以提高农民的信息使用素质，这些需要有一个较长的过程，因此，信息化对农业现代化作用有限，造成了信息化不是农业现代化的格兰杰原因。绿色化对生态环境发展的要求很严格，虽然农业现代化有利于实现绿色化目标，但由于目前有关绿色化的相关标准、制度法规尚未形成统一的意见，这使得绿色化尚不能成为农业现代化的格兰杰原因。

表 11-7　格兰杰因果关系检验

变量	原假设	统计量	P 值	结论
$d(M_{agr})$	$d(M_{cou})$不是 $d(M_{agr})$原因	3.265	0.028	拒绝
	$d(M_{ind})$不是 $d(M_{agr})$原因	3.045	0.036	拒绝
	$d(M_{inf})$不是 $d(M_{agr})$原因	0.928	0.515	不拒绝
	$d(M_{gre})$不是 $d(M_{agr})$原因	1.183	0.372	不拒绝

续表

变量	原假设	统计量	P 值	结论
$d(M_{cou})$	$d(M_{agr})$不是$d(M_{cou})$原因	0.608	0.740	不拒绝
	$d(M_{ind})$不是$d(M_{cou})$原因	2.062	0.118	不拒绝
	$d(M_{inf})$不是$d(M_{cou})$原因	1.153	0.387	不拒绝
	$d(M_{gre})$不是$d(M_{cou})$原因	0.364	0.908	不拒绝
$d(M_{ind})$	$d(M_{agr})$不是$d(M_{ind})$原因	0.427	0.870	不拒绝
	$d(M_{cou})$不是$d(M_{ind})$原因	0.653	0.704	不拒绝
	$d(M_{inf})$不是$d(M_{ind})$原因	0.849	0.567	不拒绝
	$d(M_{gre})$不是$d(M_{ind})$原因	0.547	0.785	不拒绝
$d(M_{inf})$	$d(M_{agr})$不是$d(M_{inf})$原因	0.215	0.976	不拒绝
	$d(M_{cou})$不是$d(M_{inf})$原因	1.093	0.418	不拒绝
	$d(M_{ind})$不是$d(M_{inf})$原因	0.663	0.700	不拒绝
	$d(M_{gre})$不是$d(M_{inf})$原因	0.429	0.868	不拒绝
$d(M_{gre})$	$d(M_{agr})$不是$d(M_{gre})$原因	0.887	0.542	不拒绝
	$d(M_{cou})$不是$d(M_{gre})$原因	1.258	0.338	不拒绝
	$d(M_{ind})$不是$d(M_{gre})$原因	0.572	0.767	不拒绝
	$d(M_{inf})$不是$d(M_{gre})$原因	1.055	0.439	不拒绝

通过格兰杰因果检验结果我们可以看出,我国“五化”当前发展还存在融合不够、互动不足等问题,如何加快和促进“五化协同”发展仍然任重道远。虽然$d(M_{cou})$与$d(M_{ind})$是$d(M_{agr})$的格兰杰原因,但是除此之外的其他两两“化”与“化”之间不存在格兰杰因果关系,表明各“化”的自身发展对其他几化的影响和促进作用仍然较为有限,各“化”之间的协同发展仍有待加强。

第四节 VAR(1)模型、脉冲响应与方差分解

一、VAR(1)模型

“五化”相互关系的强弱需要通过VAR模型分析获取。下面构建VAR(1)

模型对“五化”之间相互影响程度进行具体分析。

$d(M_{agr})=0.066\times d(M_{agr})(-1)+0.423\times d(M_{cou})(-1)-0.888\times d(M_{gre})(-1)-0.103\times d(M_{ind})(-1)+0.334\times d(M_{inf})(-1)+0.094$

$d(M_{cou})=-0.053\times d(M_{agr})(-1)+0.584\times d(M_{cou})(-1)-0.209\times d(M_{gre})(-1)-0.022\times d(M_{ind})(-1)+0.049\times d(M_{inf})(-1)+0.033$

$d(M_{ind})=-0.141\times d(M_{agr})(-1)-0.040\times d(M_{cou})(-1)+1.641\times d(M_{gre})(-1)+0.043\times d(M_{ind})(-1)+0.077\times d(M_{inf})(-1)-0.079$

$d(M_{inf})=-0.023\times d(M_{agr})(-1)+0.035\times d(M_{cou})(-1)-0.099\times d(M_{gre})(-1)+0.224\times d(M_{ind})(-1)+0.039\times d(M_{inf})(-1)+0.038$

$d(M_{gre})=-0.021\times d(M_{agr})(-1)+0.135\times d(M_{cou})(-1)-0.007\times d(M_{gre})(-1)-0.030\times d(M_{ind})(-1)-0.020\times d(M_{inf})(-1)+0.058$

从上述第 1 个式子可见,农业现代化、城镇化、信息化滞后项的系数为正值,是正冲击,对当期的农业现代化水平的发展有显著提升效果,但“五化”系数和为 -0.168,说明滞后一期的“五化”协同发展效果差,需要重点关注。第 2 个式子表明,滞后一期的城镇化、信息化系数为正,能提高当期城镇化水平,系数和为 0.455,说明滞后一期的“五化”协同发展效果一般。第 3 个式子表明,滞后一期的工业化、信息化、绿色化系数为正,对工业化发展是正冲击,能提高当期工业化水平,但农业现代化、城镇化滞后项与工业化负相关,一定程度上拖累了工业化水平的发展,而系数和为 1.862,说明滞后一期的“五化”协同发展的效果较好。第 4 个式子表明,滞后一期的农业现代化、绿色化的系数为负,拖累了当期信息化的发展,但滞后一期的城镇化、工业化和信息化自身系数为正,能有效提升当期信息化水平,而“五化”影响系数和为 0.176,说明滞后一期的“五化”协同发展整体效果仍比较弱,有待加强。第 5 个式子表明只有滞后一期的城镇化才对当前绿色化产生正影响,能有效提升当期绿色化水平,其余“四化”都在一定程度上拖累了当期绿色化发展,但系数和为 0.057,说明滞后一期的“五化”协同发展效果很弱,急需加强。总的来说,滞后一期的“五化”协同发展在整体上能对当期任何“一化”水平有着一定的提升效果,所以必须强调“五化协同”发展,而不是单一发展,这也印证了十八大提出的“四化同步”以及十八大五中全会进一步扩充为“五化协同”具有充分的科学依据,是对一定时期客观现实的准确把握。

二、脉冲响应

在 VAR 模型中,当某一变量 t 期的扰动项变动时,会通过变量之间的动态联系,对 t 期以后的各变量产生一连串的连锁作用,脉冲相应函数将描述系统对冲击(新生)扰动的动态反应,并从动态反应中判断变量间的时滞关系。结果见图11-2至图11-6。

图11-2表明,只有城镇化滞后项一直对工业化有正冲击,但在1~2期快速减退,第3期逐渐减退为零,工业化滞后项影响快速消失并在第3期转为负;农业现代化滞后项在第2期达到最大正冲击,在第3期转负后逐渐加强;信息化滞后项在第3期达到最强,于第4期影响转负;绿色化滞后项第1期为负影响,在第2期影响由负转正且达到最强。"五化"最终影响也稳定于零。

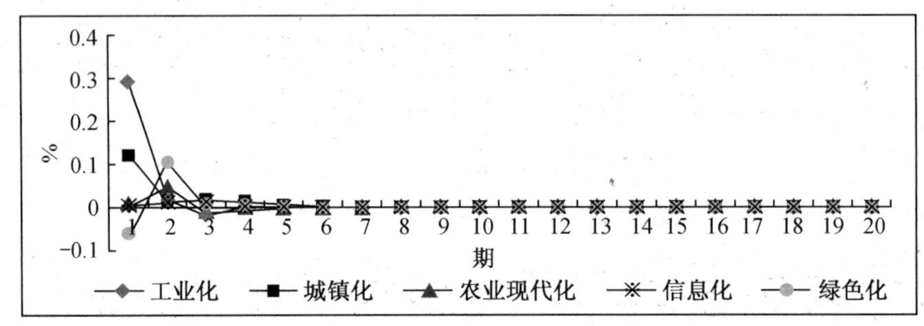

图11-2 工业化脉冲响应图

图11-3表明,城镇化和信息化滞后项对城镇化的影响都为正,但是城镇化滞后项的影响快速减弱,信息化滞后项在第2期的影响达到最强;工业化滞后项在第2期的影响达到最弱,第3期后影响逐渐趋向于零;绿色化滞后项在第2期的影响达到最弱,第4期后影响逐渐趋向于零;农业现代化滞后项在第2期的影响达到最弱,第7期后影响逐渐趋向于零;"五化"最终影响也消失为零。

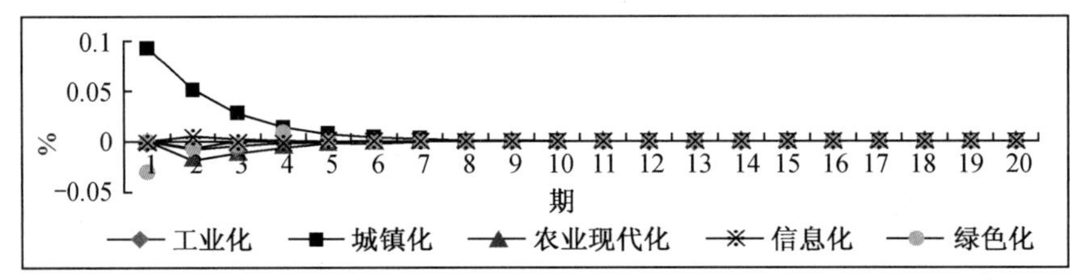

图11-3 城镇化脉冲响应图

图11-4表明农业现代化、城镇化和信息化滞后项对农业现代化产生正影响,工业化和绿色化滞后项是负影响,农业现代化滞后项对自身影响度最强,城镇化和信息化滞后项的影响稍弱。农业现代化滞后项的影响随期数增加而快速减弱,工业化滞后项在第2期达到最小,第3期后影响逐渐趋向于零;城镇化和信

息化滞后项的影响都在第 2 期达到最强；绿色化滞后项的影响在第 2 期达到最弱，第 4 期后影响逐渐趋向于零。“五化”最终冲击都消失为零。

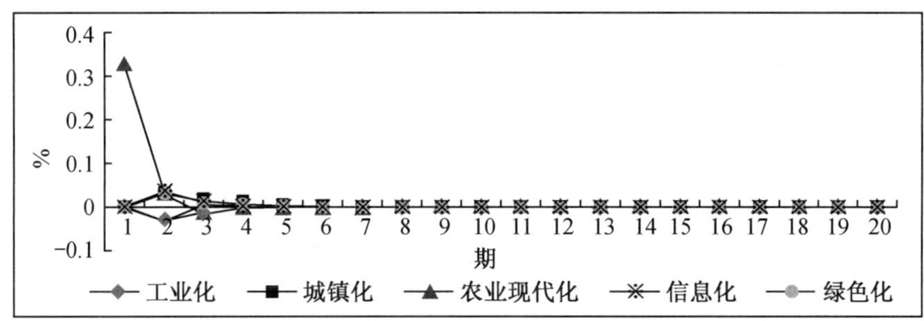

图 11-4 农业现代化脉冲响应图

图 11-5 表明信息化、城镇化和绿色化滞后项对信息化有促进作用，信息化和城镇化滞后项的影响在前两期都快速减弱，绿色化滞后项的影响在前三期快速消失随后缓慢消失；农业现代化滞后项的影响第 1 期为正，第 2 期转负；工业化滞后项的影响一开始就接近于零。“五化”影响最终也稳定于零。

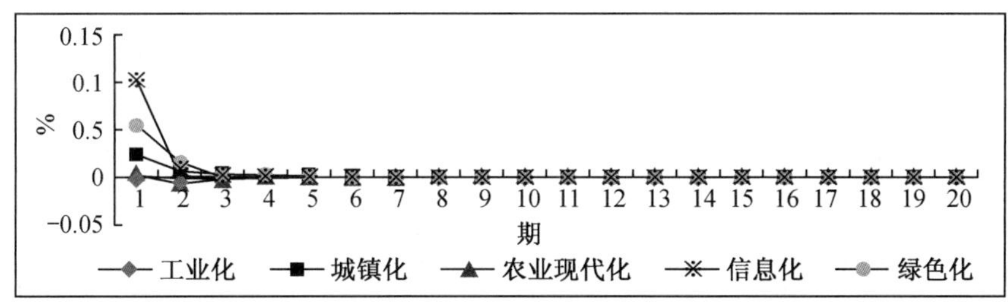

图 11-5 信息化脉冲响应图

图 11-6 表明绿色化和城镇化滞后项对绿色化的影响为正，绿色化滞后项的影响快速衰减，在第 3 期转为负并达到最弱，第 5 期后随期数增加而加强，最终冲击也消失为零；城镇化滞后项的影响于第 2 期达到最强；农业现代化滞后项的影响第 1 期为正，第 2 期转为负，第 4 期后逐渐消失；信息化和工业化滞后项的影响都为负影响，都在第 2 期达到最弱，第 3 期后逐渐趋向于零。“五化”最终影响也稳定于零。

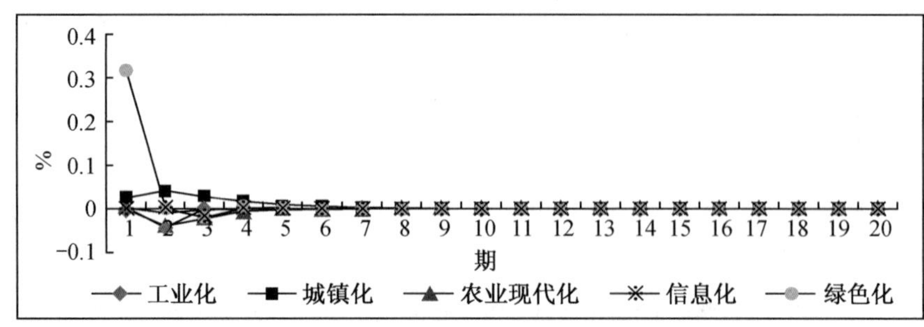

图 11-6 绿色化脉冲响应图

三、方差分解

平稳数据做方差分解是有效的,在 VAR(1)模型的基础上对"五化"5 个变量进行方差分解,10 期的方差分解结果如表 11-7 所示。

表 11-7 10 期方差分解结果

变量	$d(M_{agr})$	$d(M_{cou})$	$d(M_{ind})$	$d(M_{inf})$	$d(M_{gre})$
$d(M_{agr})$	71.978	12.475	2.163	0.056	13.328
$d(M_{cou})$	0.342	94.643	3.865	0.228	0.922
$d(M_{ind})$	0.822	0.947	96.168	1.069	0.994
$d(M_{inf})$	0.033	4.402	0.546	72.400	22.620
$d(M_{gre})$	1.694	3.143	1.678	0.095	93.389

表 11-7 显示,最能解释自己的是"五化"自身滞后项,即农业现代化、城镇化、工业化、信息化和绿色化的滞后项对自身有 71.978%、94.643%、96.168%、72.400%和 93.389%的解释力度,所以"五化"协同发展还是要依靠自身内力推动;这也说明"五化"之中,无论哪个落后于其他几个,都会影响"五化"协同发展的进程。作为一个农业大国,当前我国农业现代化仍然相对落后,是"五化协同"发展中应该着重突破的问题,必须加强农业现代化建设的推进力度,切实贯彻实施工业反哺农业的发展方针,让农业现代化与其他"四化"形成良好的互动发展态势。另外,城镇化、绿色化、工业化和信息化的滞后项依次解释了农业现代化的0.947%、0.994%、0.822%、1.069%;农业现代化、绿色化、工业化和信息化的滞后项依次解释了城镇化的 3.866%、0.922%、0.342%和 0.228%;农业现代化、城镇

化、工业化和信息化的滞后项依次解释了绿色化的 1.694%、3.143%、1.678%和0.095%;农业现代化、城镇化、绿色化和信息化的滞后项依次解释了工业化的2.163%、12.475%、13.328%和0.056%;农业现代化、城镇化、绿色化和工业化的滞后项依次解释了信息化的0.546%、4.402%、22.620%、0.033%。从表中纵向数据来看,除去自身影响最大,总的来说绿色化对其他“四化”的影响力度均比其他的影响大,这也从另一种视角表明我国较长一段时间内的生产、生活和经济发展方式已经对生态环境有了较大破坏,强调经济发展绿色化,推动生态文明建设是实现经济可持续发展的必然选择和时代需要。同时从表中横向数据来看,农业现代化、城镇化、工业化和信息化依次解释了绿色化的1.694%、3.143%、1.678%和0.095%,由此可知,对绿色化影响最大的是城镇化,需要注重城镇化的发展质量。总体而言,农业现代化与城镇化的同步发展能促进城乡结构优化,而农业现代化则要依靠信息化的引导,工业化为信息化发展提供相应的动力支撑,“五化”之间互相作用、不可或缺。

第五节 政策建议

通过对综合评价模型的分析,发现“五化”存在长期均衡关系,可以构建VAR模型进行进一步分析;协整检验分析表明,“五化”存在长期协整关系;格兰杰因果检验则得到,在短期内工业化和城镇化是农业现代化的格兰杰原因;VAR(1)模型显示,滞后一期的“五化”协同发展在整体上能对当期任何“一化”水平起显著提升效果;脉冲函数表明“五化”之间虽然相互牵制,相互作用的力度以及作用的方向各自有所差距,但最终冲击会随着期数的增加逐渐变为零;方差分解表明“五化”之间互相作用、相互依靠、必不可少,但是任何“一化”对其自身的影响最大,因而“五化”建设最主要的还是依靠自身发展实现“五化协同”。为了更好地促进我国“五化协同”发展,笔者提出如下几点建议。

一、强化以工促农、以城带乡的作用机制

首先,积极发挥工业化对农业现代化的带动作用,努力实现农用机械的升级换代,从而提高农业科学技术应用水平,进而使农业现代化水平得到提升。其

次,通过对城镇第二、第三产业的发展,改善就业结构,增加就业渠道,使三农问题得以改善,增强农业现代化水平。第三,切实改变工业化、城镇化发展抢占社会资源的状况,合理配置城乡、工农间的资源。第四,加强对农村教育的扶持力度,向农民免费开办农用机械技术使用培训,提升其专业能力和实力,为其成为新型农民提供基础。

二、实现城乡一体化发展

消除城乡二元结构、城乡居民收入差距等制约因素,加快实现城乡发展一体化。首先,加大农村财税政策的减免力度,通过建立“三农”稳定投资机制等办法千方百计增加农民收入,逐渐缩小城乡居民间的收入差距。其次,大力发展与农业息息相关的非农产业,在拓宽农民收入渠道的同时还可以解决农村剩余劳动力问题。最后,切实保证公共资源能够在城乡之间得到均衡配置,逐步改掉公共资源向城市过度集中的趋势,努力实现城乡间社会各类资源配置平均,积极贯彻落实普惠、均配、一体化的公共服务体系。

三、加深信息化与其他四化的融合

首先,认真贯彻新型工业化要求。敢于运用信息手段促进我国老工业的转型升级,降低生产成本,提升生产效益;政府应鼎力扶助发展新兴信息技术产业,企业应奋发提升自主创新能力,建立属于企业自身的内部信息系统,学会利用信息技术管理企业,使管理计划能得到有效实施,利用信息技术随时了解行业的最新动态,以便在激烈的市场竞争中保持竞争优势。其次,努力使信息化与城镇化进一步协调,加强医疗信息化、社保信息化、政务信息化建设,加快向新型城镇化的发展转变。再次,重视信息化与农业现代化相协调,积极响应“互联网+农业”的国家政策,促进经济增长方式转变,努力实现农业生产向高效化方向发展。最后,坚持走绿色信息化发展道路,实现绿色信息产业在全国范围内发展,通过绿色信息化实现节能减排的目标,同时降低信息技术产品在生产和使用过程中的能源消耗量,减少环境污染程度,这是贯彻落实我国可持续发展战略目标的体现。

四、创新发展，形成实现绿色化的政策“突破口”

对于绿色化要敢于进行创新，不管是技术创新还是政策创新都必须引起足够重视。创新发展生态科技，对于中坚技术，要尽可能突破限制；加大国外先进技术的引进力度并敢于和善于再创新，并积极运用于生产领域中；加强对绿色产业的扶持力度，积极进行产业创新，重点发展以清洁能源为主、节能减排的新兴产业；创新绿色政策，积极完善与绿色化相关的制度法规，构建节约型社会、促进资源利用合理化、实现经济可持续发展，最终走向绿色文明。

第三部分

地区发展篇

◆第十二章◆

基于因子分析法的我国东部沿海地区物流能力评价

本章提要：以黑龙江、吉林、辽宁、河北、天津、山东、江苏、上海、浙江、福建、广东、海南等12个省市作为研究对象，依据科学性、全面性等原则，建立东部沿海地区物流能力评价指标体系，采用主成分分析法，对我国东部沿海经济区域物流能力进行评价。研究表明，经济水平、物流基础水平、环境竞争力等多个因素的共同制约和影响着物流能力的发展，我国东部沿海地区物流能力呈不均衡的发展状态，物流能力较强的主要都集中在经济发达和物流基础水平较高的地区。

在全球经济一体化进程快速发展的促进下，众多企业已经从企业间、供应链间的竞争转变为区域间的竞争。为了保持区域的优势地位，推动经济快速发展，区域应该充分利用区域内全部有效的物流资源并且使这些物流资源所形成的物流能力能够强劲地推动经济高速发展，因此，对区域物流能力展开研究是必不可少的。

近年来，国内外的一些学者曾经从不同角度研究区域物流发展水平，并采用各种分析方法进行了分析与评价，例如模糊综合评判、面板单位根与面板协整分析等。然而这些评价方法在过程的分析中具有一定的主观随意性，容易造成评价结果与实际的偏离。从国外对物流发展水平的研究分析结果来看，美国、日本和欧洲等一些物流业相对比较发达的国家和地区主要从两个层面来研究区域物流：一是站在企业物流的层面，通常使用数量化工具，从公司的不同角度对物流基础设施、合作计划协调、战略配送体系以及物流供应链运行等问题进行研究；二是站在宏观的层面研究政府在物流发展中的角色、物流协作以及可持续发展等问题。从国内的研究来看，海峰曾经指出区域物流是在一定的地理环境中，以大中型城市为中心，结合物流辐射的有效范围，对本区域的经济发展进行服务。

刘晓峰从微观、中观、宏观三个层面探讨区域物流对区域经济的促进作用，认为现代物流促进了区域经济的新型产业形成、优化产业结构，从而起到增加就业机会、降低企业运行成本、提高资源配置效率的重要作用，进一步促进了区域经济的快速发展。然而这些研究也只是局限于概念分析和定性分析两种分析方法，对区域物流的本质没办法进行较深的分析，所以得出的分析结果具有一定的片面性，不能全面、真实地反映区域物流的本质。在整合过程中如何客观、准确地评价东部沿海经济物流能力与区域经济协调发展之间的关系是一个严肃性的问题。本章采用主成分分析的方法，从区域内的经济水平、物流基础设施水平、环境竞争三个方面对东部沿海地区的物流能力进行分析，为东部沿海城市的发展提供一定的借鉴。

第一节 评价指标体系与研究方法

一、指标体系的建立

本着所选取评价指标必须具有系统性、典型性、动态性、可量化等特点，根据主成分分析的基本思路和实际分析情况，我们根据经济区域内各个地区的经济实力、物流基础水平和环境竞争力三个方面确定评价指标，能够综合反映出区域经济与区域物流能力的发展情况，结合统计年鉴相关统计数据，选取如下指标：人均 GDP(x_1)、地区生产总值(x_2)、居民消费额(x_3)、货物周转量(x_4)、境内公路密度(x_5)、营业性运输车量(x_6)、公路货运量(x_7)、邮电业务总量(x_8)、出口总额(x_9)，如表 12-1 所示。

表 12-1 东部沿海地区区域物流能力评价体系

评价指标	单位	代码
人均 GDP	元	x_1
地区生产总值	亿元	x_2
居民消费额	元	x_3
货物周转量	亿吨公里	x_4

续表

评价指标	单位	代码
境内公路密度	公里/万平方公里	x_5
营运性运输车辆	万辆	x_6
公路货运量	万吨	x_7
邮电业务总量	亿元	x_8
出口总额	千美元	x_9

二、分析模型的选择及基本思路

因子分析是一种常用的统计方法,其根据所研究变量之间的内部依赖关系,应用简化数据的技术,用少数几个“抽象”的变量来表示所观测数据的基本数据结构,进而达到指标降维的目的。因子分析一般的数学模型如下:

$$X_i = l_{i1}F1 + l_{i2}F_2 + \cdots + l_{im}F_m + \xi_i$$

其中,$F_1, F_2, \cdots, Fm$ 为随机变量,称为公共因子,每一个随机变量 x_i 线性依赖于这些公共因子;l_{ij} 是第 i 个变量在第 j 个因子上的载荷(其中 $j = 1,2,\cdots,m$),称为因子负载。

世界经济一体化的发展速度在不断地加快,使得区域经济一体化也快速发展,同时长期和稳定的区域物流发展水平也随之稳步提高。整个区域经济发展的水平在区域物流的发展带动下也稳步上升,与此同时,区域物流的发展帮助地方经济取得良好的竞争优势,在整体发展中也获得相应的协调与提高,两者存在相互促进的关系。区域物流能力的评价指标涉及内容较多,而且这些指标之间具有一定的独立相关性,为了剔除多重共线性的影响,避免主观随意性,本研究采用因子分析的方法,从这些关系错综复杂的指标中提取少数几个主要因子进行分析,从而能够有效地对我国东部沿海经济区域的物流能力进行评价与分析。

第二节 东部沿海经济区域物流能力的评价

一、研究对象与数据来源

以黑龙江、吉林、辽宁、河北、天津、山东、江苏、上海、浙江、福建、广东、海南等12个省市作为研究对象，查阅2013年《中国统计年鉴》整理可得相应指标数据，如表12-2所示。

表12-2 2012年东部沿海经济区域原始数据

地区	x_1	x_2	x_3	x_4	x_5	x_6	x_7	x_8	x_9
黑龙江	35711	13691.58	11601	2002.33	0.3535	46.59	47465	329.81	14435173
吉林	43415	11939.24	12276	1596.11	0.4891	32.13	47130	262.91	2585300
辽宁	56649	24846.43	17999	11563.68	0.727	67.36	174355	516.07	57959053
河北	36584	26575.01	10749	10604.96	0.8714	103.22	195530	598.29	29598202
天津	93173	12893.88	22984	7844.06	1.3269	12.4	27735	185	48312563
山东	51768	50013.24	15095	11077.78	1.5943	105.09	296754	891.57	128709205
江苏	68347	54058.22	19452	7904.05	1.5264	65.98	42911	1120.36	328523522
上海	85373	20181.72	36893	20373.37	1.9822	19.6	42911	637.93	206730168
浙江	63374	34665.33	22845	9183.41	1.1132	54.06	113393	1025.09	31240276
福建	52763	19701.78	16144	3871.45	0.7769	25.66	59431	592.9	15593796
广东	54095	57067.92	21823	9566.24	1.1006	90.66	189034	2161.56	574050767
海南	32377	2855.54	10634	1548.05	0.7151	6.17	16600	104.89	3136100

二、因子分析步骤

采用SPSS17.0统计软件进行因子分析测算，首先对原始数据进行KMO值和Bartlett球形检验，以判定是否适合应用因子分析的方法，检验结果如表12-3所示。

表 12-3 KMO 和 Bartlett 的检验

	取样足够度的 Kaiser-Meyer-Olkin 度量	0.578
Bartlett 的球形度检验	近似卡方	98.484
	df	36
	Sig.	0.000

由表 12-3 可知,Bartlett 检验值为 98.484,$P=0.000<0.05$,KMO 检验测度值为 0.578,这反映了选取的变量指标间存在着较强的线性关系,因此适合做因子分析。由表 12-4 可知,变量的相关系数矩阵有三个大于 1 的特征根:4.433、2.811、1.018,且累积贡献率已经达到 91.805%,超过了 90%,基本上能反映 9 个指标的信息,故可以把其作为公共因子来分析。

表 12-4 解释的总方差

成分	初始特征值			旋转平方和载入		
	合计	方差的 %	累积 %	合计	方差的 %	累积 %
1	4.433	49.259	49.259	3.286	36.512	36.512
2	2.811	31.237	80.496	2.626	29.183	65.695
3	1.018	11.309	91.805	2.350	26.110	91.805
4	0.316	3.514	95.318			
5	0.199	2.211	97.529			
6	0.102	1.138	98.667			
7	0.095	1.053	99.720			
8	0.017	0.189	99.909			
9	0.008	0.091	100.000			

为了使公共因子对实际问题的分析更加准确,加强其对实际问题的解释能力,首先对载荷矩阵进行因子旋转,并且选用方差最大化正交旋转,经 6 次旋转后,得方差旋转成分矩阵(见表 12-5)。一般而言,一个变量与主成分因子的联系系数绝对值越大,表明这个变量与该因子之间的关系越强,比如,在表 12-5 中,x_1 与第一因子的值达到了 0.919,然而与第二因子、第三因子的值却分别为 0.213、-0.213,可见其与第一因子的关系更强,与第二因子、第三因子的关系较弱。

表 12-5 旋转成分矩阵

变量	成分		
	1	2	3
x_1	0.919	0.213	-0.213
x_2	0.882	0.241	0.138
x_3	0.878	0.092	-0.270
x_4	0.871	0.084	0.383
x_5	0.258	0.928	0.071
x_6	0.134	0.917	0.303
x_7	0.192	0.785	0.516
x_8	0.006	0.184	0.953
x_9	-0.110	0.393	0.891

从表 12-5 可知,公共因子 F_1在 x_1、x_2、x_3、x_4上的载荷值都很大,分别为 0.919、0.882、0.878、,0.871,这四项指标表示的都是在物流能力发展过程中,经济区域生活水平的高低,因此确定区域经济水平因子为公共因子 F_1;而公共因子 F_2在 x_5、x_6、x_7上的载荷比较大,分别为 0.928、0.917、0.785,这三项指标表示的都是区域物流基础设施水平,因此可以确定区域物流基础水平因子为 F_2;第三个公共因子 F_3在 x_8、x_9上的载荷相对比较大,它们均反映了经济区域对物流的需求,因此将公共因子 F_3确定为环境竞争力因子。最后进行因子评分,东部沿海地区各省市的主成分因子得分可以由 SPSS 软件直接得到,以各主成分因子的方差贡献率作为权重,用如下公式可以计算得到各地区的综合得分。

$$F_{综}=0.3651\times F_1+0.2918\times F_2+0.2611\times F_3$$

各公共因子的得分和综合得分,及各自排序如表 12-6 所示。

表 12-6 东部沿海地区区域物流发展因子得分和综合得分及排序

地区	F_1		F_2		F_3		$F_{综}$		聚类
	得分	排序	得分	排序	得分	排序	得分	排序	
黑龙江	-1.21459	12	-0.33505	6	-0.43286	6	-0.54125	10	1
吉 林	-0.99016	10	-0.43899	8	-0.63458	9	-0.65533	11	1
辽 宁	0.10814	6	-0.63652	10	0.80352	3	0.063528	7	1
河 北	-0.45136	8	-0.68937	12	1.57545	2	0.045371	8	1

续表

地区	F_1		F_2		F_3		$F_{综}$		聚类
	得分	排序	得分	排序	得分	排序	得分	排序	
天　津	0.99712	2	−0.66733	11	−1.02952	12	0.099486	6	3
山　东	0.30585	4	−0.14465	4	2.0638	1	0.608317	3	3
江　苏	0.2428	5	1.3993	2	−0.47484	7	0.373028	4	2
上　海	2.39178	1	−0.34284	7	−0.55247	8	0.628986	2	3
浙　江	0.35221	3	0.04798	3	0.10867	5	0.170975	5	3
福　建	−0.46566	9	−0.17236	5	−0.6398	10	−0.38737	9	1
广　东	−0.24665	7	2.61487	1	0.19846	4	0.724859	1	2
海　南	−1.02949	11	−0.63504	9	−0.98583	11	−0.81861	12	1

第三节　结论分析与政策建议

一、研究结论分析

从因子的单项排序来看，各地区在各个因子排名的先后顺序并不一致，上海、天津、浙江、山东等地区在 F_1 因子上的分值较高，这是由于这些地区所具备的良好经济环境和政府政策支持等因素，使得这些地区的物流能力较强。广东、江苏、浙江等地区在区域物流基础水平因子 F_2 上的分值排名居前，是由于各个产业对物流的需求较大，这些地区加强对物流基础设施的建设，它们在物流基础水平上领先于其他省份。而在 F_3 区域环境竞争力因子上，山东、河北、辽宁、广东地区的排名靠前，是由于这些地区得天独厚的环境优势，地区的环境竞争力明显大于其他地区。综合这三项公共因子，黑龙江、吉林、海南等地区的整体排名靠后，呈现两边排名低于中间的趋势。

进一步采用快速聚类法，对各东部沿海地区物流能力的综合得分进行聚类分析，可以将这些区域划分为三类，如表 12-6 所示。从聚类分析的排名来看，东部沿海经济区域物流能力发展不均衡。根据聚类分析的结果可以看到，天津、山东、上海、浙江等区域的物流能力较强，主要都集中在经济发达和物流基础水平较高的地区；江苏、广东等地区次之；福建、黑龙江、吉林、辽宁、河北、海南等地区被列为第三类。从第一类到第三类，东部经济区域物流能力呈递增趋势。

综合以上分析可以看出，首先，经济水平较高不代表着有较高的物流基础水平，例如上海、天津等地区的经济水平因子排名靠前，但是它们的物流基础水平处于较低状态，这是产业结构分布不均衡的结果；其次，物流基础水平较高也不代表环境竞争力较强，例如江苏的物流基础水平排名第三，而环境竞争力排名较后；最后，环境竞争力较强的地区，它们的经济水平排名处于中后位置，两两公共因子之间不存在绝对的关系，却同时影响着物流能力的发展，使得东部沿海地区的物流能力发展不均衡。

总体而言，我国东部沿海经济区域的物流能力发展状况呈现出区域发展不平衡的状态，在经济水平、物流基础水平、环境竞争力等因素的制约下，各地区的物流能力各有差别，特别是中部地区与两端的地区之间存在着较为明显的差异。因此，经济区域如果要继续发展物流能力，必须竭尽所能克服物流能力发展的区域不平衡，缩小地区之间物流能力的差距；必须加强物流能力的投入强度，加强物流能力体系的构建，激活物流能力发展的积极性，实现东部沿海地区物流能力的协调发展。

二、政策建议

（一）以政府为主力推进经济区域物流能力的协调发展

物流贯穿于国民经济运行的各个环节，区域物流的发展可以有效推动区域经济的发展，区域经济的发展又进一步促进区域物流产业的发展，两者的发展互为支撑、相互促进。因此政府部门作为指导者，应该充分发挥其指导作用，应该对现行的物流产业规章制度进行必要的改善，同时组织制定完善、规范的物流发展政策来推动整个区域物流业的发展，为物流产业的发展提供良好的政策环境，在一定基础上有效地提高区域的物流能力，推动经济区域现代物流业的健康发展。

（二）完善物流基础设施建设

加大对于物流基础设施建设的投入力度，完善交通、通信等提供能力，是提升区域物流能力的一个重要措施，也是区域物流保持较高服务水平的重要基础。

东部沿海地区物流业的发展尽管领先国内其他地区,但还落后于世界其他发达地区。为了促进我国东部沿海地区物流业的发展,应从政府和企业两个方面加大对这方面的投入力度来提高物流基础设施的综合水平。从政府方面来看,应该发挥政府的规划引导作用,做好区域物流基础设施的规划布局,加大对于物流基础设施的建设投入,加强区域内现代综合交通运输系统以及其他物流服务设施的建设指导工作,从企业方面来看应采取各种途径筹集大量资金引进多元化的市场设施设备以及先进的物流技术来提高物流服务水平。

(三)加快建设现代化的物流信息平台

物流业务信息化是传统物流走向现代物流的关键点,经济区域要想提升物流能力必须充分认识到信息化对物流现代化的重要作用。经过改革开放三十多年的发展,依靠区位和政策优势,东部沿海地区已经具有较高的经济发展水平,为现代物流业的发展提供有力的保障。加快建设现代化的物流信息平台是促进区域物流业发展不可缺少的重要角色,所以区域政府应加大物流信息化工程的建设,在区域范围内搭建以个统一的公共物流信息网络平台,集中全区域的综合物流信息,使物流企业与制造商、供应商及相关单位链接起来,实现资源共享、信息共用。

(四)加强资源整合,发挥优势,平衡各地物流发展

各地经济发展水平和地域优势的不同使得东部沿海经济区域在物流能力发展不均衡,因此,东部沿海经济区域要想成立物流中心,东部沿海地区就要合理地规划,结合自身经济发展水平和区位优势,发展现代物流,必须做到分工合理、特色突出、优势互补。同时利用已有的重点港口、机场和铁路、公路等,通过细分市场、明确定位等方式发展多样化的第三方物流;积极发展第三方物流和港口物流,引导已有大型物流企业进行企业物流重组,充分运用供应链管理的思想,发展适合自身需求的物流模式。

◆第十三章◆

我国东部地区物流产业集聚与经济增长关联分析

本章提要:产业集聚不仅可以给地区经济发展带来外部规模经济,提高生产效率,降低生产交易成本,还可以增加就业机会,不断创造社会价值。近几年来,随着我国物流产业的不断快速发展,并形成了物流产业集聚,对我国国民经济的发展做出了相当重要的贡献。本章采集2004—2013年的统计数据,利用区位熵方法测算我国东部地区11省市的物流产业集聚度,并采用灰色关联模型对11省市物流产业集聚经济发展的关联性进行研究。研究表明我国东部地区11省市的物流产业集聚与经济发展之间的灰色关联程度一般。

随着全球电子商务的广泛应用以及经济日益全球化的发展,被誉为“第三方利润源”的现代物流业也蓬勃发展起来,其对国民经济的发展起到了举足轻重的作用。产业集聚在近几年来也快速发展并对地区经济发展做出了重要贡献,使得它自己成为国内外学者的重要研究对象。产业集聚作为域经济增长的关联性研究,国内外的学者纷纷都提出了自己的见解。早在1890年的时候,马歇尔就在其著作《经济学原理》中阐述了自己对产业集聚相关概念的理解,即产业集聚不仅可以给地区经济发展带来外部规模经济,提高生产效率,降低生产交易成本,还可以增加就业机会,不断创造社会价值。在20世纪30年代,E.M.胡佛提出了产业集聚最佳规模论,认为集聚企业不能太多也不能太少,否则达不到预期效果。然而克鲁格曼(Krugman),则认为市场需求、外部经济、产业地方化这三个方面是认为产业集聚能形成的主要原因。韦伯的工业区位论则认为产业的集聚能够获得较大的经济效益,这种经济效益在企业分散的情况下是很难取得的。20世纪90年代以后,我国的一些学者们也致力于产业集聚的研究,在做出了对产业集聚的调查、经验研究以及大量的深入分析与探讨后,国内学者们也取得了一些成功。

目前,虽然国内外对于产业集聚的研究已逐步成熟,但是关于物流产业集聚的研究还是较少的,特别是我国针对物流产业集聚这一块的研究还是处于起步阶段。近几年来,我国物流产业不断发展壮大并成为一个独立的新兴产业,物流产业集聚也逐渐成为国内外学者们的研究课题。比如:田琳(2011)对辽宁省物流产业集群的发展现状进行探讨研究,在对辽宁省进行相关了解后采用定量和定性分析相结合的研究方法剖析出对其物流产业发展的不利因素,并针对如何提升其物流产业发展给出了相关有效的建议及对策。赵小荣(2013)运用产业集群研究了青岛港口经济的发展状况,并集理论与实证为一体研究表明了通过运用相关产业集群理论来研究青岛港口经济具有一定的可行性以及港口必将成为一些产业集聚的必然性。国内学者也纷纷撰文研究了产业集聚的发展状况以及其对经济发展的影响因素和相关作用,并针对如何提升经济的发展与竞争力提出了相关有效的建议及对策。目前,国内一些与物流产业集聚与经济发展关系研究相关的文献基本上是侧重于定性的探讨研究,而有关定量方法研究的文献则较少。物流产业集聚与区域经济增长之间的关系密切、不可分割,本章运用定量方法从以下三个方面对物流产业集聚与经济发展进行研究:一是对物流产业集聚的相关理论分析及其形成条件、因素和机理方面的研究;二是阐述物流产业集群的发展模式及测算方法对比;三是对物流产业集聚与区域经济关系方面的研究。首先通过建立区域物流产业集聚与经济发展的评价指标体系,以东部地区 11 省市为例,运用区熵位法对物流产业集聚进行测算,并应用灰色关联度方法对物流产业集聚度与东部地区 11 省市区域的经济发展关联度进行实证研究。

第一节 物流产业集聚的相关理论分析

一、物流产业及物流产业集聚的相关定义

近几年来,随着物流产业的不断发展以及其在国民经济中越来越重要的作用,物流产业在被确认为十大振兴产业之一后,一些学者和企业在把物流作为一个产业的话题上也达成了共识,但对于物流产业的相关概念却不一致。物流产业是一个比较复杂的产业,它所涉及的可以说是国民经济活动的各个环节,所以对

物流产业相关概念的界定也是具有一定的难度的。

有关物流产业集聚的定义也是一个比较有争议的话题,学者们都各执一词并纷纷从自己的角度、立场上给出了相关见解。比如,迈克尔·波特(1998)指出,集群是指在一些性质相似且关系密切的企业及相关机构、单位在某一特定区域中的集聚,并形成了持续竞争的现象;文海旭(2005)认为,物流产业集聚是以物流企业为核心,在某一特定的空间范围内,具有竞争、合作关系的供应商及相关产业商家,在集中的同时保持持续竞争合作优势的一种现象;禾祺夫(2010)认为,物流产业集聚是在某一特定的区域内,以物流产业为主导且具有专业化分工与合作的物流企业及其相关单位,以生产加工及其流通行业等有着密切联系的相关单位为重要组成部分,并以管理部门、运输枢纽设施、中介组织和科研开发组织为支撑机构。

综上所述,本章认为在某一特定的空间范围内,以物流产业(包括仓储、运输、装卸搬运、包装加工以及配送等等)为主导,大量产业联系密切的企业以管理部门 、交通运输(铁路、公路、港口、机场等)、中介组织和科研开发组织为支撑机构的有着专业化分工与合作的物流相关企业、单位的集聚现象称为物流产业集聚。

二、物流产业集聚的形成因素、条件及机理

任何一个产业集聚的形成都不是凭空而生的,都是通过几个不同因素的不同作用而形成的,以下从环境、政府、市场以及集群层面这三个因素来分析物流产业集聚的形成。

(一)环境层面影响因素

物流产业集聚是在一定的环境下形成与发展的,在物流产业集聚的形成与发展过程中,环境不仅有着诱导和促进的作用,而且对物流产业集聚的发展也有着推动、阻碍的功能。其发展的驱动因素又分为自然环境、基础设施环境以及社会环境。

1.自然环境

物流产业集聚的形成与发展离不开自然环境的影响,具有很强的依赖性。如:码头、海港等自然资源对于物流产业集聚的形成与发展是至关重要的。运输环节可以说是物流产业不可缺少的重要组成部分,在相同时间、批量、地点的情

况下，成本最低的运输方式将成为物流企业的首要之选，此时区位作用就会凸显出来，如：可以方便连接水路、陆路、航空等运输方式的区位。

2.基础设施环境

基础设施环境对物流企业的成长与发展有着一定的影响作用，其主要包括交通、信息网络、城市管网等对生产具有辅助作用的公共设施。物流产业的集聚对基础设施的需求是必不可少的，企业为了节约成本，追求更大利润，在区位的选择上肯定会考虑基础比较完整的，所以说基础设施环境将直接影响物流产业集聚区位的选择。基础设施的完善能间接地提高企业利润，使更多的企业聚集在某一特殊的区域内，完善的基础设施可以推动物流产业集聚的发展，降低物流成本，提高工作效益，所以物流产业集聚在形成与发展的过程中会选择基础设施完善的地区。

3.社会因素

社会环境对物流产业集聚的发展是至关重要的，产业集群是许多联系密切的企业围绕着核心企业在空间上聚集的一种现象，它需要一种无形的社会网络来连接。物流产业集聚必须好好利用良好的社会环境，才能获取更大的利润。

（二）政府层面影响因素

政府作为社会经济政策环境的调控者，虽然不直接对市场经济活动进行干涉，但通过制定、颁布与实施一定的政策法规来规范企业的市场行为。政府对物流产业集聚的影响主要表现在政策法规的制定（通过制定投资、融资政策影响物流产业的发展）、公共物品的供给（政府对公共物品的供给价格控制直接影响着物流产业集群的形成）以及市场环境的维护（在物流产业的发展过程中，市场的不确定性和环境的动荡性会导致市场的混乱，政府通过对市场环境的维护可以保证物流产业集聚的顺利建立与良好运行）三个方面。

（三）市场以及集群层面影响因素

物流产业集聚是物流相关企业、单位在特定的市场环境下慢慢形成与发展的，这两者之间的发展变化相互作用，关系密不可分，市场需求集聚和社会分工专业化是其主要组成部分。物流企业追寻集群效应是物流产业集聚形成的表现，物流企业与其他企业通过信息平台实现各种资源的共享，从而提高了物流集聚的服务质量与多元化，形成物流企业的外部规模经济。对外部规模经济的探索与追求是物流产业集聚形成与发展的一个重要原因之一。

第二节 物流产业集聚的发展模式及测算方法对比

一、物流产业集聚的发展模式

物流产业集聚的发展模式有诸多相关因素,大多数研究观点认为其发展模式可划分为地理禀赋型、主导产业依附型、资源共享型以及政府主导型四种发展模式。

(一)地理禀赋型

地理禀赋型的物流产业集聚就是在区域优势的基础上所形成的集聚,这种区域优势主要包括社会基础设施和地理条件。基础设施主要包括公路、铁路、航空等交通枢纽,这些交通枢纽不仅是货物集散的重要场所,也是物流产业活动的重要平台。比如,港口是多种运输方式的交汇处,是物流产业发展的重要节点,有利于物流产业集聚的集中。

(二)主导产业依附型

在满足主导产业相关需求为前提的情况下,聚集在主导产业附近的一种发展模式称为主导产业依附型的物流产业集聚。主导产业依附型的物流产业集聚伴随着市场需求的产生而产生,从以前传统而简单的提供运输、储存的物流企业,到现在与合作伙伴发展成为战略合作伙伴的转变。

(三)资源共享型

物流企业为了提供更好的服务质量和实现利益最大化,会选择聚集在一起建立可靠的战略合作伙伴关系,实现硬件资源(仓库、道路等基础设施)、软件资源(信息资源)的共享,从而一起获取外部规模经济和外部范围经济。

(四)政府主导型

由上到下,并以物流园区为依托而形成的产业集聚称为政府主导型。这种发展模式是由上级政府制定相关法规、政策并批准,从而划出特定的区域,再由政府统一组织并集中建立,并大力进行招商以吸引更多的物流企业入驻该集聚区。

二、测算方法的对比

产业集聚程度的测算方法以及评价指标比较多，由于各种方法都具有其可取之处以及存在的缺陷，为了更全面、准确地了解东部地区 11 省市的物流产业集聚现状与经济发展之间的联系，对产业集聚测算方法进行比较分析，如表 13-1 所示。

表 13-1 产业集聚测算方法评述

测算方法	缺点	优点
空间基尼系数	计算未考虑企业规模，带有一定的虚假成分	简便直观
H 指数	数据获取较为困难	能反映企业规模之间的差距大小及产业集中度
产业集中度	数据难获得，选取企业数量不同会导致处理的结果有差异	计算简单，能反映某一产业的集中情况
EG 指数	数据难以获得，适用性较差	弥补了空间基尼系数的缺点
区位熵	计算未考虑地区经济发展水平，区位熵最大的未必是产业集聚度最高的	数据易得、计算简单，较好地反映地区产业集聚情况
动态集聚指数	未考虑到基数的不同，评价有利于产业规模较小的地区	能反映集聚水平的动态变化

第三节 东部地区物流产业集聚度测算

一、研究对象选取及方法的确定

（一）研究对象的选取

目前，大多数与物流产业集聚有关的文献研究都停留在个别省份、相关行业以及区域物流产业集聚度的测量上,但对东部地区 11 省市物流产业集聚与地区经济发展关联性的研究却很少,特别是缺乏对东部地区 11 省市物流产业集聚进行细致的研究分析。考虑到东部沿海省份的经济发展对我国国民经济的发展有着举足轻重的作用,以及东部物流产业的发展在我国物流产业发展中处于重要地位,因此,本研究以东部省份的物流产业集聚与经济增长的关联性作为研究对象。按照国家统计局的划分方法,我国各个省份划分有常规分类、热点地区、八大经济区域以及三大地带等不同分类方法,其中热点地区包含长江三角洲、环渤海地区、泛珠三角、东部地区和西部地区;三大地带包含东部地带、中部地带以及西部地带,这两大分类都分别包含了东部 11 个省份。为了保证样本及指标的完备性和可靠性,本章所研究的东部地区 11 个省市、自治区,包括北京、天津、河北、辽宁、上海、江苏、浙江、福建、山东、广东、海南。

(二)研究方法的确定

研究文献表明,目前国内已有较多学者通过区位熵的测算方法来研究分析我国各省市、地区的物流产业集聚发展现状。比如,葛金田、沈鹏飞、陈宁宁(2012)通过运用区位熵法计算研究,认为济南市的物流产业集聚水平低、不明显,与全国相比较还是存在着较大的差距。颜明旭(2014)通过运用区位熵法来计算福建省的物流产业集聚水平,认为福建省物流产业集聚的专业化程度要明显高于全国平均水平。还有其他多位学者采用区位熵方法来分析研究我国东部、中部、西部等各个地区的物流产业集聚程度的高低。因此,采用区位熵法对物流产业集聚程度进行测算具有可行性。

二、区位熵的原理

区位熵即 LQ 指数,由哈盖特提出(P.Haggett),它不仅可以衡量某一区域要素的空间分布情况,还能充分反映某一行业部门的产业集聚程度。LQ 指数的计算公式为:

$$LQ=\frac{p_{ki}/p_i}{p_k/p}$$

在此公式中,LQ 表示某一省份、区域的 i 行业的区位熵,p_{ki} 为某一省份、区域的 i 行业的相关指标(例如生产值、从业人员等);p_i 为某一省份、区域行业的相关指标;p_k 指 i 行业在全国的相关指标;p 为全国所有产业的指标值。区位熵可以测度某一省份、地区的产业聚集与全国产业集聚水平之间的差异程度,LQ 的值越高,表明该地区产业集聚水平就高。一般来说,*LQ* 的划分标准如表 13-2 所示。

表 13-2　物流产业集聚系数的划分标准

LQ 的值	意义
LQ>1	*k* 地区的区域经济在全国来说具有优势
LQ<1	*k* 地区的区域经济在全国来说具有劣势

区位熵方法简便易行,可在一定程度上反映出各个省份、地区的产业集聚水平。

三、我国东部地区物流产业集聚度测算

以中国统计局的行业分类划分为标准,物流产业并没有单独被列为一个行业,因此没有关于物流产业的相关数据,但是交通运输、仓储和邮电业作为物流产业的主要组成部分,考虑到数据的可靠性以及可行性,以该产业来代替物流产业进行研究分析具有合理性,很多学者也都采用这个方法。本章以交通运输、仓储和邮电业产值作为考察指标(产值更能反映物流产业与经济发展之间的关系),并以这些生产值来计算、研究东部地区 11 省市的物流产业集聚现象。本章对东部地区 11 省市物流产业按照区位熵的方法,并以 2004—2013 年的 10 年产值数据进行计算,为保证数据的准确性及可靠性,数据均以各年《中国统计年鉴》的统计数据为准,从而确定东部地区 11 省市的物流产业集聚水平。全国和东部地区 11 省市 2004—2013 年国内生产总值和物流业产值分别如表 13-3 和表 13-4 所示。

表 13-3　全国和东部地区 11 省市 2004—2013 年国内生产总值

单位:亿元

年份	全国	北京	天津	河北	上海	江苏	浙江	福建	辽宁	山东	广东	海南
2004	167922.6	6033.2	3111.0	8477.6	8072.8	15003.6	11648.7	5763.4	6672.0	15021.8	18864.6	819.7
2005	199228.1	6969.5	3905.6	10012.1	9247.7	18598.7	13417.7	6554.7	8047.3	18366.9	22557.4	918.8
2006	232836.7	8117.8	4462.7	11467.6	10572.2	21742.1	15718.5	7583.9	9304.5	21900.2	26587.8	1065.7
2007	279737.9	9846.8	5252.8	13607.3	12494.0	26018.5	18753.7	9248.5	11164.3	25776.9	31777.0	1254.2

续表

年份	全国	北京	天津	河北	上海	江苏	浙江	福建	辽宁	山东	广东	海南
2008	333314.0	11115.0	6719.0	16012.0	14069.9	30982.0	21462.7	10823.0	13668.6	30933.3	36796.7	1503.1
2009	365303.7	12153.0	7521.9	17235.5	15046.5	34457.3	22990.4	12236.5	15212.5	33896.7	39482.6	1654.2
2010	437042.0	14113.6	9224.5	20394.3	17166.0	41425.5	27722.3	14737.1	18457.3	39169.9	46013.1	2064.5
2011	521441.1	16251.9	11307.3	24515.8	19195.7	49110.3	32318.9	17560.2	22226.7	45361.9	53210.3	2522.7
2012	576551.8	17879.4	12893.9	26575.0	20181.7	54058.2	34665.3	19701.8	24846.4	50013.2	57067.9	2855.5
2013	630009.3	19500.6	14370.2	28301.4	21602.1	59161.8	37568.5	21759.6	27077.7	54684.3	62164.0	3146.5

表 13-4 全国和东部地区 11 省市 2004—2013 年物流业产值

单位:亿元

年份	全国	北京	天津	河北	上海	江苏	浙江	福建	辽宁	山东	广东	海南
2004	9817.9	356.8	222.8	585.4	493.6	603.8	444.7	406.9	425.0	782.6	859.7	57.6
2005	11370.6	403.3	277.2	790.2	571.6	798.1	513.7	447.2	493.8	972.9	1031.9	61.9
2006	13323.8	455.2	302.2	938.5	643.9	953.6	635.2	521.2	572.3	1193.3	1208.8	70.4
2007	15403.9	497.6	334.7	1155.6	682.8	1101.2	748.6	626.3	665.6	1334.6	1418.6	76.8
2008	17642.6	498.9	436.4	1337.5	713.0	1346.3	843.2	703.7	734.1	1721.2	1634.5	82.6
2009	18398.0	556.6	471.0	1491.9	635.0	1423.3	888.0	751.4	790.6	1742.3	1595.3	88.7
2010	21510.7	712.0	585.4	1745.9	834.4	1768.3	1076.7	871.2	926.8	1971.0	1825.3	101.9
2011	24845.6	809.0	632.1	2046.2	868.3	2127.9	1207.0	963.9	1143.2	2328.4	2090.4	119.7
2012	27555.1	816.3	683.6	2212.9	895.3	2352.4	1278.9	1090.1	1297.2	2516.2	2367.5	133.4
2013	29864.6	883.6	725.1	2377.6	935.1	2530.0	1326.0	1176.2	1384.1	2746.1	2604.4	141.0

由表 13-3 可看出,东部地区 11 省市 2004—2013 年的生产总值都呈上升趋势,广东省的生产总值相对其他省份来说是最高,海南则是最低。

由表 13-4 可看出,东部地区 11 省市的交通运输、仓储、邮电业产值不断上升,其中广东省 2004—2007 年和山东省 2008—2013 年的交通运输、仓储、邮电业生产总值比其他省份都要高,海南省的交通运输、仓储、邮电业产值还是最低。

根据区位熵计算公式,计算得到东部地区 11 省市物流产业集聚度系数,结果如表 13-5 所示。

表 13-5 东部地区 11 省市 2004—2013 年物流产业集聚系数

年份	北京	天津	河北	上海	江苏	浙江	福建	辽宁	山东	广东	海南
2004	1.011	1.225	1.181	1.046	0.688	0.653	1.208	1.089	0.891	0.779	1.203
2005	1.014	1.243	1.383	1.083	0.752	0.671	1.195	1.075	0.928	0.802	1.180
2006	0.980	1.183	1.430	1.064	0.766	0.706	1.201	1.075	0.952	0.795	1.154
2007	0.918	1.157	1.542	0.993	0.769	0.725	1.230	1.083	0.940	0.811	1.112
2008	0.848	1.227	1.578	0.957	0.821	0.742	1.228	1.015	1.051	0.839	1.038
2009	0.909	1.243	1.719	0.838	0.820	0.767	1.219	1.032	1.021	0.802	1.064
2010	1.025	1.289	1.739	0.988	0.867	0.789	1.201	1.020	1.022	0.806	1.003
2011	1.045	1.173	1.752	0.949	0.909	0.784	1.152	1.079	1.077	0.824	0.996
2012	0.955	1.109	1.742	0.928	0.911	0.772	1.158	1.092	1.053	0.868	0.977
2013	0.956	1.064	1.772	0.913	0.902	0.745	1.140	1.078	1.059	0.884	0.945

由表 13-5 可以看出,东部地区 11 省市在物流产业集聚水平上存在着一定的差异性,且物流产业集聚系数都围绕 1 上下波动,总体而言产业聚集程度一般。其中天津、河北、福建以及辽宁的物流产业集聚系数均大于 1,这充分说明了天津、河北、福建以及辽宁的物流产业的专业化程度要比全国水平都来得高,存在着明显的物流产业集聚现象;北京 2004—2005 以及 2010—2011 年、上海 2004—2006 年,山东 2008—2013 年,海南 2004—2010 年的物流集聚系数大于 1,其余年份的物流产业集聚系数均小于 1,这说明物流产业集聚较为明显;江苏、浙江以及广东的物流产业集聚系数均小于 1(广东的计算结果可能与其地区经济的发展有一定差异,这也正表明了区位熵的局限性,即没有充分考虑到地区经济水平的差异),说明江苏、浙江以及广东的物流产业的专业化程度与全国水平相比较低,也充分表明这三个省份的产业集聚现象相对来说还较为不明显。江苏、浙江及广东这三个省份的物流产业集聚系数明显低于其他省份,可能与其地区经济发展的驱动因素具有一定的关系,从地理区位上来看,长江三角和珠江三角洲是我国经济发展最迅速、经济实力最强的区域。处于珠江三角洲的广东省主要以外向型经济为主,产业结构由传统的农业经济向制造业转变,在农业产业格局基本形成的基础上,以农村工业化的发展带动地区经济发展等等。而影响江苏、浙江省经济发展变化的驱动因素有经济、政策、交通等变量,如:中国加入 WTO 后江苏、浙江的出口产业也凭自身的优势地位得到了进一步的加强;根据国家及

长江三角洲的“十五”规划，江苏无锡强化自身的交通枢纽、区域经济中心功能，常州也在努力发展自身优势等等。

第四节　东部地区物流产业集聚与经济发展灰色关联分析

由于物流产业集聚与地区经济发展之间的关系及其影响因素比较错综复杂，研究文献表明，灰色关联分析法对于研究系统中各因素间的关系是一种很好的方法，即使是有限的数据，它也能够进行灰色关联研究，而且计算所得的结果具有较强的说服力和影响力。近几年来，已有较多研究文献通过灰色关联分析法对我国相关省份和地区的物流产业集聚与经济发展之间的关系进行研究分析。比如，关高峰、董千里、白泽平(2012)应用灰色关联对我国中部地区进行了研究，认为中部地区的物流产业集聚与经济发展之间的灰关联水平相对来说还是较高的；王晶琼、张凤济、刘俐(2011)通过采用灰色关联分析法对苏北物流产业集聚与经济发展进行分析，从而找出影响苏北物流经济发展的主要因素。以下进一步应用灰色关联度方法对东部地区 11 省市的物流产业集聚与经济发展的关系进行研究。

一、灰色关联度介绍

灰色关联度主要指在发展过程中随时间或空间的变化也跟着发生相对变化的两个系统间的关联程度。若这两个系统在发展过程中的变化趋势具有一致性，则其关联程度较高；反之，则较低。因此，灰色关联分析方法是根据因素之间发展趋势的相似或相异程度，亦即“灰色关联度”，作为衡量因素间关联程度的一种方法。

二、灰色关联度计算

(1)首先确定参考序列，即物流产业集聚度为 $X_0(k)$ $(K=1,2,\cdots,n)$；比较序列，即东部地区 11 省市的国民生产总值为 $X_i(t)$ $(K=1,2,\cdots,n)$。

(2)通过无量纲化对所选的物流评价指标进行处理，均值化以及初值化处理是无量纲化处理的两个主要方法，本章采用均值化处理方法对样本数据进行处理，即用数列内的每个数据除以一个数列所有数据的平均数，从而得到一个新数列的过程，其公式表达式如下：

$$\overline{X}_i^{(t)} = X_i^{(i)} / \overline{X}_0$$

(3)对灰色关联系数进行计算。将原始数列进行变换得到母序列 X_0，子序列 X_1，$i=1,2,\cdots,n$，且 $X_0=(X_{0(1)},X_{0(2)},\cdots,X_{0(N)})$，其灰色关联系数的数学表达式如下：

$$\xi_{(t)} = \frac{\min\left[\min\left|X_{o(t)}-X_{i(t)}\right|\right]+\rho\max\left[\max\left|X_{o(t)}-X_{i(t)}\right|\right]}{\left|X_{o(t)}-X_{i(t)}\right|+\rho\max\left[\max\left|X_{o(t)}-X_{i(t)}\right|\right]}$$

其中 ρ 为分辨系数，一般取 $\rho=0.5$。

(4)计算灰色关联度并排序。并用两个不同序列的各个时刻的关联度系数均值来表示行列的关联度：

$$r_{0i} = \frac{1}{n}\sum_{i=1}^{n}\xi_{ai(t)} \quad (i=1,2,\cdots,m)$$

按照以上步骤可以求得东部地区 11 省市物流产业聚集度与国民生产总值之间的灰色关联度，如表 13-6 所示。

表 13-6　东部 11 省市物流产业集聚度与国内生产总值的灰色关联度

地区	北京	天津	河北	上海	江苏	浙江	福建	辽宁	山东	广东	海南
α_i	0.72	0.49	0.55	0.84	0.42	0.59	0.59	0.77	0.49	0.36	0.43

如果以 0.6 为界，可以大致将物流产业集聚与国民生产总值的灰色关联度划分两个大类，关联度大于 0.6 为关联程度强，关联度小于 0.6 为关联程度低，从表 13-6 可看出，上海省的 a_i 值最高为 0.84，广东省的最低为 0.36，其中两者之间相差 0.48，东部地区 11 省市的 $a_i=a_j$ 平均值为 0.568，此可得出东部地区 11 省市的物流产业集聚与经济发展的灰色关联度关联水平一般。

三、结论分析

进一步分析有以下结论：

北京、上海以及辽宁的物流产业集聚度与国民生产总值的灰色关联度均大于 0.6，其中上海的 $y_{it}=a_i+bx_{it}+\mu_{it}$ 值最高为 0.84，说明北京、上海以及辽宁的物流产业集聚度与国民生产总值高度关联，其关联程度明显高于全国其他省市之间的相关性，这也与其地区经济实力在我国一直名列前茅较为符合；北京、上海及辽宁是我国经济发展规模和潜力都较大的省份，不仅内外交通发达，地理位置优越，出口贸易量大，更有国家政策支持，应该认清其自身物流产业发展的优势，牢牢抓住机遇及政府政策，以便更好地保持物流产业集聚水平。

天津、河北、浙江、福建以及山东的物流产业集聚度与国民生产总值的灰色关联度分别都在 0.5 上下波动，表明这几个省份的物流产业集聚度与经济发展的灰色关联属于中度关联，其关联程度较为一般；虽说这几个省份的物流产业在近几年来有一定规模，但集聚速度较为一般。为了不断促进物流产业集聚水平的提高，不仅要加强物流基础设施的建设，使自身产业不断发展壮大（如，天津、浙江的高新产业，福建省的纺织服装业等等），更应该把握政策机遇，发挥其区位优势（如，处于长江三角洲的浙江、海峡西岸经济区的福建等）带动物流产业的发展。

江苏、广东以及海南这 3 个省份的物流产业集聚度与经济发展的灰色关联均处于较低水平，其关联程度低于全国。江苏以及广东的物流产业集聚与经济发展的灰色关联较低，可以认为是与其地区经济增长的驱动因素有一定的关系。从地理位置上来说，江苏和广东分别处于我国长江三角洲和珠江三角洲地区，其自身地理优势所带来的经济效益相比其他地区而言较大。江苏在近几年的综合发展水平迅速，相比其他地区而言都是名列前茅，其经济增长的主要驱动因素有产业结构的转型升级，如：服务行业的快速发展（新兴服务业以及现代服务业的发展）；还有高新技术产业的快速崛起，成为全国经济发展最快的地区之一。重点发展装备制造、电子技术信息、生物与新医药、基础材料与新材料、纺织服装等产业；相对而言，广东的经济主要以外向型为主，其外商投资量较大，受国际环境的影响也比较大，出口贸易量大；从产业结构与分布来看，广东已经成功地从传统农业经济转变成制造业为主导，其二、三产业占 GDP 比重较高，其中建筑材料、居家装饰、以服装为主的轻纺产品、电子产品、家电等一直主导中国内地市场；总体而言，江苏、广东的物流产业集聚与经济发展的灰色关联较低与其地区经济增长的其他驱动因素有关，这些驱动因素所带来的经济效益在其国民生产总值中所占的比率比其物流产业所占的比率要大。物流业的发展不仅与政府政策的支持、特殊的地理位置、发达的内外交通有关，更与其他产业的快速发展息息相关，所以应采取积极措施，不断促进自身物流产业的发展。

四、本章小结

本章利用区位熵系数对东部地区 11 省市 2004—2013 年的物流产业集聚水平进行测定,研究结果表明:东部地区 11 省市物流产业的总体集聚程度存在着较为明显的差异,天津、河北、福建及辽宁的物流产业集聚水平明显较高于其他省市,江苏、浙江及广东的物流产业集聚水平最低;从物流产业集聚与经济发展之间的灰色关联度看,东部地区 11 省市的物流产业与经济发展的关联也存在明显差异,总体来说东部地区 11 省市的物流产业集聚与经济发展的灰色关联程度一般,仍待进一步提高。同时,东部地区 11 省市应当紧紧抓住物流产业发展的良好机遇,充分利用有关国家颁发的物流产业政策,全面推进物流产业的集聚,从而提高东部地区 11 省市的经济发展水平。

◆第十四章◆

福建经济与现代物流发展关联研究

本章提要:利用因子分析方法对我国东部沿海12个省市2012年经济发展与区域物流情况进行比较分析,表明福建省处于中下发展水平仍有较大提升空间;进一步运用灰色关联分析方法,利用2007—2012年福建的统计数据,计算福建区域经济与区域物流发展的灰色关联度,考察指标间的关联程度,并提出相应的政策建议。

为了保持区域的优势地位,推动经济快速发展,区域应该充分利用区域内有效的物流资源并且使这些物流资源所形成的物流能力能够强劲地推动经济高速发展,可见对区域物流能力进行研究具有重要的理论和实践意义。福建虽然是东南沿海发达省份之一,但是与周边发达地区相比,仍有一定的差距,福建需加强对区域物流和经济发展程度的自我认识,福建物流与经济发展处于什么样的水平,是否具备较强竞争优势等等,都是一些亟待研究的问题。为此,本章以我国东部沿海12个省市为参照研究样本,明确福建区域物流和经济发展所处的水平;进一步运用灰色关联分析,考察福建区域物流与经济发展指标间的关联程度。

第一节 福建经济与现代物流发展情况

因子分析通过对研究变量的降维,用少数几个公因子反映各变量之间的相互依赖关系,是一种常用而有效的统计方法。目前已有较多利用因子分析方法研究区域物流与经济发展情况的研究文献,如高爱霞、满广富(2014)选取17个评价指标,提取4个公因子,对山东省内17个地市进行因子分析,进一步应用聚类分析法将其分为三类不同物流发展水平的地区。郑广文、魏修建、郝渊晓(2013)通过构建因子分析评价模型发现我国31个省市之间物流业的内部和外部因子差异显著。不仅省域间物流业的内部结构存在较大差距,而且省域内自身物流业内部结构也存在不平衡现象。省域间物流业的外部结构也存在明显差异化,综合发展水平总体表现为东部高于中部和西部地区。发展水平较高的省域一般存在内部和外部发展水平不平衡,而发展水平较低的省域不仅先天不足,后天又出现失调的现象。蔡芸、汝宜红、杨一铭、崔载先(2012)从物流需求规模、供给能力、基础设施、信息技术、人才与发展宏观环境等方面构建因子分析评价指标体系,对比分析我国与韩国国家物流技术竞争力,认为我国整体物流技术与韩国相比存在较大差距,其一是物流信息技术差距,其二是物流技术装备企业竞争力差距。但是我国在公路和铁路里程以及政策支持和执行力方面有较大优势。李新光、黄安民(2011)以福建省2009年的截面数据,从物流需求、供给和产业结构等方面构建指标体系进行因子评价,并聚类分析认为厦门的物流发展水平处于第一层次,福州和泉州处于第二层次,其余6个地市处于第三层次。由于篇幅所限,还有其他较多利用因子分析进行区域物流与区域经济发展关系分析的研究文献没有全部列举出来,表明因子分析是研究区域物流与经济发展情况的一个有效统计分析方法。

一、研究样本与指标体系

我国各地区之间存在着发展水平的巨大差异,根据区域经济理论和不同研究目的,需要现有学者提出多种区域划分方法。福建作为我国东南沿海发达省份之一,与黑龙江、吉林省、辽宁省、河北省、天津市、山东省、江苏省、上海市、浙江省、广东省、海南省等其他11个东部沿海省市,地域范围相近,资源禀赋和产业结构相似,经济发展水平较为相近,各省市发展存在的问题和面临的挑战也较为类似,本着研究样本必须具备较高相似性和可比性的选择准则,本章选取东部沿海地区12个省市作为研究样本,对福建省的区域物流经济发展情况进行分析。

按照因子分析的基本思路,从东部沿海12个省市的区域经济发展水平和区域物流发展水平等两个大方面出发选取评价指标,查阅中国统计年鉴相关统计数据,结合评价指标必须具有系统性、典型性、动态性和可量化等选取原则,本章选取区域经济发展衡量指标,包含:X_1——人均 GDP(元),X_2——地区生产总值(亿元),X_3——居民消费水平(元)和 X_9——出口总额(千美元)等 4 个指标;选取区域物流发展衡量指标,包含:X_4——货物周转量(亿吨公里),X_5——境内公路密度(公里/万平方公里),X_6——营业性运输车量(万辆),X_7——公路货运量(万吨),X_8——邮电业务总量(亿元)等 5 个指标。其中除了 X_5 是由公里里程(公里)除以各省土地面积(万平方公里)进行折算之外,其余 8 个指标都可以由 2013 年中国统计年鉴查得,数据整理如表 14-1 所示。

表 14-1 2012 年东部沿海 12 省市区域物流与经济发展情况

地区	X_1	X_2	X_3	X_4	X_5	X_6	X_7	X_8	X_9
黑龙江	35711	13691.58	11601	2002.33	0.3535	46.59	47465	329.81	14435173
吉林省	43415	11939.24	12276	1596.11	0.4891	32.13	47130	262.91	2585300
辽宁省	56649	24846.43	17999	11563.68	0.727	67.36	174355	516.07	57959053
河北省	36584	26575.01	10749	10604.96	0.8714	103.22	195530	598.29	29598202
天津市	93173	12893.88	22984	7844.06	1.3269	12.4	27735	185	48312563
山东省	51768	50013.24	15095	11077.78	1.5943	105.09	296754	891.57	128709205
江苏省	68347	54058.22	19452	7904.05	1.5264	65.98	42911	1120.36	328523522
上海市	85373	20181.72	36893	20373.37	1.9822	19.6	42911	637.93	206730168
浙江省	63374	34665.33	22845	9183.41	1.1132	54.06	113393	1025.09	31240276
福建省	52763	19701.78	16144	3871.45	0.7769	25.66	59431	592.9	15593796
广东省	54095	57067.92	21823	9566.24	1.1006	90.66	189034	2161.56	574050767
海南省	32377	2855.54	10634	1548.05	0.7151	6.17	16600	104.89	3136100

二、因子分析

本章采用的软件统计为 SPSS17.0,首先对原始数据进行 KMO 值和 Bartlett 球形检验,结果如表 14-2 所示。

表 14-2 KMO 和 Bartlett 的检验结果

取样足够度的 Kaiser-Meyer-Olkin 度量		0.578
Bartlett 的球形度检验	卡方近似值	98.484
	自由度	36
	显著性概率	0.000

由表 14-2 的检验结果可知，卡方近似值较大，而显著性概率较小，KMO 度量值大于 0.5，表明适合对所选取变量指标进行因子分析，由表 14-3 可知，变量的相关系数矩阵有三大特征根：4.433、2.811、1.018，且累积贡献率已经达到 91.805%，超过了 90%，基本上能反映 9 个指标的信息，故可以把其作为公共因子来分析。

表 14-3 因子特征值、方差贡献比例及累计贡献比例

主成分变量	未旋转之初始因子			旋转后之主因子		
	特征值	方差贡献率（%）	累计方差贡献率（%）	特征值	方差贡献率（%）	累计方差贡献率（%）
1	4.433	49.259	49.259	3.286	36.512	36.512
2	2.811	31.237	80.496	2.626	29.183	65.695
3	1.018	11.309	91.805	2.350	26.110	91.805
4	0.316	3.514	95.318			
5	0.199	2.211	97.529			
6	0.102	1.138	98.667			
7	0.095	1.053	99.720			
8	0.017	0.189	99.909			
9	0.008	0.091	100.000			

一个变量与主成分因子的关系强弱如何，可以通过方差旋转成分矩阵表中，该变量与主成分因子的联系系数绝对值大小来判断，比如，在表 14-4 中，X_1 与第一公因子的值达到了 0.919，然而与第二公因子、第三公因子的值却分别为 0.213、-0.213，可见其与第一公因子的关系更强，与第二公因子、第三公因子的关系较弱。从表中进一步可以看出，公因子 F_1 在 X_1、X_2、X_3、X_4 上的载荷值较大，分别为 0.919、0.882、0.878 和 0.871，这四项指标表示的都是在物流能力发展过程中

经济区域生活水平的高低,因此确定为区域经济水平因子;而公因子 F_2在 X_5、X_6、X_7上的载荷比较大,分别为0.928、0.917 和0.785,这三项指标表示的是区域物流基础设施水平,因此可以确定区域物流基础水平因子;公因子 F_3在 X_8、X_9上的载荷相对比较大,它们均反映了经济区域对物流的需求,因此将公因子 F_3确定为物流发展潜力因子。

表 14-4 方差旋转成分矩阵

评价指标	主要公因子		
	F_1	F_2	F_3
X_1	0.919	0.213	-0.213
X_2	0.882	0.241	0.138
X_3	0.878	0.092	-0.270
X_4	0.871	0.084	0.383
X_5	0.258	0.928	0.071
X_6	0.134	0.917	0.303
X_7	0.192	0.785	0.516
X_8	0.006	0.184	0.953
X_9	-0.110	0.393	0.891

三、因子分析结果及分析

东部沿海 12 省市的 3 个主成分因子 F_1、F_2、F_3的值可以从 SPSS17.0 软件直接得出,以 F_1、F_2、F_3的方差贡献率作为权重,用公式 $F_{综}=0.3651\times F_1+0.2918\times F_2+0.2611\times F_3$可以计算得到 12 个省市的各公共因子得分和综合得分,及各自排序,如表 14-5 所示。

表 14-5 东部沿海地区 12 省市区域物流能力综合得分级及排序

地区	F_1		F_2		F_3		$F_{综}$	
	得分	排序	得分	排序	得分	排序	得分	排序
黑龙江	-1.21459	12	-0.33505	6	-0.43286	6	-0.54125	10
吉　林	-0.99016	10	-0.43899	8	-0.63458	9	-0.65533	11

续表

地区	F_1		F_2		F_3		$F_{综}$	
	得分	排序	得分	排序	得分	排序	得分	排序
辽　宁	0.10814	6	-0.63652	10	0.80352	3	0.063528	7
河　北	-0.45136	8	-0.68937	12	1.57545	2	0.045371	8
天　津	0.99712	2	-0.66733	11	-1.02952	12	0.099486	6
山　东	0.30585	4	-0.14465	4	2.0638	1	0.608317	3
江　苏	0.2428	5	1.3993	2	-0.47484	7	0.373028	4
上　海	2.39178	1	-0.34284	7	-0.55247	8	0.628986	2
浙　江	0.35221	3	0.04798	3	0.10867	5	0.170975	5
福　建	-0.46566	9	-0.17236	5	-0.6398	10	-0.38737	9
广　东	-0.24665	7	2.61487	1	0.19846	4	0.724859	1
海　南	-1.02949	11	-0.63504	9	-0.98583	11	-0.81861	12

从单个因子的排序来看，各地区在各个因子排名的先后顺序并不一致，上海、天津、浙江、山东等地区在 F_1因子上的分值较高，这是由于这些地区所具备的良好经济环境和政府政策支持等因素，使得这些地区经济与物流产业发展相互促进具有较好的表现。广东、江苏、浙江等地区在 F_2因子上的分值排名居前，由于各个产业对物流的需求较大，这些省市着重加强对物流基础设施的建设力度，它们在物流基础水平上领先于其他沿海城市。而在 F_3因子上，山东、河北、辽宁、广东地区的排名靠前，得天独厚的区位特点使得这些地区的物流发展潜力明显大于其他地区。综合这 3 项公共因子，黑龙江、吉林、海南等地区的整体排名靠后，呈现两边排名低于中间的趋势。从因子分析结果还可以看出，经济水平较高不代表着有较高的物流基础水平，例如上海、天津等地区的经济水平因子排名靠前，但是它们的物流基础水平处于居中状态，这是产业结构分布不均衡的结果；物流基础水平较高也不代表环境竞争力较强，例如江苏的物流基础水平排名第三而物流发展潜力排名较后；最后，物流发展潜力较强的地区，它们的经济水平排名仍处于中后位置，公共因子之间不存在绝对的关系，却同时影响着物流能力的发展，使得各省市之间的物流能力发展不均衡。从表 14-5 可知，在 12 个省市中，福建 F_2因子的分值居中，排名第 5，F_1、F_3因子的分值和综合得分排名分别为第 9、第 10 和第 9，处于东部沿海地区的中下游发展水平。

第二节 福建省区域物流发展的经济因子关联度分析

以上研究表明,福建区域经济与区域物流发展还处于较低水平,福建在整体发展规划、宏观调控力度和政策措施、物流基础设施、信息化建设程度等方面还有较大的提升空间。目前福建物流企业的管理水平和技术相对落后,物流行业存在散、小、弱,物流人才缺乏,物流服务的层次和水平需进一步规范等问题,这都在很大程度上阻碍了福建省物流业的发展,有必要进一步对影响福建物流业发展的各项经济因素进行考察分析。

灰色关联分析方法是通过对系统内各因素之间的数值关系,即关联度的计算,根据关联度大小考察因素之间的相关程度,是一种常用的动态历程分析方法。目前已有较多应用区域物流与经济发展关联分析的研究文献,大多研究考察区域物流发展与三次产业产值(包括建筑、房地产、金融、批发零售和餐饮服务业等分类项目产值)、进出口贸易额、社会消费品零售总额、固定资产投资总额、地区生产总值、人均 GDP、居民消费支出、货运周转量、交通运输线路里程及物流产业从业人员等相关指标的灰色关联关系,比如任继奎、黄章树(2007)关于福建省的研究,敬春菊(2010)以山西省为例的研究,王晶琼、张凤济、刘俐(2011)关于苏北物流发展的经济影响因素研究,李绩才、张俊岭(2012)和高胜、张希风(2013)关于浙江省的研究,以及詹凤林、郭晓军(2013)对于四川省的灰色关联关系分析等文献,还有较多类似的研究在此不一一赘述,这些研究表明,尽管由于区位特点和产业特点不同,不同地区的物流产业与相关产业灰色关联度排序会有所区别,但都具有较强的关联关系。此外,李维儒、范瀚涛、陈晓咏(2013)应用灰色关联分析,研究认为在我国社会物流成本支出构成中对经济增长的关联影响大小依次为运输费用、保管费用和管理费用;尹叶青(2013)以社会物流总费用占国内生产总值 GDP 的比值衡量物流一体化程度,研究认为我国物流一体化与经济增长关键指标的关联关系强弱依次为人力资本、能源生产、GDP 和固定资产投资。以上研究文献表明,利用灰色关联分析来判断影响福建省物流经济因素的强弱关系,具有一定的科学依据;通过对福建省区域物流与各项经济指标间关系的分析,提出相关意见和建议,对福建省区域物流的科学、合理发展具有较强的现实意义。

一、灰色关联分析

从统计属性来看，Q_0——货运周转量（亿吨公里），是物资运输量与物资运输距离的乘积，该指标能够较为客观地反映地区物流需求，因此选取该指标作为因变量。根据全面性、代表性、科学性、可得性原则，结合福建省实际情况，选取以下七个指标 2007—2012 的统计数据作为自变量，能够反映区域经济发展对物流产业发展的影响程度，主要可以分为以下几类：（1）经济社会发展类指标。该类指标综合反映物流发展的经济环境，如地区生产总值 Q_1。（2）流通贸易类指标。该类指标从商品流通的角度来反映物流的需求状况，包括社会消费品总额 Q_4、进口总额 Q_6、出口总额 Q_7。（3）产业结构类指标。该类指标主要反映不同产业对物流的需求情况，采用工业值 Q_2、第三产业值 Q_3。（4）基础设施投入类指标。该类指标采用固定资产投资总额 Q_5，是物流业发展的重要前提和基础。查阅 2008—2013 年福建省统计年鉴，整理得到因变量和各自变量如表 14-6 所示。

表 14-6　2007—2012 年福建省物流产业和经济发展数据

年份	2007	2008	2009	2010	2011	2012
Q_0	2080.90	2396.21	2471.34	2976.67	3396.78	3871.45
Q_1	9248.53	10823.01	12236.53	14737.12	17560.18	19701.78
Q_2	3896.76	4593.24	5106.38	6397.71	7675.09	8541.94
Q_3	3770.00	4346.40	5048.49	5850.62	6878.74	7737.13
Q_4	3212.30	3866.70	4481.00	5310.00	6276.20	7256.50
Q_5	4287.75	5207.68	6231.20	8199.10	9910.89	12439.94
Q_6	245.10	278.29	263.30	372.87	506.85	581.05
Q_7	499.40	569.92	533.19	714.93	928.38	978.33

注：数据来源《福建省统计年鉴》

（1）变量无量纲化处理。利用公式 $Q_i' = \dfrac{Q_i}{Q_i(1)} = [\,Q_i'(1), Q_i'(2), \cdots, Q_i'(n)\,]$ 计算初值像，结果如表 14-7 所示。

表 14-7　2007—2012 年福建省各序列初值像

初值像	2007	2008	2009	2010	2011	2012
Q_0'	1	1.1515	1.1876	1.4305	1.6324	1.8605

续表

初值像	2007	2008	2009	2010	2011	2012
Q_1'	1	1.1702	1.3231	1.5935	1.8987	2.1303
Q_2'	1	1.1787	1.3104	1.6418	1.9696	2.1921
Q_3'	1	1.1529	1.3391	1.5519	1.8246	2.0523
Q_4'	1	1.2037	1.3950	1.6530	1.9538	2.2590
Q_5'	1	1.2145	1.4533	1.9122	2.3114	2.9013
Q_6'	1	1.1354	1.0743	1.5213	2.0679	2.3706
Q_7'	1	1.1412	1.0677	1.4316	1.8590	1.9590

(2)根据公式 $\Delta_i = |Q_0'(k)-Q_i'(k)|\quad(k=1,2,\cdots,n)$ 求差序列,结果如表14-8所示。

表 14-8 2007—2012 年福建各差序列

差序列	2007	2008	2009	2010	2011	2012
Δ_{01}	0	0.0187	0.1354	0.1630	0.2663	0.2698
Δ_{02}	0	0.0272	0.1228	0.2113	0.3372	0.3316
Δ_{03}	0	0.0014	0.1515	0.1214	0.1922	0.1918
Δ_{04}	0	0.0522	0.2073	0.2225	0.3214	0.3985
Δ_{05}	0	0.0630	0.2656	0.4817	0.6791	1.0408
Δ_{06}	0	0.0161	0.1134	0.0908	0.4355	0.5102
Δ_{07}	0	0.0103	0.1200	0.0011	0.2266	0.0985

(3)根据公式 $\Delta_{\min}=\min\limits_{i}\min\limits_{k}\Delta_{0i}(k)$, $\Delta_{\max}=\max\limits_{i}\max\limits_{k}\Delta_{0i}(k)$ 求最大和最小极差,将以上数据进行比较,得:$\Delta_{\min}=0,\Delta_{\max}=1.0408$。

(4)求灰色关联度 R_{0i}。根据公式:$r[Q_0(k),Q_i(k)]=\dfrac{\Delta_{\min}+\rho\Delta_{\max}}{\Delta_{0i}(k)+\rho\Delta_{\max}}$、$R_{0i}=\dfrac{1}{m}\sum\limits_{k=1}^{m}r[Q_0(k),Q_i(k)]$分别求灰色关联度,其中 $r[Q_0(k),Q_i(k)]$ 为 M_0,M_i 的灰色关联系数 R_{0i} 为 M_0 对 M_i 的灰色关联度,其中 ρ 为分辨系数,一般取中间值 $\rho=0.5$。根据以上公式计算得出灰色关联度的值,如表 14-9 所示。

表 14-9 福建省物流与经济发展灰色关联度

指标	R_{01}	R_{02}	R_{03}	R_{04}	R_{05}	R_{06}	R_{07}
关联度	0.807	0.781	0.841	0.752	0.640	0.782	0.888

由表 14-9 可知：

$$R_{07}>R_{03}>R_{01}>R_{06}>R_{02}>R_{04}>R_{05}$$

这表明，影响福建区域物流发展的关联经济因子排序依次为：

$$Q_7>Q_3>Q_1>Q_6>Q_2>Q_4>Q_5$$

二、灰色关联分析结论与分析

灰色关联分析法结果表明，出口总额、福建省物流产业发展关联度较大，关联度为 0.85 以上，全社会固定资产投资总额与福建省物流产业发展关联度较小，关联度为 0.65 以下。

流通贸易类指标出口总额 Q_7 位居第一，且与区域经济的灰色关联度高达 0.888，进口总额 Q_6 的灰色关联度为 0.782，表明这两项内容对福建省物流发展起到至关重要的作用。出口总额 Q_7 与进口总额 Q_6 是一个地区国际贸易往来能力的重要指标，反映福建省国际贸易的活跃程度。福建省是外向型经济，外贸依存度高，“两头在外”的经济发展模式决定其对物流的依赖较大，福建省应当借助于自己与国际交往的有利因素，充分利用港口资源，将其打造成中国与国际货物交往的中转场，进一步扩大物流需求。

经济社会发展类指标地区生产总值 Q_1 和产业结构类指标第三产业产值 Q_3 这两项指标与区域经济的关联度也都在 0.80 以上。地区生产总值作为一个综合指标，能够反映全社会各行业对物流的总体需求，这表明地区经济发展与区域物流发展关系密切。为此，政府应加大力度制定相应的政策，充分利用福建省的区位优势和产业优势，推动经济发展，进一步扩大物流需求，拉动物流及相关产业发展。物流产业自身就属于第三产业范围，Q_3 指标的灰色关联度必然较大，要想促进福建省地区物流业的发展，政府应该大力扶持第三产业，加大该产业在经济中的比重，规范相关行业，建立和谐有序的竞争环境。

与前面的指标相比，流通贸易类指标社会消费品总额 Q_4 与产业结构类指标工业值 Q_2 的关联度较小，但其相关度仍然大于 0.75。社会消费品总额 Q_4 的灰色关联度为 0.752，这说明社会消费品零售总额并不是福建省现代物流发展的主要影响因素,两者相关性不是很高,可以适当提高福建省在流通领域物流服务的社会化水平。工业值 Q_2 的灰色关联度为 0.781,排名第五,近年来福建省启动包括港口、铁路、公路、机场、综合交通枢纽、跨海通道等一大批重大基础设施项目建设,大力发展沿海产业经济,这为物流业的发展壮大提供了契机,但在福建省工业企业中,很多仍然依靠企业的自营物流,其运作效率低下,严重制约现代物流的发展。

固定资产投资总额 Q_5 排名最后,表明其影响较小,这与固定资产投资的自身特点有较大关系,固定资产投资所需资金较大,往往是以政府主导投资为主,在较多时候是各级政府进行经济调控的手段之一,具有阶段性或一定的周期性。尤其是大型的基础设施,如港口、机场和铁路、公路的建设周期性较长,在建期间和建成之后对物流等其他相关产业影响不同,存在较长期的影响效应。

第三节　结论与政策建议

受到区域经济水平、物流基础水平、产业发展环境等因素的制约,东部沿海 12 个省市的物流发展各有差别,各地区应该加强物流能力体系的构建,激活物流能力发展的积极性,实现东部沿海地区物流能力的协调发展。就福建省而言,尽管近年来福建区域物流发展比较迅速,但与珠三角、江浙沪等地区还存在着较大的差距,而其作为东南沿海地区新的经济增长点,需要福建各地各级政府加大扶持力度,加强企业间的密切合作,不断提高物流水平,完善物流基础设施建设,从而推动福建省经济的发展,根据区域实际情况具体分析,要求在建设大物流的过程中抓住关键点,有计划的发挥区域经济各方面对物流的拉动作用,使物流与经济良好互动。

一、推进区域物流与区域经济的协调发展

区域物流与区域经济两者的发展互为支撑、相互促进,应该充分发挥政府部门作为指导者的引导作用,加快对现行的物流法律法规进行完善,组织制定科学、规范的物流发展政策来推动整个区域物流业的发展,为物流产业的发展提供良好的政策环境,有效地提高区域的物流能力,推动经济区域现代物流业的健康

发展。

二、加大完善物流基础设施建设

虽然东部沿海地区物流业的发展领先于国内其他地区，但还落后于世界其他发达城市群，而福建物流经济发展又处于东部沿海地区的中下游水平，为了促进福建物流业的发展，应从政府和企业两个方面加大对这方面的投入力度，以提高物流基础设施的综合水平。充分发挥政府的规划引导作用，做好区域物流基础设施的规划布局，加大对于物流基础设施的建设投入；企业应该拓宽筹资渠道，积极引进先进的物流技术装备，主动参与到物流基础设施建设之中。

三、加快建设现代化物流信息平台

物流管理信息化是传统物流走向现代物流的关键点，要想提升物流能力必须充分认识到信息化对物流现代化的重要作用。经过改革开放三十多年的发展，依靠区位和政策优势，包括福建在内的东部沿海地区已经具有较高的经济发展水平，为现代物流业的发展提供了有力的保障。加快建设现代化的物流信息平台是促进区域物流业发展不可缺少的重要角色，应该加快物流信息化工程建设进程，通过搭建公共物流信息服务平台，实现整个产业链的资源共享和信息共用。

◆第十五章◆

福建工业化与现代物流耦合发展评价研究

本章提要:论述福建省工业化和现代物流发展现状,构建福建省工业化与现代物流发展的评价指标体系,运用灰色关联分析方法,计算得到福建省2000—2014年工业化与现代物流两个子系统指标间的灰色关联度矩阵,进而求得两个子系统间的整体耦合协调度。研究结果表明,福建省工业化与现代物流之间的耦合发展程度中等良性,进一步根据灰色关联度数值分析指标间的关联发展关系,并提出相关建议。

目前世界正处于第四次工业革命,为了顺应时代的发展,党的十六大首先提出了新型工业化的概念,党的十七大则进一步提出要走中国特色的新型工业化道路。而党的十八大报告给工业化加入了新的内涵,表明了到2020年要基本实现工业化的决心。同时,"十三五"规划在延续"十二五"规划的基础上,提出要进一步推进信息化及工业化的深度融合。这些重大战略决策,都是顺应世界经济发展趋势,基于我国的基本国情的,都是促进我国工业化和现代化发展的重大创举。新中国成立后经过长久以来的努力,福建省的工业总量迅速增长,产业结构不断升级优化,相关企业的竞争力也日益增强。特别是改革开放以来,福建省充分运用国家政府所赋予的优惠政策和灵活措施,工业经济飞速发展,日益成为推进国民经济的重要力量。工业发展对一个地区经济的发展有着至关重要的作用,而物流业的发展对工业化进程也有着举足轻重的影响。因为区域经济的发展方式,往往受工业化进程与物流业发展水平的协调状况影响,所以研究两者之间的关系,变得尤为重要。本章建立了福建省工业化进程与物流发展水平耦合度评价指标体系,采集福建省2000—2014年工业化进程与物流发展水平各项指标的数据,并采用灰色关联分析法和耦合协调评价方法,分析两者的关联情况,从而为未来福建省的工业发展提供更好的建议和方法。

第一节 福建工业化与现代物流发展现状

一、福建工业化发展现状

长期以来,西方发展经济学的教科书将工业化定义为:工业在国民收入和劳动人口中所占的比重连续上升的过程。印度著名的经济学家 S.Y.Thaker 也认同了这一观点,他将工业化定义为脱离农业的结构转变,即在国民收入和就业中,第一产业所占的比重下降,第二产业和第三产业所占的比重上升。

工业化进程一般由初期、中期、后期三个阶段组成。在工业化初期,产业结构是由轻工业和劳动力密集型产业主导的"轻型"产业结构,因为缺少资金和技术,劳动力成本低,所以市场的主要需求是轻纺工业品。在工业化中期,随着工业化进程的不断推进,轻工产业不断发展,城市化逐渐扩张,农业开始出现机械化,并开始大规模开展基础设施建设,资本需求随之大幅度增长,因此改变了市场需求和生产条件,所以产业结构变成由重工业主导的"重型"产业结构。随着重工业的推进及最新科技的发展,收入的增加使得国民恩格尔系数大幅下降,彻底改变了人们的消费结构,致使服务需求大量增长,劳动生产率的不断提高使得物质生产领域的劳动力过剩。随着由服务业主导的"服务型"产业结构的形成,工业化进程进入后期阶段。可以看出,先轻工业化,再重工业化,最后服务化是工业化进程中产业结构演变的普遍规律。综上可以认为,工业化是指机器逐渐占领工厂,代替人力劳动的一种动态趋势。第二产业在国民的经济生活中所占比重上升的过程,即为工业化进程。

进入 20 世纪以来,福建工业化进程具有以下几个重要特征:第一,不再是曾经的重工业自我循环模式,而变成了最终消费需求结构升级拉动的模式;第二,不再是"农轻重"比例关系波动的模式,而变成了产业结构调整升级整体联动的模式;第三,不再是城市工业与农村农业相互割离的模式,而变成了城乡关联互动的模式;第四,不再是内向封闭的模式,而变成了外向开放促动的模式。

福建省工业产值占地区总产值的比重,自改革开放以来持续上升。近几年来,福建工业化发展的情况较为平稳,工业发展的年平均增长率逐年攀升,其工业化程度也在持续提升。目前,福建省新型工业化发展态势较好,工业信息化程度较高,吸收劳动力能力强。虽然福建省新型工业化的科技含量仍不够高,但近两年来正在努力建设新型工业化产业基地,培养高新技术企业和创新型企业。

从全省来看,虽然福建的工业能耗比重出现环比下降的趋势,但是,在以往的工业发展中逐步形成的高耗能模式,使得工业能耗基数指标水平略高。为实现未来工业化的可持续发展,节能减耗的发展模式应被继续推进。同时,从工业生产总值的角度看,福建省工业化明显地表现出行业分布不均的问题,其中制造业所占的比重远远高于其他行业。因此本章认为,从经济发展的阶段来看,福建省目前正处于工业化中期阶段的加速发展和升级时期。

二、福建现代物流业发展现状

现代物流的含义于 20 世纪初在美国萌芽,指的是物品在时间和空间上的变动所产生的价值。到 1986 年,美国物流管理协会(Council of Logistics Management)提出,物流是以顾客的要求为目的,对原材料、在制品、制成品与其关联的信息,从产业地点到消费地点之间的流通与保管,为求有效率且最大的"对费用流通相对效果"而进行计划、执行、控制。可见,现代物流的含义已经扩大到了生产领域。

目前,对于传统物流与现代物流的区别,国内学者各有不同的理解。比如,何明珂认为,物流发展历史比较短,"物流"与"现代物流"没有差别,目前暂时不存在传统物流的说法;刘治学(2001)提出,现代物流是在传统物流的基础上,功能更加丰富的一种综合性物流活动模式;丁俊发(2002)认为,传统物流一般是指商品在空间与时间上产生位移,而现代物流是一种物流管理,是信息网络技术发展的产物。上述不同认识各有道理,综上可以认为,两者的区别不应该只看物流固有的属性,还要看物流服务、物流管理、物流技术和物流经济等非固有属性。这些物流的非固有属性最后进入人类有智慧的活动中,由此产生了传统物流和现代物流的区别。

从表 15-1 可见,与 2005 年相比,2014 年福建省在现代物流业发展的各项指标上取得了骄人的成绩。铁路、公路交通,尤其是高速公路发展快速。公路、水运的货运量和货运周转量年平均增长率极高,除去 2014 年的铁路货物周转量比 2005 年低,其他指标均高于 2005 年。其中快递业务量的增长速度最为快速,年均增长率 61.03%,反映出电商带动下的现代物流业的飞速发展。2014 年,福建省全年完成邮电业务总量为 857.49 亿元,比 2013 年增长了 16.0%。其中,邮政业务总量为 162.67 亿元,比 2013 年增长了 42.6%;电信业务总量为 694.82 亿元,比 2013 年增长了 11.2%。邮政业全年完成邮政函件业务 18030.17 万件,包裹业务 154.24 万件,快递业务量 65417.31 万件。2014 年,福建省港口货物吞吐总量达 4.92 亿吨,同比增长 8.1%,即将实现港口生产的货物吞吐量 5 亿吨的突破。进一步分港口来看,2014 年,福州港完成了货物吞吐量 14391 万吨,同比增长 12.8%;泉州港完成了货物吞吐量 11200 万吨,同比增长 3.7%;厦门港口货物吞吐量达 20504 万吨,同比增长 7.4%。

表 15-1 福建省 2005 年与 2014 年现代物流业发展的各指标对比

指标	单位	2005 年	2014 年	年均增长率
铁路营业里程	万公里	0.16	0.28	6.42%
公路里程	万公里	5.83	10.1	6.30%
等级公路里程	万公里	4.8	8.29	6.26%
高速公路	万公里	0.12	0.4	14.30%
货运量	万吨	41200	111757	11.73%
铁路货运量	万吨	3402	4411	2.93%
公路货运量	万吨	27579	82573	12.96%
水运货运量	万吨	9210	25782	12.12%
货物周转量	亿吨公里	1573.1	4780.22	13.14%
铁路货物周转量	亿吨公里	200.2	149.7	-3.18%
公路货物周转量	亿吨公里	238.3	974.8	16.94%
水运货物周转量	亿吨公里	1134.6	3655.72	13.88%
邮电业务总量	亿元	519.42	857.49	5.73%
邮政业务总量	亿元	25.61	162.67	22.80%
电信业务总量	亿元	493.81	694.82	3.87%
快递业务量	万件	898.4	65417.31	61.03%

第二节 研究方法、指标体系与研究步骤

一、研究方法

一些学者从物理学中借用耦合与协调发展度概念，对两种物质的协调关系进行了研究。关于耦合度有不同的定义，比如，高楠、马耀峰、李天顺等（2013）从物理学角度，认为耦合是指两个（或两个以上的）系统通过相互作用而彼此影响的现象。党兴华、张首魁（2005）从技术创新网络节点角度，认为耦合是指一个创新网络系统内不同模块之间互联程度的度量。马丽、金凤君、刘毅（2012）从协同学的角度，认为耦合度指系统由无序走向有序时，系统内部序参量之间相互协同作用的度量。综上可以认为，耦合度是描述系统或要素彼此相互作用影响的程度，主要反映系统间相互作用程度的强弱，不分利弊。耦合协调度已经有了较多的研究应用，比如，刘耀彬、李仁东、宋学锋（2005）以中国区域城市化与生态环境为对象，建立了耦合度模型，并运用灰色关联度法研究分析了两者的耦合空间规律。廖重斌（1999）以经济与环境为研究对象，引用了数理统计中的变异系数和协调系数的概念，建立了两者的耦合模型。翁钢民、李青（2014）以天津市物流业发展与城市化进程为对象，建立了耦合度模型，并结合相关数据，对两者的耦合关系进行了评价分析。本章采用灰色关联分析方法，对工业化进程与物流发展水平耦合度的效果进行评价，构建两者的耦合度模型，进而对福建省工业化进程与物流发展水平耦合关系及其作用程度进行评价。

二、指标体系构建

为了比较真实地反映区域经济的主要特征，考虑指标量化和操作的可行性，根据福建省目前的发展情况，借鉴张倩、王春豪、卢玉文（2013）关于新疆工业化进程与物流发展耦合度评价研究的部分指标体系，删减了一些不符合福建省发展情况的指标，比如管道输油里程。结合数据的可得性原则，确定如表 15-2 所示的福建工业化和现代物流发展水平评价指标体系。

表 15-2 工业化与现代物流耦合发展评价指标体系

子系统	评价指标	代码	单位	指标类型	指标意义
工业化	人均 GDP	E_1	亿元	正指标	衡量经济发展状况
	第一产业就业人数占总就业人数的比重	E_2	%	逆指标	衡量就业结构的变动
	第一产业增加值占 GDP 比重	E_3	-	逆指标	衡量产业结构的变动
	第三产业增加值占 GDP 比重	E_4	-	正指标	衡量产业结构的变动
	进出口额占 GDP 比重	E_5	%	正指标	表示外贸依存度
	规模以上工业企业全员劳动生产率	E_6	元/(人×年)	正指标	表现企业生产技术水平和管理水平
	工业总产值占 GDP 比重	E_7	%	正指标	反映工业化发展的水平及趋势
	城镇居民家庭恩格尔系数	E_8	%	逆指标	衡量消费结构
	规模以上工业企业成本费用利润率	E_9	%	正指标	反映工业化进程的经济效益水平
	城镇化率	E_{10}	%	正指标	反映城镇化的水平
	工业增加值增长速度	E_{11}	%	正指标	反映工业化发展的水平及趋势
现代物流	GDP	L_1	亿元	正指标	反映地区物流发展情况及水平
	交通运输、仓储及邮政业总产值	L_2	亿元	正指标	
	社会零售品总额	L_3	亿元	正指标	
	货运量	L_4	万吨	正指标	
	货物周转量	L_5	亿吨千米	正指标	
	进出口额	L_6	万美元	正指标	
	公路运输路线长度	L_7	千米	正指标	反映地区对物流发展的支持情况
	境内铁路营业里程	L_8	千米	正指标	

三、研究步骤

(一)指标标准化处理

指标的标准化处理,即是将不同量纲变换成无量纲的标准化数据。常用的标准化处理方法有向量归一法、线性比例变换法、极差变换法、标准样本变换法等,本章运用的是线性比例变换法。其中,正逆指标的标准化处理过程存在差异。正向指标,即效益型指标,数据越大越有利;逆向指标,即成本型指标,数据越小越有利。

具体处理方法如下:

对于工业化发展子系统,

其正向指标的标准化值为:$ZE_{it}=\dfrac{E_{it}}{\max\limits_{t}E_{it}}\quad(i=1,2,\cdots,m;t=1,2,\cdots,T)$,

$ZL_{jt}=\dfrac{L_{jt}}{\max\limits_{t}L_{it}}\quad(j=1,2,\cdots,n;t=1,2,\cdots,T)$,

逆向指标的标准化值为:$ZE_{it}=\dfrac{\min\limits_{t}E_{it}}{E_{it}}\quad(i=1,2,\cdots,m;t=1,2,\cdots,T)$。

(2)对于现代物流发展子系统,

其正向指标的标准化值为:$ZL_{jt}=\dfrac{L_{jt}}{\max\limits_{t}L_{it}}\quad(j=1,2,\cdots,n;t=1,2,\cdots,T)$,

逆向指标的标准化值为:$ZL_{jt}=\dfrac{\min\limits_{t}L_{jt}}{L_{jt}}\quad(j=1,2,\cdots,n;t=1,2,\cdots,T)$。

经过标准化处理之后,将原始数据指标值变换为比例值,控制在(0,1)之间,正逆指标均化为正向指标,最优值为1,最劣值为0。

(二)求差值序列

对以上标准化处理后的两个子系统数列,按照如下公式求两者的差值:

$$\Delta Z_{ijt}(E\Theta L)=|ZE_{it}-ZL_{jt}|\quad(i=1,2,\cdots,m;j=1,2,\cdots,n;t=1,2,\cdots,T)\tag{15-1}$$

其中,$\Delta Z_{ijt}(E\Theta L)$为差值序列,$ZE_{it}$、$ZL_{jt}$分别为工业化发展子系统和现代物流发展子系统的标准化值。

(三)求灰色关联度

灰色关联度$\xi_{ijt}(E\Theta L)$是衡量两个子系统之间序列之间关联程度的一个重要的指标,具体计算公式如下:

$$\xi_{ijt}(E\Theta L)=\frac{\Delta_{\min}Z_{ijt}(E\Theta L)+\rho\Delta_{\max}Z_{ijt}(E\Theta L)}{\Delta Z_{ijt}(E\Theta L)+\rho\Delta_{\max}Z_{ijt}(E\Theta L)}\quad(i=1,2,\cdots,m;j=1,2,\cdots,n;t=1,2,\cdots,T)\tag{15-2}$$

其中,$\Delta_{\max}Z_{ijt}(E\Theta L)$和$\Delta_{\min}Z_{ijt}(E\Theta L)$分别为所有差值数列的极大值和极小

值。ρ 为分辨系数，ρ 取值越小分辨率越好，其一般的取值范围为(0,1)。在很多研究文献的灰关联系数计算中，为了简化计算，一般取 $\rho=0.5$。

（四）求关联度矩阵

计算考察期间内两个子系统灰色关联系数的算术平均值，由如下公式即可得到两个子系统指标之间的灰色关联度，

$$G_{ij}(E\Theta L)=\frac{1}{T}\sum_{t=1}^{T}\xi_{ijt}(E\Theta L)\quad(i=1,2,\cdots,m;j=1,2,\cdots,n)\tag{15-3}$$

由上式可以计算得到一个 $m\times n$ 的关联度矩阵。通过比较各个关联度 G_{ij} 的大小，可以分析出工业化进程中哪些因素对物流发展水平的作用大，哪些因素的作用小，还有待进一步加强。G_{ij} 指工业化进程中某一指标 E_{it} 与物流发展水平中的某一指标 L_{jt} 之间的关联性，其中，G_{ij} 值越大，关联性就越大，耦合作用越强。一般认为，当 $0\leqslant G\leqslant 0.3$ 时，指标间的关联程度较弱，子系统间耦合较差；当 $0.3<G\leqslant 0.7$ 时，指标间的关联程度中等，子系统间具有一定的良性耦合作用，但还有待进一步提高；当 $0.7<G\leqslant 1$ 时，指标间的关联程度很强，子系统间的耦合作用好。

（五）求整体耦合度

关联度仅仅说明了第一个系统某个指标与第二个系统某个指标间的关联程度，并不能以整体的角度反映两者之间的耦合发展程度。需要进一步计算两个子系统间的整体耦合度，计算公式为：

$$C(E\Theta L)=\frac{1}{m\times n}\sum_{i=1}^{m}\sum_{j=1}^{n}G_{ij}(E\Theta L)\tag{15-4}$$

其中，m、n 分别为两个系统的指标个数，$C(E\Theta L)$ 为两个系统的耦合度。

第三节　实证研究与结论分析

一、实证研究

本章以福建省为例，从 2001—2015 年的《福建省统计年鉴》、《中国统计年鉴》采集并计算出了相关指标数据，按照研究步骤，对数据进行标准化处理，得到工业化发展子系统的标准化值 ZE_{it} 和现代物流发展子系统的标准化值 ZL_{jt}。其中

$i=1,2,\cdots,11$,即 $m=11$,分别代表工业化发展子系统的 11 个指标;$j=1,2,\cdots,8$,即 $n=8$,分别代表现代物流发展子系统的 8 个指标;$t=1,2,\cdots,15$,即 $T=15$,分别代表 2000 年,2001 年……直至 2014 年。根据式 15-1 求得两个子系统的差值序列 $\Delta Z_{ijt}(E\Theta L)$,其中极大值 $\Delta_{max}Z_{ijt}(E\Theta L)=0.8439$,极小值 $\Delta_{min}Z_{ijt}(E\Theta L)=0$。取 $\rho=0.5$ 代入式 15-2,得到 2000—2014 年每一年份,工业化发展子系统 11 个指标和现代物流发展子系统 8 个指标两两之间的灰色关联系数 $\xi_{ijt}(E\Theta L)$,根据式 15-3计算 2000—2014 年期间工业化发展子系统第 i 个指标和现代物流发展子系统第 j 个指标的灰色关联系数的算术平均值,得到两个子系统两两指标间的一个 $m\times n$ 灰色关联度矩阵,如表 15-3 所示。

表 15-3 福建省工业化与物流发展水平的关联度矩阵

指标	E_1	E_2	E_3	E_4	E_5	E_6	E_7	E_8	E_9	E_{10}	E_{11}
L_1	0.9659	0.6483	0.6173	0.5082	0.5550	0.9161	0.5384	0.5899	0.5789	0.5643	0.5614
L_2	0.8626	0.7229	0.6839	0.5394	0.6045	0.8910	0.5891	0.6371	0.6412	0.6112	0.6263
L_3	0.9124	0.6230	0.5947	0.4909	0.5429	0.8815	0.5310	0.5655	0.5612	0.5445	0.5607
L_4	0.8799	0.6770	0.6426	0.5138	0.5839	0.9325	0.5748	0.5989	0.6076	0.5790	0.6124
L_5	0.9307	0.6554	0.6224	0.5070	0.5718	0.9374	0.5571	0.5920	0.6015	0.5665	0.5841
L_6	0.9293	0.6693	0.6368	0.5257	0.5441	0.9027	0.5348	0.5995	0.5779	0.5823	0.5444
L_7	0.6259	0.8964	0.9214	0.7255	0.6775	0.6353	0.7465	0.7994	0.8044	0.8469	0.7216
L_8	0.7128	0.8915	0.8367	0.6147	0.6734	0.7271	0.6863	0.7575	0.7625	0.7263	0.7127

根据式 15-4 进一步可以计算得到两个系统整体的耦合度:$C(E\Theta L)=0.67203$。

二、实证结论分析

根据耦合度计算结果可以看出,福建省工业化进程与物流发展水平之间整体的关联度中等偏高,耦合作用良性,但还有待于进一步提高。这说明福建省工业化进程与物流发展水平两个系统,总体上还需要进一步协调与配合,才能最终促使福建省经济强有力地发展。

耦合度系统内,工业化与现代物流发展水平的各指标的关联系数分析如下:

L_2与工业化一半以上的指标的关联度系数在(0.6,0.7)之间,可见福建省的交通运输、仓储及邮政业总产值与福建省工业化进程有一定程度的良性耦合作用。其中L_2与E_1、E_6的关联系数大于0.8,可见福建省的交通运输、仓储及邮政业总产值与人均GDP和规模以上工业企业全员劳动生产率的关联性很强,耦合作用很好。除去与E_4、E_7的关联系数在(0.5,0.6)之间,L_2与9个指标的关联系数均高于0.6,存在关联系数中等偏上的关系。可以看出,大力发展福建省的交通运输业、仓储业及邮政业,将提高福建省的工业化发展水平,进一步推进工业化进程。

L_3与E_1、E_2和E_6的关联度系数均在0.6以上,且与E_1的关联度系数大于0.9,说明社会零售品总额与人均GDP的关系紧密。但L_3仅与少于50%的指标存在关联度系数中等偏上的关系,说明社会零售品总额与工业化进程的整体没有太大关联。

L_4与E_1、E_2、E_3、E_6、E_9和E_{11}的关联度系数均在0.6以上,说明L_4与一半以上的指标的关联系数存在中等偏上的关系,耦合作用良性。L_4与E_6的关联度系数大于0.9,说明地区运货量与规模以上工业企业全员劳动生产率的关系紧密。故可知,地区运货量的增加将会大大提高工业化水平,推进工业化进程的速度。

L_5与E_4、E_5、E_7、E_8、E_{10}和E_{11}的关联度系数均在(0.5,0.6)之间,可见L_5与一半以上的指标存在关联度系数中等的关系,耦合作用有待进一步提高。L_5与E_1、E_6的关联度系数大于0.9,说明货物周转量与人均GDP和规模以上工业企业全员劳动生产率的关系紧密。由此可见推进福建省的工业化进程,还需要大力提高货运周转量。

L_6与E_1、E_2、E_3和E_6的关联度系数均在0.6以上,且与E_1和E_6的关联度系数大于0.9,说明地区进出口额与人均GDP及规模以上工业企业全员劳动生产率的关系紧密。但地区进出口额仅与少于50%的指标存在关联度系数中等偏上的关系,说明地区进出口额与工业化进程的整体没有太大关联。

L_7与E_2、E_3、E_4、E_7、E_8、E_9、E_{10}和E_{11}的关联度系数均高于0.7,说明L_7与工业化进程中一半以上的指标的关联度系数较高,公路运输路线长度和工业化进程之间的耦合作用大、联系度很强,即公路运输线路的建设在很大程度上影响着福建省的工业化进程。因为福建省以丘陵山区地貌为主,所以物流运输主要依靠公路运输。政府还需要加大对公路运输建设的支持力度,促使福建省工业化更加快速稳健地发展。

L_8与所有工业化进程的指标的关联系数均高于0.6。其中,L_8与E_4、E_5和E_7的关联度系数在(0.6,0.7)之间,与其余指标的关联度系数高于0.7,这表明境内铁路营业里程与工业化进程的指标的关联度系数存在中等偏上的关系和很强的关联水平。境内铁路营业里程与工业化进程之间的耦合作用很好,关联度很强,即境内铁路营业里程极大地影响着福建省工业化进程。因此,政府及相关部门也应该加强对铁路运输的建设和支持,使工业化发展更加快速。

第四节　政策建议

研究结果表明,工业化的发展和物流业的进步有着千丝万缕的联系,而物流业的进步也离不开工业化的积极推动,两者相辅相成、相互促进。福建省的工业化进程与物流发展水平的耦合度为 0.67203,处于中等良性耦合状态,还有待进一步提高。为了更好地推进与发展工业化,提出以下几点建议:

一、降低工业化进程中的资源消耗,减少环境污染

政府应加强对工业化进程中高耗能企业的管理,推行资源节约型发展模式和环境保护型发展模式,降低工业化进程中的资源消耗和环境污染。全面提高废弃物的综合利用率,不仅减少了工业化进程中废物、废水、废气的排放,减轻了对环境的污染和负担,还实现了资源的可持续化利用,有利于工业化进程的可持续化发展。

二、提高工业化进程中的信息化水平

提高工业化进程中的信息化水平,对于福建省新型工业化的发展十分重要。政府应完善主体园区信息基础设施,使之更好地服务于企业在研发设计、生产制造、企业管理、电子商务、物流配送时对信息化的应用,使其信息化水平能够处于国内领先水平。

三、鼓励企业进行改革创新

为了满足新型工业化的发展要求,政府可鼓励工业企业进行技术创新与改

革。加大工业集聚区内的研发投入,引用先进的技术和装备,来提高工业技术水平和产品质量,从而提高企业的品牌效益。

四、政府加大对物流业的支持

政府应加强对物流基础设施建设的资金支持,大力建设高速公路、境内铁路、航空基地及物流园区、货运中转处。同时,政府应加大对物流行业发展的优惠政策力度,使物流企业能更加自如地降低物流成本,提高物流效率。

五、物流企业要进行自我提升发展

科学技术是第一生产力,物流企业要进行自我提升发展,增强自身的科技创新能力。物流企业还要更加合理地布局物流区域,并统筹规划最优的物流路径,提高物流效率;并且提高自身的服务质量,提供多元化服务,以便更好地服务于推进福建省的工业化进程。

六、充分挖掘地缘和资源优势,全面提升物流竞争力

关注工业化进程与物流发展水平的关系,实现新型工业化的推进与发展。福建省还应充分利用良好的地缘和资源优势,作为我国东南部物流业发展的重心,建立以陆运为基础,以海运、空运为依托,面向全国的现代物流体系。同时,应加强与一水之隔的台湾的合作与交流,全面提升物流行业的竞争力。大力发展作为第三利润源的物流业,增强区域内竞争优势,使福建省物流业发展成为我国全方位向东西开放的大通道,并成为推动福建经济发展的前进力量,为实现跨越式发展奠定基础。

◆第十六章◆

福建现代物流与新型城镇化协调发展研究

本章提要：构建评价指标体系，采集1993—2014年相关统计数据，应用因子分析方法评价福建省现代物流与新型城镇化发展水平，利用模糊数学中隶属度函数的概念建立隶属度函数协调度评价模型，考察其静态协调度和动态协调度。研究结果表明，福建现代物流与新型城镇化发展水平呈现逐年上升的良好发展态势，两者协调程度较高，整体而言动态协调度优于静态协调度；结合实证研究进行分析总结并提出相应的政策建议。

城镇化包含外延扩展和内涵提升两个层次，是一个综合性的概念，涉及人口、空间、社会、文化等各个方面，因此城镇化的道路总是随着时代的发展不断变化。在“十三五”规划中提出要推进以人为核心的新型城镇化，深化户籍制度、住房制度改革，推动城乡协调发展。这反映出进入21世纪后国家在“走中国特色城镇化”道路上越来越好，也正逐步解决传统城镇化道路所产生的负面效应，如城乡差距越来越大等，这就是新型城镇化道路的开始。

当前，我国已经进入了社会主义初级阶段的关键环节——全面建设小康社会。在“十三五”规划中，习近平主席强调要在建党百年之际完成全面建设小康社会的历史性任务，这一宏伟目标的实现要求加快新型城镇化的建设，使之肩负起转变经济发展方式的崇高历史使命。在新型城镇化过程中，随着城镇居民数量的增加，居民的消费水平也有所提升，消费种类的多样化带动了电子商务和快递的迅猛发展，为现代物流的发展提供了更多的机会。同时，随着消费群体的不断扩大，消费结构不断升级，对物流水平的要求更加专业而精细，要保障新型城镇化稳步实施，就要求物流必须做到规模化、专业化、精细化。新型城镇化在发展中不断融合人流、物流、信息流，使物流产业的角色定位变得十分关键。如何最大化地推动城镇化建设和经济发展已经是构建物流体系必须解决的问题。

福建省 2014 年的城镇化率为 61.7%,已经高出全国平均水平,随着城镇化水平的提高,必然要求物流服务越来越多样化、专业化和精细化。福建作为 21 世纪海上丝绸之路核心区,对其现代物流与新型城镇化协调发展进行研究,将有效助力国家"一带一路"发展战略的实现。本章以福建省现代物流和新型城镇化数据为研究样本,在阐述福建省现代物流和新型城镇化的发展情况的基础上,利用因子分析测算出两者的综合水平值,并通过隶属度函数进一步分析两者的关联关系和协调度,结合实际分析所得结果再给出推进两者协调性发展的建议。

第一节 现代物流与新型城镇化

一、福建现代物流发展现状

现代物流是将运输、仓储、流通加工、装卸搬运等物流活动综合起来的一种新型的集成式信息化管理,它根据客户的需求,在传统物流的基础上引入新的信息技术,争取以最低的成本将物品从供给地转移到需求地,可以说它传承和发展了传统物流的基本功能,降低了物流信息的管理成本。与传统物流相比,现代物流除包含传统物流所承担的七种基本功能外,还包含更多的领域,两者有明显的区别:传统物流提供的只是基础的位移,而现代物流更精细,还提供许多增值服务;传统物流只是仓储、运输,忽略了企业内部隐藏的物流环节,也未能发现除现行会计账目成本之外的物流成本。现代物流是一个集成的过程,并与供应链紧密联系,是"四流"的有机统一;在技术手段上,现代物流的信息化和规模化都有很大的改进,远远超过了传统物流在空间和时间上的限制,引入先进的实时控制和信息管理技术对整个系统进行优化,以最经济的手段为企业降低物流成本。

2009 年国务院公布的《物流业调整和振兴规划》将我国物流分为九大物流区域,其中之一就是以厦门为中心的东南沿海物流区域,这也正说明了福建在现代物流业发展中发挥着不可忽视的作用。福建作为海上丝绸之路核心区,其物流业发展多为港口主导型产业,从整体上看物流市场逐渐扩大,物流规模日见成效,但物流收益却有下降的趋势;从数值上看,物流总额正在快速地增长,尤其是工业品方面,说明福建的现代物流业正以蓬勃的态势迅猛发展。从福建九个地级市的经济状况来看，福厦泉的经济状况更为发达，莆田、三明、龙岩等次之，本章以厦门、泉州、龙岩的物流发展现状为例，简述福建物流业的发展情况。

厦门港虽在港口物流业中占据重要地位，但是其经济总量的增长绝对值较小，与其他主要港口城市相比差距较大。厦门港地理位置优越，但它北部有长江三角洲，南部有珠江三角洲，极大地削弱了它的地理优势。另外福建省的两个百万标准箱港口——福州港和泉州港也与厦门紧紧相连，导致货源分流严重，加上周边缺乏有力的经济腹地作支撑，使厦门经济总量不足，极大地制约了物流业的发展。

泉州作为海上丝绸之路的起点，拥有强大的产业集群，但作为品牌之都，它的物流业发展却相对滞后。泉州工业成品的外向度极高，具有不可替代的竞争优势，但由于区位优势相对较弱，受到福州、厦门的双重影响，造成现代物流业发展远不如福州和厦门的局面。

随着国内外的“物流热”，龙岩市也开始注重物流业的发展，但目前龙岩市的物流现状还处于运输、仓储等传统物流层面上，多数物流企业规模较小，并且信息化水平、物流技术水准有很大的不足。虽然有这些限制，但龙岩市政府开始注重物流基础设施的建设并借鉴其他城市的经验，加快物流信息化平台建设，相信它会成为“后起之秀”，发展得越来越好。

二、福建新型城镇化建设现状

新型城镇化不仅带来了人口的集聚，还带来了产业结构的升级以及城镇自身经济、社会、文化等各方面的变化。城镇化在刚开始时只追求扩大城市规模、空间，现在新型城镇化已经改变为以提升城市的生活质量为中心，从提升城市的文化、基础设施、公共服务等着手，以人口的转移为核心，努力提高城镇人民的幸福感，使城镇成为具有较高品质的宜居之所。

同时，新型工业化、信息化和农业现代化的发展在一定程度上也影响了新型城镇化的进程，“四化同步”是经济稳步发展的必然要求，其中新型工业化是经济发展的战略创新，农业现代化是经济发展之本，信息化为经济发展提供技术支持注入新的血液，城镇化为经济发展提供良好的平台。深入推动四化同步发展，使其相辅相成、共同促进，将有效地推动社会现代化的建设。

仍从厦门、泉州、龙岩三个代表性城市入手研究福建的新型城镇化建设现状。厦门在新型城镇化进程中率先走出“三规合一”的新道路，即将国民经济和社会发展规划、土地利用整体规划、城乡总体规划统筹起来，实现"一张蓝图"引领厦门城市发展，不仅解决了自身规划冲突、国土空间、人居环境等多个问题，更为其他城市的新型城镇化建设提供了经验。目前完善的空间规划已初步形成，构建了一个良好的协调发展平台。

泉州的新型城镇化建设主要是以人的城镇化为核心，有序推进农村向城镇的人口转移；加强中心城区和泉州南翼、北翼的建设，提高城镇的综合承载力；推动城乡统筹一体化建设，走具有泉州特色的新型城镇化道路。目前，石狮作为我省首个全域城市化改革试点，已经先行在新型城镇化的道路上迈开步伐，而作为全省首个统筹城乡发展试点县的德化也为全市各地城镇化的发展带来启发。

龙岩较为注重中心城区的建设，通过追求完善的城市功能、较大的城市规模，来提高龙岩的吸引力和辐射力。龙岩以市中心发达区域为南北纵线，如龙岩大道、龙腾路等，呈辐射状带动各区域发展，努力走出一条具有自身特色、闽西风格的现代新型城镇化发展道路。目前龙岩正在进行积极地推进人口市民化、优化城镇化布局形态、强化城镇化发展产业支撑等多项措施，有序地建设新型城镇化。

三、现代物流与新型城镇化的相互关系

新型城镇化与经济社会发展的关系一直是社会经济研究中不容忽视的问题，陈志和薛敬华以及王西琴、何芬、高吉喜研究了城镇化与经济发展之间的协调性，论证了城镇化的良性发展对经济的促进作用[1,2]。新型城镇化在推动经济社会发展中发挥着极为重要的作用，目前人口从农村向城镇转移的现象极为常见，这种大规模的人口聚集将为城乡物流的发展提供更广阔的空间。

现代物流业作为生产性服务行业，为国家经济增长做出了巨大贡献，它融合了运输、仓储、货运代理等性质，位列国家"十大产业振兴规划"之中。同时，物流业作为产业结构转变的重要部分，其发展状况也是衡量产业结构优化与否的重要标志。对此，钟正（2013）以江苏省为例，论证了现代物流业的发展对经济发展有良性的推动作用。谭冰（2013）通过调查分析现代物流与经济发展的协调关系，发现现代物流对经济发展有着重要的促进作用并且经济的发展也进一步完善了物流体系。崔国辉、李显生（2010）以吉林省为例，采用层次分析法深入研究了物流与经济发展的协调性，其研究认为物流业作为国民经济的重要组成部分，不仅对社会经济的发展有很大的影响，更关系着新型城镇化的进程。对于现代

物流与城镇化的关系问题也已有较多研究,比如樊纲(2011)分析了现代物流在提升城市经济水平与区域核心竞争力的关键作用,并认为现代物流可以成为推进新型城镇化进程的有效方式。郑勇军、肖亮、牛言瑜等(2014)研究了现代物流与新型城镇化之间的问题并论证了它们之间良性互动的重要性。

现代物流与新型城镇化的关系是相互依存、相互促进的,他们都是作为经济发展的重要组成部分,简单来说城镇化的发展离不开物流系统的有力支撑,现代物流业的发展在城镇化的基础上更加繁荣。现代物流、新型城镇化都在一定程度上对经济增长有积极的促进作用。

首先,现代物流业的发展与新型城镇化进程相辅相成、相互促进。通过资金流、信息流、物流等服务行业的良好运行使城镇化得以实现,城镇的聚集效应又为物流业的进一步发展提供了机会。城镇化是人口和产业聚集的过程,这样的集聚必然会对物流业产生巨大的需求。城镇具有相对密集的人口、企业群和购买力相对旺盛的人群,成为发展现代物流的载体和依托。

其次,物流业的发展为城镇化水平的提高提供了后续动力。新型城镇化作为载体为物流业的迅猛发展提供了很好的平台,物流业的良好发展也赋予了城镇新的活力,使城镇化进入更高层次。因而,可以说现代物流业是推进新型城镇化进程的助跑器。

综上,现有研究主要集中在城镇化与经济发展、现代物流与经济发展两个层面,而有关现代物流与新型城镇化方面的研究仍较少。但现代物流与新型城镇化都是经济社会发展的重要组成部分,以经济为纽带,可将两者有机地联系起来。因此现代物流与新型城镇化之间相互协调,将有助于充分发挥两者对经济发展的促进作用。本章以福建为例,通过建立现代物流与新型城镇化协调度评价模型,对福建现代物流与新型城镇化的相关性和协调性进行实证研究。

第二节　指标体系与研究方法

一、指标体系

为了对物流产业与城镇化两者间的关系进行定量评价,已有较多研究文献建立了相应的评价指标体系,比如杨华兰、刘长俭、张庆年(2007)通过构建全面的物流需求指标体系对物流需求进行分析，同时采用多种预测方法对各个指标进行动态预测，并给出建立高效城市物流体系的政策建议。曹新磊(2010)通过选取物流需求、供给、效益、效率和可持续发展这五项指标建立物流体系并分析它们对物流发展水平的作用。卫言(2012)通过对经济、人口、资源环境等多方面指标进行分析，综合评价了四川省城镇化水平。

为了合理地选取指标，结合了以前学者的研究实践，从现代物流的供给、需求和发展水平三个层面选取物流发展指标，包括与物流供给相关的物流产业固定资产投资(L_1)、运输里程数(L_2)；与物流需求相关的外贸进出口总额(L_3)、社会消费品零售总额(L_4)、GDP(L_5)；与物流发展水平相关的货物周转量(L_6)、货物运输量(L_7)以及物流产业增加值占 GDP 比重(L_8)等。新型城镇化水平的指标包括：城镇人口比重(U_1)、非农产业就业人口比重(U_2)、人均 GDP(U_3)、第三产业产值比重(U_4)、城镇居民家庭恩格尔系数(U_5)以及居民人均消费水平(U_6)等 6 个指标，涵盖了城镇化的人口、经济和社会生活三个方面，如表 16-1 所示。

表 16-1 福建现代物流与新型城镇化发展水平评价指标体系

衡量维度	评价指标及单位	代码	计算公式
物流产业发展	物流产业固定资产投资	L_1	
	运输里程数	L_2	
	外贸进出口总额	L_3	$=\frac{\text{科学技术部门财政支出}}{\text{公共财政预算支出}}\times 100\%$
	社会消费品零售总额	L_4	
	GDP	L_5	
	货物周转量	L_6	
	货物运输量	L_7	
	物流产业增加值占 GDP 比重	L_8	$=\frac{\text{规模以上工业企业新产品开发经费}}{\text{规模以上工业企业当年主营业务成本}}\times 100\%$
新型城镇化发展	城镇人口比重	U_1	$=\frac{\text{规模以上工业企业新产品销售收入}}{\text{规模以上工业企业当年主营业务收入}}\times 100\%$
	非农产业就业人口比重	U_2	$=\frac{\text{地区国内发明专利授权数量}}{\text{地区国内三种专利授权总数量}}\times 100\%$
	人均 GDP	U_3	
	第三产业产值比重	U_4	
	城镇居民家庭恩格尔系数	U_5	
	居民人均消费水平	U_6	

二、因子分析法

因子分析是一种常用的统计方法,其根据所研究变量之间的内部依赖关系,应用简化数据的技术,用少数几个“抽象”的变量来表示所观测数据的基本数据结构,进而达到指标降维的目的。因子分析一般的数学模型如下:

$$X_i = l_{i1}F_1 + l_{i2}F_2 + \cdots + l_{im}F_m + \xi_i$$

其中,$F_1, F_2, \cdots, Fm$ 为随机变量,称为公共因子,每一个随机变量 X_i 线性依赖于这些公共因子;l_{ij} 是第 i 个变量在第 j 个因子上的载荷(其中 $j=1,2,\cdots,m$),称为因子负载。ξ_i 为特殊因子,表示在原始变量中,公共因子无法解释的部分。一般而言,因子分析方法有以下几个基本步骤,即:对原始变量进行标准化处理,以消除变量之间不同量纲的影响;建立变量之间的相关系数矩阵;按照一定的准则,根据矩阵的特征值和累计方差贡献率大小确定公共因子的个数;建立初始的因子载荷矩阵;对初始因子载荷矩阵进行方差最大化旋转,得到旋转后的因子载荷矩阵;最后计算各因子得分和综合得分,并根据研究目的做出相关分析。

三、隶属度函数协调度评价模型

协调发展是为了实现系统总体演进的目标,两个或两个以上随时间变化的系统在其发展变化过程中,相互配合与协作,子系统间在数量规模上相互适应并保持一定比例的相对关系,互动促进呈现良好发展态势。协调是一个内涵明确而外延不明确的模糊概念,系统间的协调程度评价即是考察系统之间是否具有良性发展关系,其协调状态的评价,一般不能精确地确认是协调还是不协调,而只能从程度上描述协调与否。协调性评价模型一般有耦合协调度和隶属度函数协调度两类,其中隶属度函数协调度模型利用模糊数学的概念,通过隶属度函数测算子系统间的相对协调度,用其反映某一个子系统对其他子系统的满足程度,并进一步得到彼此之间的协调度。与耦合协调度模型相比,该方法在计算系统间协调度时有考虑其在时间维度上的变化,是一种动态协调度模型,对于系统间协调性的动态考察更具有效性。

隶属度函数协调度模型已有较多的研究应用,比如,徐春祥、韩召龙(2014)选取辽宁为研究对象,采集1985—2012年数据对现代物流与新型城镇化的协调性进行了评价研究。张明、杜雨潇、夏恩君(2013)以东北地区为研究对象,选取

1997—2010 年的数据对经济增长与环境质量问题进行协调性评价。李易津(2011)利用协调性的指标体系和评价方法对马鞍山市物流布局协调性进行全面评价,从而对马鞍山市物流布局提供相应的改进对策。刘涛、曹广忠、边雪等(2010)建立城镇化与经济发展、社会发展及区域总体发展水平相对协调关系的指标体系,对浙江省和四川省的城镇化与区域发展进行研究,并给出了良好的建议。石培基、杨银峰、吴燕芳(2010)在研究城市可持续发展问题时,成功地运用因子分析、系统协调度的定量研究方法建立了人口、资源、环境、经济和社会五个可持续发展系统的协调性评价模型。隶属度函数协调度模型一般有如下研究步骤。

(一)计算系统 i 和系统 j 之间的系统适应度

运用模糊数学中隶属度的概念计算两个系统之间的协调程度,称为系统适应度,它能够反映某一个系统实际值与其对于另一个系统协调值的接近程度,其值为[0,1]之间的实数,通过其值大小可以直观地评价两个系统之间的协调发展状况。

用 $\lambda(i\Theta j)$ 表示系统 i 对系统 j 的适应度,其计算公式为:

$$\lambda(i\Theta j)=\mathrm{EXP}\{-(Z_i-Z_{i\Theta j}')^2/\sigma_{i\Theta j}^2\} \tag{16-1}$$

在式 16-1 中,$\lambda(i\Theta j)$ 代表系统 i 对系统 j 发展的适应度。Z_i 为其中系统 i 综合发展水平的实际评价值,$Z_{i\Theta j}'$ 为系统 i 相对于系统 j 的协调值,协调值 $Z_{i\Theta j}'$ 一般通过考察两个系统指标的相关性,通过拟合回归分析得到,$\sigma_{i\Theta j}^2$ 为 $Z_{i\Theta j}'$ 回归分析方程的方差。

从公式可以看出,实际值 Z_i 与协调值 $Z_{i\Theta j}'$ 越接近,λ 值越大,说明系统发展适应度越高,协调值回归分析方程方差 $\sigma_{i\Theta j}^2$ 越大;λ 值越小,说明系统发展适应度越低。当 $Z=Z_{i\Theta j}'$ 时,λ 值为 1,表明系统完全协调,当方差 $\sigma_{i\Theta j}^2\rightarrow\infty$ 时,$\lambda\rightarrow 0$,表明系统完全不协调。

用 $\lambda(j\Theta i)$ 表示子系统 j 对子系统 i 的适应度,同理,用以下式 16-2 可以计算得到。

$$\lambda(j\Theta i)=\mathrm{EXP}\{-(Z_j-Z_{j\Theta i}')^2/\sigma_{j\Theta i}^2\} \tag{16-2}$$

(三)考察系统 i 和系统 j 之间的静态协调度

静态协调度是度量两个系统在某一时刻的协调状况的定量指标,与适应度成正相关的关系。用 $C_s(i\&j)$ 表示两个系统间的静态协调度,其计算公式为:

$$C_s(i\&j)=\min[\lambda(i\Theta j),\lambda(j\Theta i)]/\max[\lambda(i\Theta j),\lambda(j\Theta i)] \tag{16-3}$$

$C_s(i\&j)$的值在0～1之间,而且其值越大,代表协调程度越高。不同的研究文献根据其研究目的和研究细化程度要求对[0,1]有不同的等分划分法,参照10等分的划分方法,对应分为10种协调程度等级[16,17],如表16-2所示。

表16-2 协调度等级划分表

协调度值	0.00~0.09	0.10~0.19	0.20~0.29	0.30~0.39	0.40~0.49
等级	极度失调	严重失调	中度失调	轻度失调	濒临失调
协调度值	0.50~0.59	0.60~0.69	0.70~0.79	0.80~0.89	0.90~1.00
等级	勉强协调	初级协调	中级协调	良好协调	优质协调

$\lambda(i\Theta j)$与$\lambda(j\Theta i)$的值越接近,静态协调度就越大,表明系统i和系统j之间越协调,反之则越不协调。特别的,当$\lambda(i\Theta j)=\lambda(j\Theta i)$时,静态协调度就越大,则系统$i$和系统$j$之间完全协调。

(三)考察系统i和系统j之间的动态协调度

经过以上步骤计算得到不同时点上的静态协调度之后,为了揭示各个时点系统静态协调度的变动趋势,可以进一步计算两个系统的动态协调度,反映在系统发展过程中不断协调的结果累积,具有连续性和动态性。用$C_{d(t)}(i\Theta j)$表示动态协调度,其计算公式为:

对于任一时点t而言,其计算公式为:

$$C_{d,t}(i\&j)=\frac{1}{T}\sum_{k=0}^{T-1}C_{S,(t-k)}(i\&j) \quad 0<C_{d,t}\leqslant 1 \tag{16-4}$$

式中,$C_{s,(t-T+1)}(i\Theta j)$,$C_{s,(t-T)}(i\Theta j)$,$\cdots$,$C_{s,(t)}(i\Theta j)$表示系统i和系统j在$t-T+1$至t中各个时刻的静态协调度,如果对于任意两个不同时刻且$t_1<t_2$,有$C_{d,t1}(i\Theta j)\leqslant C_{d,t2}(i\Theta j)$,则表明系统$i$和系统$j$处于一条协调发展的轨道上,两个系统间的协调性得到优化,反之如果$C_{d,t1}(i\Theta j)\geqslant C_{d,t2}(i\Theta j)$,则表明系统的协调性在恶化或倒退。

第三节 福建现代物流与新型城镇化发展协调性评价

因子分析法的核心就是用少数几个因子去描述许多指标之间的联系,本章采集《福建省统计年鉴》中 1993—2014 年相应统计数据整理得到评价指标值,应用因子分析法快速直观地找出影响现代物流业和新型城镇化的主要因素并测算出综合水平值,然后运用隶属度函数公式计算出协调度值并建立模型,深入地对两者协调性进行研究分析。

一、福建现代物流与新型城镇化综合发展水平测算

根据整理和计算得到福建现代物流与新型城镇化各指标值,运用以上因子分析步骤测算出它们的综合水平值,结果如表 16-3 所示(Z_L代表现代物流发展水平综合得分,Z_U代表新型城镇化发展水平综合得分)。

表 16-3 1993—2014 年福建现代物流与城镇化发展水平综合得分

年份	现代物流 Z_L	新型城镇化 Z_U	年份	现代物流 Z_L	新型城镇化 Z_U
1993	-0.9282	-1.4983	2004	-0.3977	-0.0218
1994	-0.8042	-1.6490	2005	-0.1255	0.1547
1995	-0.8222	-1.4830	2006	0.0246	0.8953
1996	-0.8165	-1.2746	2007	0.2229	0.6125
1997	-0.8188	-1.0388	2008	0.4266	0.6931
1998	-0.8354	-0.8912	2009	0.5785	0.8920
1999	-0.8468	-0.7152	2010	1.1542	0.9357
2000	-0.8345	-0.2752	2011	1.2837	1.0414
2001	-0.7689	-0.1970	2012	1.5782	1.1639
2002	-0.6737	-0.0995	2013	1.7983	1.2590
2003	-0.5369	-0.0289	2014	2.1421	1.5249

从统计意义上来看,应用因子分析方法评价所得的综合得分是评价指标经过数据标准化,通过降维处理得到的一组无量纲化评价值,可以用于评价所评价对象的综合发展情况,其值的大小一般用于不同研究样本间发展情况或者发展趋势比较,综合得分值可以是正值也可以是负值,得分为正值一般表明发展情况高于所研究样本范围内的平均发展水平,得分为负值一般表明发展情况处于平均水平之下。从图 16-1 可以看出,随着时间的推移,只有新型城镇化发展综合评价值在个别年份相比上年出现下降的情况,比如,1994 年比 1993 年低,2006 年

比 2005 年有一个较大跳跃，但之后的 2007、2008 和 2009 三年的评价值都相对较低，直至 2010 年才超越，之后保持持续上升的趋势。总体来看，福建现代物流与新型城镇化综合水平得分不断增长，说明福建不管是在现代物流发展方面还是在新型城镇化建设方面都是在不断进步和发展的。就 1993—2014 的研究样本期间来看，现代物流和新型城镇化的综合评价值分别在 2006 和 2005 年由负值转为正值，表明现代物流在 2006 年之后和新型城镇化在 2005 年之后的发展水平开始处于平均值之上，福建新型城镇化发展略快于现代物流的发展。

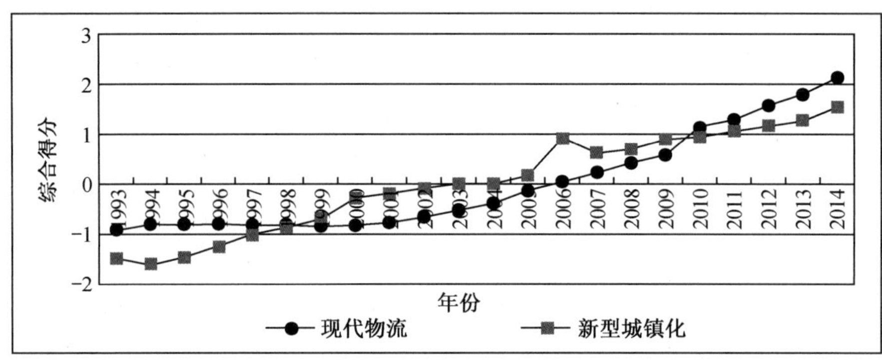

图 16-1 1993—2014 年福建现代物流与新型城镇化发展评价值趋势

二、现代物流系统和新型城镇化系统之间的适应度

用 $\lambda(L\Theta U)$ 表示现代物流系统对新型城镇化系统发展的适应度，用 $\lambda(U\Theta L)$ 表示新型城镇化系统对现代物流系统发展的适应度，为了求得 $\lambda(L\Theta U)$ 和 $\lambda(U\Theta L)$ 的值，首先要计算现代物流系统对新型城镇化系统的协调值 $Z_{L\Theta U}'$ 和新型城镇化系统对现代物流系统的协调值 $Z_{U\Theta L}'$，为了需要建立两个系统的回归关系。对现代物流与新型城镇化综合水平得分进行简单相关系数检验，发现两者有高达 0.875 的相关性，进一步考察两者之间应用三次回归关系模型进行拟合较为合适，应用因子分析法得到的福建省现代物流与新型城镇化发展综合得分值，建立它们的三次回归关系模型。

首先，以新型城镇化水平 Z_U 为因变量，现代物流水平得分 Z_L 为自变量，应用 SPSS19.0 进行回归分析，得到如下回归方程：

$$Z_U = 0.582+0.920Z_L-0.872Z_L^2+0.310Z_L^3+\varepsilon_{U\Theta L} \qquad (16-5)$$

$$R^2 = 0.883,F = 45.32,\sigma^2 = 0.883$$

其中，ε 为回归方程残差值，R^2 为回归方程拟合优度，其值越接近 1，拟合效果越好，F 为方程显著性检验值，σ^2 为方程方差。由该回归方程得到的拟合值即为现代物流发展系统对新型城镇化发展系统的协调值 $Z_{L\Theta U}'$。

同理，以现代物流水平得分 Z_L 为因变量，新型城镇化水平得分 Z_u 为自变量，得到方程如下：

$$Z_L = -0.503 + 0.85Z_u + 0.541{Z_u}^2 + 0.082{Z_u}^3 + \varepsilon_{L\Theta U} \qquad (16-6)$$

$$R^2 = 0.953, F = 122.794, \sigma^2 = 0.954$$

由此回归方程得到的拟合值即为新型城镇化发展系统对现代物流发展系统的协调值 $Z_{L\Theta U}'$，$Z_{L\Theta U}'$ 和 $Z_{U\Theta L}'$ 的值如表 16-4 所示。

将实际值 Z_U、协调值 $Z_{L\Theta U}'$ 和相应的方差 σ^2 代入式 16-5，得到现代物流系统对新型城镇化系统发展的适应度 $\lambda(L\Theta U)$，将 Z_L、协调值 $Z_{U\Theta L}'$ 和相应的方差 σ^2 代入式 16-6，得到新型城镇化系统对现代物流系统发展的适应度 $\lambda(U\Theta L)$ 的值，如表 16-4 所示。

表 16-4 1993—2014 年福建现代物流与新型城镇化静态和动态协调度

年份	协调值		适应度		静态协调度		动态协调度	
	$Z_{L\Theta U}'$	$Z_{U\Theta L}'$	$\lambda(L\Theta U)$	$\lambda(U\Theta L)$	$C_s(L\&U)$	协调等级	$C_d(L\&U)$	变动方向
1993	−1.2710	−0.8349	0.8754	0.6304	0.7201	中级协调	0.7201	—
1994	−0.8830	−0.7983	0.9930	0.4683	0.4716	濒临失调	0.5959	↓
1995	−0.9361	−0.8382	0.9854	0.6468	0.6564	初级协调	0.6160	↑
1996	−0.9192	−0.8743	0.9881	0.8454	0.8555	良好协调	0.6759	↑
1997	−0.9259	−0.8911	0.9871	0.9774	0.9902	优质协调	0.7388	↑
1998	−0.9760	−0.8859	0.9779	1.0000	0.9779	优质协调	0.7786	↑
1999	−1.0106	−0.8612	0.9701	0.9779	0.9920	优质协调	0.8091	↑
2000	−0.9732	−0.6947	0.9785	0.8316	0.8499	良好协调	0.8142	↑
2001	−0.7819	−0.6471	0.9998	0.8087	0.8088	良好协调	0.8136	↓
2002	−0.5283	−0.5793	0.9764	0.7856	0.8046	良好协调	0.8127	↓
2003	−0.2112	−0.5241	0.8868	0.7733	0.8720	良好协调	0.8181	↑
2004	0.0588	−0.5182	0.7898	0.7723	0.9778	优质协调	0.8314	↑
2005	0.4522	−0.3553	0.6853	0.7614	0.9000	优质协调	0.8367	↑
2006	0.6041	0.7536	0.6836	0.9792	0.6982	初级协调	0.8268	↓
2007	0.7472	0.2423	0.7325	0.8663	0.8456	良好协调	0.8280	↑

续表

年份	协调值		适应度		静态协调度		动态协调度	
	$Z_{L\Theta U}'$	$Z_{U\Theta L}'$	$\lambda(L\Theta U)$	$\lambda(U\Theta L)$	$C_s(L\&U)$	协调等级	$C_d(L\&U)$	变动方向
2008	0.8398	0.3764	0.8242	0.9002	0.9156	优质协调	0.8335	↑
2009	0.8824	0.7468	0.9007	0.9782	0.9208	优质协调	0.8387	↑
2010	0.9589	0.8362	0.9577	0.9897	0.9677	优质协调	0.8458	↑
2011	0.9818	1.0646	0.9020	0.9994	0.9025	优质协调	0.8488	↑
2012	1.0806	1.3514	0.7555	0.9638	0.7838	中级协调	0.8456	↓
2013	1.2193	1.5913	0.6841	0.8907	0.7680	中级协调	0.8419	↓
2014	1.5985	2.3448	0.7156	0.4943	0.6907	初级协调	0.8350	↓

三、现代物流与新型城镇化的静态协调度

用 $C_s(L\&U)$ 表示现代物流与新型城镇化两者间的静态协调度，将 $\lambda(L\Theta U)$、$\lambda(U\Theta L)$ 代入式 16-3 有，$C_s(L\&U)=\min[\lambda(L\Theta U),\lambda(U\Theta L)]/\max[\lambda(L\Theta U),\lambda(U\Theta L)]$，计算结果如表 16-4 所示。静态协调度反映每一年现代物流与新型城镇化的协调性，$C_s(L\&U)$ 的值在 0～1 之间，其数值越大，说明协调性越好。

参照表 16-2 协调度等级划分表，对每个年份的协调程度进行识别，识别结果列于表 16-4 中，可知，福建现代物流与城镇化发展在 1993—2014 年期间的静态协调值只有 1994 年的静态协调值为 0.4716，处于濒临失调状态，其余年份的静态协调值都大于 0.6，而且除了 1995、2006 和 2014 三个年份处于初级失调，其余出现 3 个年份的中级协调、6 个年份的良好协调、9 个年份的优质协调，表明福建现代物流与城镇化发展在研究期间大部分都是协调的状态，而且协调程度都较高。进一步采用折线图进行直观的考察，横坐标表示年份 1993—2014，纵坐标表示协调度值，如图 16-2 所示。从图中可以看出，1993—1999 年两者的协调性不断上升，并在 1999 年达到最高值，而在 2000 年之后，静态协调度呈现出上下波动并且有逐渐下降的趋势，说明福建省在现代物流业和新型城镇化协调发展方面还有很大的提升空间，要引起重视。

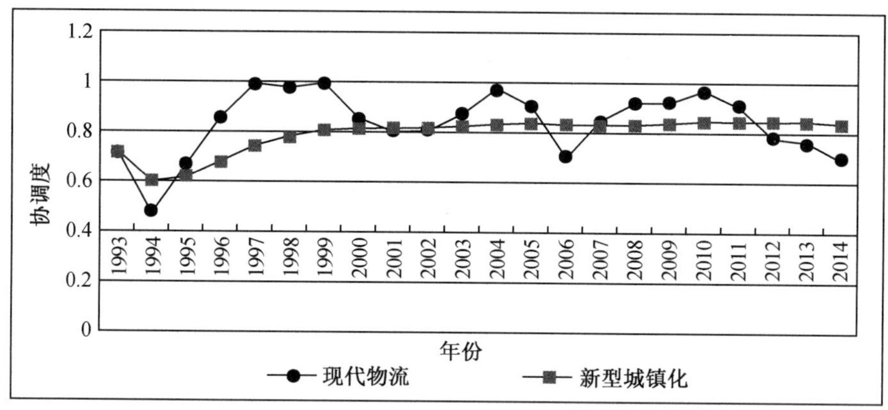

图 16-2 福建现代物流与新型城镇化静态协调性和动态协调性

四、现代物流与新型城镇化的动态协调度

用 $C_{d,t}(L\&U)$ 表示现代物流与新型城镇化两个系统间的动态协调度，其计算公式为：

$$C_{d,t}(L\&U)=\frac{1}{T}\sum_{k=0}^{T-1}C_{S,(t-i)}(L\&U),0<C_{d,t}\leqslant 1$$

式中，$C_{s,(t-T+1)}(L\&U)$，$C_{s,(t-T)}(L\&U)$，…，$C_{s,(t)}(L\&U)$ 表示现代物流系统 L 与新型城镇化系统 U 在 $t-T+1$ 至 t 中各个时刻的静态协调度。将现代物流与新型城镇化的静态协调度 $C_s(L\&U)$ 值代入公式，计算得到两者在 1993—2014 之间各年的动态协调度，结果如表 16-4 所示。

动态协调性反映了每一段时间现代物流与新型城镇化的协调性，这是在某时期发展过程中不断变化的协调性结果的累积，具有连续性和动态性。对于任意两个时点，如有 $C_{d,t1}(L\&U)\leqslant C_{d,t2}(L\&U)$，表示现代物流与新型城镇化处于良好的协调发展状态，反之如有 $C_{d,t1}(L\&U)\geqslant C_{d,t2}(L\&U)$，则表示两者的协调性在退化，将各年动态协调度值与其滞后一项值进行比较，可以识别前后年份动态协调值是升高了还是降低了，用于考察动态协调度大小的变化，变动方向识别结果如表 16-4 所列。从动态协调度数值大小来看，最低出现在 1994 年，其值为 0.5959，最高出现在 2011 年，其值为 0.8488，在 22 年的研究样本期间，只有 1999 年之前 6 年的动态协调度值小于 0.8，1999 年之后动态协调度值一直大于 0.8，而且从图 16-2 可以看出，1993—2014 年福建现代物流与新型城镇化的动态协调性波动较小,说明现代物流业与新型城镇化动态协调性较好并且呈良好的发展趋势,并且从整体来看,动态协调度曲线较为平滑,相对优于静态协调度曲线。

第四节 结论与建议

一、主要结论

经上述研究发现,1993—2014 年福建现代物流与新型城镇化发展的静态协调性有一定程度的波动,但总体动态协调性较好。造成这种情况的原因有很多:

第一,由于靠近台湾的原因,福建在新中国成立后一段时间内一直没有进行大规模建设,加上多山少平原的地理劣势,导致其交通闭塞、经济发展缓慢。改革开放后的较长一段时间内,福建的经济水平虽有所发展但新型城镇化水平仍旧很低,现代物流业发展更是缓慢。

第二,改革开放初期,福建的外商投资增加,掀起了在国内设厂进行加工贸易再出口的热潮,使具有良好港口条件和外贸传统的福建有了良好发展机会,进而带动了物流业的发展,但此时物流业的技术水平显得相对落后而无法满足福建经济建设的需要。

第三,台商的投资也是福建经济发展的一大动力。在 20 世纪八九十年代,福建的企业主要以劳力密集型的中小企业为主,依靠其较好的区位优势,吸引了大量的台商投资。进入 21 世纪后,台商的投资热点转为对资本与技术密集型产业的投资,投资区域转向了长三角、珠三角等地,使福建经济建设步伐缓慢了许多,也阻碍了新型城镇化的进一步发展。

第四,福建的新型城镇化是国家采取计划的手段自上而下开展的,同时,由于过度依赖对外贸易等原因,导致较长一段时间内,福建缺乏对自身基础设施的建设。近年来,福建对基础设施建设的投入不断增加,城市物流业也有了较好发展,但规模仍然偏小,信息化和标准化建设仍然相对落后。

第五,经过数年的发展,福建省的城镇化率已高于全国平均水平并不断提升,现代物流业也已以蓬勃的姿态迅速发展,新型城镇化与现代物流的持续协调发展也将更加有利于福建经济的发展。

二、政策建议

（一）做好城乡规划，布局基础网络，为物流体系建设打牢基础

物流基础网络的建设对于现代物流业的发展至关重要，在福建新型城镇化建设的规划中，应该以铁路、公路和航空联动运输为基础构建现代物流网络体系，加强物流交通基础设施的建设和完善，同时应加大对物流方面高新技术的研发投资，用先进的信息技术带动现代物流业的革新。

（二）做大城镇物流市场，抓住机遇，为产业稳步发展增添动力

近几年电子商务迅猛发展，对城市配送的要求越来越高，福建也要从单纯注重规模增长，向规模、结构、质量、效益并重进行转变。同时随着需求的不断变化，隐藏在其后的巨大的物流市场也逐渐显露出来，对此物流业必须要拓展新的业务，布局新的网络才能发挥其应有的促进作用，比如在电商物流、快递行业、冷链物流等方面可以适当地给予政策支持，为产业的稳步发展增添动力。

（三）加强信息化建设，构建物流信息平台，提高物流服务的效率和水平

着力推进物流信息化建设，对信息化建设项目给予适当经济补助，并把重点放在扶持物流公共信息平台的建设上。在新型城镇化建设过程中，信息化应始终贯穿于新型城镇化建设的各个方面，要注重应用现代物流信息技术构建物流公共信息平台，进一步提高物流服务水平。

（四）加强人才队伍建设，促进就业，推动产业持续发展

在新型城镇化的趋势下，企业发展速度将进一步加快，产业的转型和升级迫在眉睫，这一切都需要大量的人力资源来完成，可以通过与高校联合等方式培养高素质的物流人才，以使现代物流业能够更好地推进福建的新型城镇化建设的进程，同时高素质的人力资源也将持续为物流产业的发展提供新鲜血液，保障产业的健康持续发展。

◆第十七章◆

基于协整分析的泉州港口物流与区域经济发展关系研究

本章提要：选取港口吞吐量和地区国内生产总值等指标用于反映港口物流和区域经济的发展状况，利用福建泉州2000—2012年的相关统计数据建立VAR模型，对时间序列数据进行单位根检验，运用格兰杰因果关系检验确定泉州港口物流发展和经济发展之间的关系，并进行脉冲响应分析，探讨泉州港口物流与泉州经济发展之间的相互影响关系。

当前，物流作为中国十大振兴产业之一，有着无限的发展前景。随着中国外贸的持续发展，港口物流也迅速崛起。世界上很多国家都希望以港口物流作为发展契机，辐射周边地区和相关产业，带动整个国家整体的经济发展。而且，国家或地区经济的发展，可以促进港口物流的发展，港口物流与区域经济发展相互支撑、互为基础。港口物流的发展可以促进一个国家或地区贸易的增长，从而拉动整个国家的经济发展；而经济的发展又可以为港口基础设施的建设和港口物流信息技术的发展提供资金的保障。已有较多应用协整理论和误差修正模型开展港口物流与区域经济发展的研究文献，主要代表有杨月锋、徐学荣（2013）关于厦门进出口贸易与港口物流关系的实证研究，罗永华（2013）以广东茂名为例的研究，梁毅华、陈文静（2011）对深圳港口发展及其影响因素的实证，樊祜广、蒋惠园、田小勇等（2012）探讨港口物流与核心腹地经济发展关系的研究，毕蕾、马龙飞、庄亚明（2009）研究港口与临港城市经济增长的协整关系，李正锋（2009）以连云港为例对江苏沿海港口物流与经济发展的关系开展研究等文献。

关于泉州港的相关研究文献不多，仅见有夏国基（2012）、蔡志纯（2007）两位研究学者有相关研究，夏国基分别在2003和2012年有四篇文献从泉州港口构建对策和未来发展之路等对泉州港口的发展方向做出定性分析。蔡志纯分别在

2001 和 2007 年发表三篇关于发展泉州港集装箱运输的探索,泉州港加速物流中心建设的优势、问题及对策,以及努力把泉州港建成东南沿海区域性枢纽港等相关的文献[8],指出如何利用好泉州港口物流的发展契机,充分发挥泉州港口自身的经济优势来实现泉州港口跨越式的发展, 最终把泉州港发展为东南沿海区域性枢纽港。

综上相关研究文献来看,已有较多学者应用协整理论和误差修正模型开展港口物流与区域经济发展关系的实证研究,是一种有效的实证研究方法和工具。目前以福建泉州为例进行港口物流与区域经济发展的研究,不仅研究文献很少,更未见到运用实证研究方法进行定量分析的文献。本章选取福建泉州 2000—2012 年的相关统计数据,运用计量经济分析,对泉州港口物流与经济发展的关系进行实证研究,可以有力促进福建泉州港口物流与经济的协调发展,提高福建泉州的综合港口服务水平,以此来带动福建泉州经济的发展。

第一节 指标选取与模型建立

一、指标选取与数据处理

泉州港现辖有湄洲湾南岸港区、泉州湾港区、深沪湾港区和围头湾港区 4 个港区,共建设有 16 个作业区,目前拥有 32 座码头、54 个泊位,其中万吨级以上泊位 10 个,年设计吞吐能力可以达到 1921 万吨,这些都为泉州港口的发展提供基本的物流基础设施。根据 2013 年泉州统计年鉴和泉州统计手册的相关统计数据,选取泉州每年的国内生产总值(GDP)和港口吞吐量(TTL)两项指标分别作为泉州经济的发展指标和港口物流的发展指标(万吨)。再对上述指标值采取自然对数变换,分别记为 ln(GDP)和 ln(TTL),以此来消除异方差,减小数据波动,将对数变换后的原始数据用图形表示出来,能够清晰地反映两者的趋势,如图 17-1 所示。

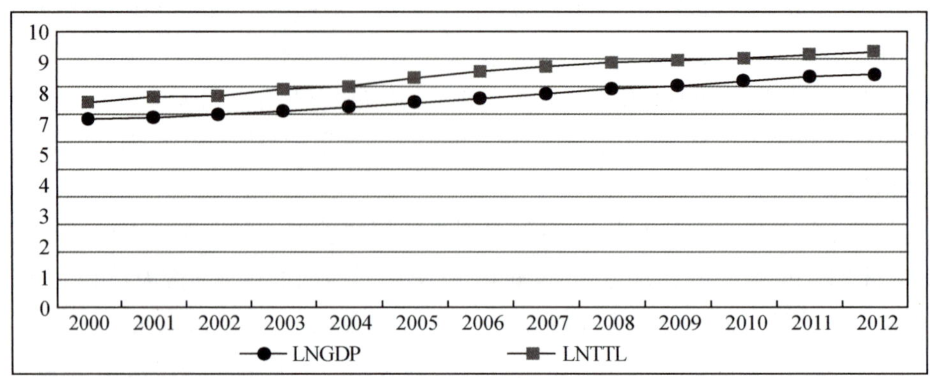

图 17-1 GDP 与 TTL 对数变换后的时间序列图

从图 17-1 可知,ln(GDP) 和 ln(TTL) 时间序列的趋势基本呈稳定增长趋势,再用 CORRECT 函数计算出 2000—2012 年间的相关系数为 0.97,这也说明自 2000 年以来,泉州港口物流与区域经济之间存在较强相关性。

二、模型建立

向量自回归模型(简称 VAR 模型)是自回归模型(简称 AR 模型)的推广,由克里斯托弗·西姆斯(Christopher Sims)提出,是一种常用的计量经济模型,VAR 模型主要应用于经济学的动态性分析,它是基于数据的统计性质上建立的,通过把系统中的每一个内生变量作为系统中所有内生变量滞后值的函数来构造模型,进而将模型由单变量自回归推广到由多元时间序列变量自回归。[2]本章建立向量自回归 VAR 模型,如下方程所示:

$$Y_t = C + \sum_{i=1}^{p} K_i Y_{t-i} + \varepsilon_t$$

其中:Y_t是内生变量向量,本章即为 ln(GDP) 和 ln(TTL) 两个,p 是滞后阶数,K_i是待估计的系数矩阵,C 是常数项,ε_t是随机扰动向量。一般而言,VAR 模型要求变量具有平稳性,而如果变量非平稳但具有协整关系时,基于 VAR 模型做出的判断也可以认为是可靠的。

第二节 实证检验与结果分析

对泉州港口物流与区域经济相关指标的时间序列数据平稳性进行单位根检验，再运用格兰杰因果关系检验确定泉州港口物流的发展和经济之间的关系，最后进行脉冲响应分析，探讨泉州港口物流受到冲击后对泉州经济发展水平的影响和泉州经济发展水平受到冲击后对泉州港口物流的影响。具体如下：

一、单位根检验

因为非平稳序列在各个时点上随机规律不同，因此很难用已知的信息掌握序列总体的随机性，而且用序列做回归分析可以防止伪回归。本章采用 ADF 的单位根检验方法，用于判定每个时间序列是否为单整序列，经检验的结果如表 17-1 所示。

表 17-1 ADF 检验结果

时间序列	ln(GDP)	ln(TTL)	一阶差分 dln(GDP)	一阶差分 dln(TTL)	二阶差分 ddln(GDP)	二阶差分 ddln(TTL)
ADF 检验	5.9310	3.9406	-1.4220	-2.6826	-9.1280	-5.9698
1%	-2.7719	-2.7719	-4.4205	-4.2000	-5.2953	-5.5218
5%	-1.9740	-1.9740	-3.2598	-3.1753	-4.0081	-4.1078
10%	-1.6029	-1.6029	-2.7711	-2.7289	-3.4607	-3.5150
概率 p 值	1.0000	0.9995	0.5240	0.1073	0.0002	0.0065
结论	不平稳	不平稳	不平稳	不平稳	平稳	平稳

注：表中 D 表示差分因子；1%、5%、10% 各栏数值表示不同显著性水平下的临界值。

变量 ln(GDP) 的 ADF 的 t 检验值大于临界值，具有单位根和不平稳性，同样，ln(TTL) 的 ADF 的 t 检验也具有单位根和不平稳性，很难判断两个时间序列的协整关系。由表 17-1 可得，经二阶差分后，dln(GDP) 和 dln(TTL) 的 ADF 值都小于临界值，拒绝原假设，时间序列平稳。

二、VAR 模型估计

根据样本数据计算相应的统计量，利用 AIC、SC 和 HQ 等信息准则，经判断

VAR 模型的滞后阶数为 2 阶,因此可得 VAR 模型如下:

$$\begin{aligned}\ln(GDP) = &0.429\times\ln(GDP)(-1)\\ &-0.150\times\ln(GDP)(-2)\\ &-0.025\times\ln(TTL)(-1)\\ &+0.539\times\ln(TTL)(-2)\end{aligned}$$

($R^2=0.994$　AIC=−2.664　SC=−2.483)

方程中的调整 R^2 为 0.990,S.E=0.055,F 统计量为 237.541。

$$\begin{aligned}LN(TTL) = &-0.297\times\ln(GDP)(-1)\\ &+0.111\times\ln(TTL)(-2)\\ &+0.599\times\ln(GDP)(-1)\\ &+0.378\times\ln(TTL)(-2)\end{aligned}$$

($R^2=0.980$ AIC=−1.360　SC=−1.179)

方程中的调整 R^2 为 0.967,S.E=0.105,F 的统计量为 74.114。

三、协整检验

经过以上的单位根检验,表明港口物流与区域经济指标在时间序列上已经满足协整检验的条件,进一步采用 Johansen 检验法对变量的协整关系进行检验,如表 17-2 所示。

表 17-2　Johansen 协整检验结果

原假设	None *	At most1
特征值	0.876	0.527
迹统计量	31.174	8.234
5%的临界值	15.495	3.841
P 值	0.0001	0.0041

由表 17-2 可知,由于迹统计量为 31.174,大于临界值 15.495,同时其概率 P 值为 0.0001,可以拒绝“None” 没有协整关系的原假设,说明在 5%的显著性水平下,ln(GDP)和 ln(TTL)存在协整关系。根据统计结果,其协整方程:

$$\ln(GDP) = 0.792\times\ln(TTL) + 5.082$$

上述方程中,模型中的系数为正数,说明 2000—2012 年间泉州经济增长与港口物流正相关，有较强的相关性，对港口物流的发展有促进作用。同时，泉州港口物流吞吐量 ln(TTL)每增加 1%，会对泉州经济做出 0.792%的贡献率，泉州经济 ln(GDP)将增加 0.792%。实行“一港一政”管理，推行“地主港”经营模式，规划建设物流园区和有力的政策扶持，这些都极大地促进了港口经济的发展。

四、格兰杰检验

为了进一步考察泉州港口物流和区域经济之间是否构成因果关系以及发展方向如何，选择滞后期为 1 的格兰杰检验，结果如表 17-3 所示。

表 17-3 格兰杰检验结果

原假设	F 值	P 值	结论
ln(TTL)不是 ln(GDP)的格兰杰原因	7.4421	0.0237	拒绝原假设
ln(GDP)不是 ln(TTL)的格兰杰原因	0.1419	0.8705	接受原假设

由分析结果可知，接受 ln(GDP)不是 ln(TTL)的格兰杰原因的原假设，即在 5%的显著水平上，泉州港口物流发展是泉州经济发展的原因，表明近年来泉州港口物流的发展促进了泉州经济的增长，是泉州经济增长的重要因素。

五、脉冲响应分析

利用脉冲响应模型来反映泉州港口物流与区域经济之间的关系，脉冲响应分析所描述的是，在接收到一个标准差大小的冲击之后，对 VAR 模型中内生变量的影响情况。

Response of TTL to GDP 和 Response of GDP to TTL 分别表示 GDP 变动 1 个标准差对 TTL 的脉冲函数响应图、TTL 变动 1 个标准差对 GDP 的脉冲函数响应图；蓝线表示 GDP 和 TTL 受冲击后的走势，红线表示走势的两倍标准误差。

其中 Response of TTL to GDP 部分显示了泉州港口物流在受到 GDP 的短暂负向冲击后，第 2 期降至最低点之后迅速攀升，于第 3 期达到峰值，然后冲击作用开始减弱，但总体基于平稳。这说明泉州经济的发展对港口物流具有一定的推动作用，只是不同时期强弱不同，这与泉州活跃的民营经济有关。尽管当前面临着汇率变化、原料价格上涨、用工紧张等诸多因素的考验，泉州的民营经济仍然表现出良好的发展态势,自 1999 年以来,泉州 GDP 已经连续十几年位居福建省首位,这为泉州物流产业的发展提供了坚实的需求基础,而且近年来泉州外贸交易额的持续增长,也在很大程度上促进了泉州港口物流的发展。

Response of GDP to TTL 显示泉州经济 GDP 受港口物流吞吐量 TTL 的正向冲击后,从第二期开始就开始持续上升,到了第三期之后相当长的一段时间内一直保持着巅峰的发展状态,第五期后发展动力稍弱,呈下降趋势,但是总体保持着平稳健康的发展状态。这主要是因为近几年泉州一直加快建设泉州港口基础物流设施,吸引航运龙头企业投资,落户泉州,努力把泉州打造为集物流、信息、金融、专业市场"四位一体"的现代化口岸和国际物流中心,物流业的快速发展极大地推动了泉州地区经济的发展。

第三节　结论与建议

综上所述,泉州港口物流的发展促进了泉州经济的增长,是泉州经济增长的重要推手,为加快泉州港口物流的发展,推进泉州经济的发展,提出以下建议:

一、加大投资力度，不断完善港口的基础设施建设，加强港口的配套服务体系

加快建设铁路、公路、水路、航空和管道"五位一体"的集疏运体系。在港航方面,要做好梅林、石井等作业区的规划调整,强化泉州湾中心港区的功能定位;同时在原有作业区较强码头装卸能力的基础上,加快泉州湾航道二期工程建设进度,坚持政府主导与市场引导并举,形成投资主体向多元化转变,形成国有或国有控股投资,利用外资和吸引民间资金投建码头等多元化的发展格局,完善港口的交通、通信等基础设施建设,增强港口的配套服务水平。

二、积极发展临港工业，以港口经济为载体，推动区域经济再增长

依托福建炼化、泰山石化、泉州船厂等龙头企业,发挥龙头企业的聚集和带动作用,逐步使泉州的产业结构由轻型逐步向重型化和高度化发展,以科学和发

展的眼光做好各港区临港工业的发展布局规划,加快石油化工、修船造船等港口经济新兴产业的发展,培育和壮大新兴产业集群发展,形成泉州新的经济增长点。同时,鼓励扶持发展港口物流中介机构,吸引各大船货公司来泉设立代理服务机构,为临港工业和港口经济发展营造优良的外部环境。

三、加大港口信息化建设力度,推动泉州电子口岸信息平台建设

应该加大对于港口信息化建设的扶持和奖励力度,引导港航企业加快信息化建设进程,激发中远集团、中石化公司、中化集团等一批已经在泉州投资兴业的大型企业的投资热情和投资力度,发挥这些龙头企业在信息化建设方面的拉动和带动作用,形成信息化建设的良好氛围。同时加快大型港航企业合作,着力推行“地主港”经营模式,改革港口管理机制,鼓励并扶持港口物流中介机构和代理服务组织的信息接入和联网,实现港区内的信息资源共享机制,以信息化和标准化建设,加快货物通关速度,为港口物流和地区经济发展起到润滑加速作用。

四、加大港口经济发展的扶持力度,增强港口经济发展后劲

应该因势利导,加快出台相关的扶持和奖励政策,鼓励在法律、法规和政策允许的范围内,对于落户企业在港区用地和税收方面给予尽可能的优惠和必要的扶持,进一步吸引国内外大型港航企业到泉州投资建设和经营港口,发挥他们在资金、市场、渠道和管理水平的优势,起到作为龙头企业的聚集带动作用,吸引其配套产业和上下游企业到泉州投资和发展;同时加大对于本地的优质企业的引导和扶持,发挥当地企业的地缘和人缘优势,促进企业的进一步做大做强,促进泉州港口经济的发展。

◆第十八章◆

泉州港口物流与城市经济协同度模型研究

本章提要：港口物流是一个新兴的产业，发展潜力巨大，港口物流和城市经济的发展与建设是相辅相成的。近几年来，随着泉州港口物流业的快速发展，泉州港口对城市经济发展的带动作用越来越明显，两者之间的关系也越加紧密。本章在分析泉州港口物流与城市经济增长互动的基础上，运用协同理论，构建港口物流与城市经济协同度测度模型，利用2000—2012年的数据，对泉州港口物流与城市经济发展程度进行评价，并计算两者之间的协同度，结果验证了该模型的有效性及港口物流与城市经济协同发展的水平。

随着世界经济日益全球化的发展，区域经济一体化和对外开放程度的日益提高，世界经济已经慢慢地融为一个整体，各种资源、商品在全球范围内自由流动，由此而带来的对外经济贸易也越加频繁。对外经济贸易的发展，很大程度上增加了对货物综合运输的要求。随着世界经济一体化的快速发展，港口物流业在全球经济活动和综合运输网络中发挥的作用也越加明显。港口物流业的发展所带来的经济效益，不仅体现在港口本身的发展，而且综合体现在对港口城市经济的带动作用上。它在推动城市经济、国民经济、国际贸易以及促进就业等各个方面中也都发挥了极其重要的作用，并且也优化了港口物流所在城市以及地区的产业结构。与其同时伴随着城市经济的发展，港口物流业的功能也在不断地发生变化，与港口物流相关的各项服务也都慢慢地发展起来，港口再也不是只是装卸货物的转运地，而是成为综合全面的物流网络平台和货物的分拨中心。港口物流在城市经济中的地位也越来越举足轻重，既是带动城市经济发展的核心战略资源，也是调整产业结构的重要推动力。

本章主要是通过建立港口物流与腹地经济协同性评价指标体系并确立协同

等级。港口物流与城市经济协同度主要是指城市经济增长与港口物流业发展两者之间的相互配合和彼此促进的程度。从定量的角度来分析,动态反映出港口物流业发展与城市经济增长的辨证关系,从而明确现阶段港口物流业与城市经济发展的协同程度如何,充分挖掘港口物流自身的优势以及促进城市经济的快速发展,该问题虽然已经受到社会专家的广泛关注,但目前的许多研究大多只是通过不同的定量方法证明港口物流与城市经济发展之间存在的关联性,并没有对港口物流与城市经济的协同发展程度进行分析。所以本章概述了协同理论并运用其建立了泉州港口物流与泉州城市经济协同度模型,研究并得出泉州港口物流在推进泉州城市发展过程中与泉州经济的协同发展程度。

第一节 泉州港口物流与泉州经济的互动发展规律

一、泉州港口物流对城市经济发展的推动作用

港口物流是带动城市经济发展的重要力量。随着泉州港口物流业的发展,港口的功能由单一向多元化方向转变,不仅有港口直接产业,同时还产生了大量的港口关联产业,并且吸引了大量的港口依存产业。同一个时期,经济增长主要集中于一个或几个主导产业或地区。发展港口物流业是改善投资环境、扩大招商引资的重要措施。近几年,随着我国沿海地区政策对港口的大力支持和推广以及港口经济的迅速发展,港口逐渐成为城市经济发展的重要带动力量。

二、港口物流促进城市产业结构升级,优化产业布局

发展城市经济需要各种资源源源不断的支持,而这些资源在空间的分布上并不均衡,这就需要靠运输来进行调节。港口城市作为货物运输的重要节点,在海陆运输链中起着重要的作用。港口在城市发展和区域经济增长中发挥着重要的市场配置资源作用,从而使各种资源不断地向港口和城市地区集中靠拢,促使更多的跨国公司、相关企业、关联产业和供应商相应集中,形成了相对比较完善的产业链条,从而在很大程度上促进了城市经济的高速发展、产业升级,同时优化了产业布局。

港口物流能够推动第二产业发展，同时可以带动相关服务产业的发展，在经济全球化大趋势下，沿海港口和海洋运输产业的发展，使港口与城市的发展日趋紧密融合。港口物流发展对城市经济发展具有很大的极化作用，在城市经济快速的发展过程中，会产生一定的贫富的差距，会因为资源分配的问题不可避免地逐步形成中心城市、周边城市和农村地区。现代港口作为全球运输网络中的一个重要节点，顺应全方位的增值服务方向发展的需要，在发展的同时推动中心区域的产业向周边地区进行大幅度的转移，从而使各个产业链在整个区域的联系更为紧密，产生集聚效应，加强整体性的效果，从而使各种产业在城市的共同发展中相互促进、协调发展。

三、泉州经济的发展对港口物流业的推动作用

泉州港口物流业的兴旺衰败与泉州经济的发展是紧密相连的。随着泉州经济的快速发展，腹地经济状况成为影响泉州港口兴衰的决定性因素。泉州经济规模的持续扩大、经济活动的飞速发展是泉州港口发展的支撑点和动力点。泉州港口物流业的快速发展，为泉州经济的发展提供了比较广阔、完善的发展平台，从而带动沿海城市临港产业的发展，同时也带动泉州经济腹地的快速发展。同时，泉州经济的增长会增加对港口吞吐量的需求，从而在一定程度上拉动泉州港口物流的发展。首先，泉州港口物流的发展与港口各种相关吞吐量的增加需要泉州经济的发展为其提供大量的货源和货运需求。其次，泉州经济的发展也为泉州港口物流的发展在空间上提供了很大的保障。最后，泉州经济的发展能够为港口物流的发展提供相关性服务。信息业、服务业以及运输业等相关行业服务与港口物流的发展有很大的关联性。因此，如果没有了城市经济在资金和物质上的支持，港口物流及其相关产业的发展必定受到一定程度的制约。

第二节　港口物流与城市经济协同度

遵循以下四个步骤构建的港口物流与城市经济协同度模型。

一、选取指标，确定序参量

科学地量化泉州经济与港口物流发展水平，需要构建一些能够全面综合地反映泉州经济发展的指标体系，以及支撑城市经济发展的物流指标体系和评价方法。根据协同理论的定义，序参量就是指能够确定系统的宏观行为，并体现系统的有序化程度的参数变量。选取序参量首先要遵循代表性、可获得性以及综合性，其次应该遵循静态与动态相结合的原则。本章在构建泉州港口物流与城市经济协同度模型时，选取了可以代表泉州经济发展状况的 7 个序参量和泉州港口物流业发展状况的 4 个序参量，如表 18-1 所示。

表 18-1　序参量

维度	指标
港口物流	货物运输量、货运运输周转量、港口集装箱吞吐量、港口货物吞吐量
城市经济	地区生产总值、工业总产值、人均 GDP、人均可支配收入、社会消费品零售总额、进出口总额、固定资产投资

二、序参量对其相应子系统的贡献度

通过熵值赋权法分析序参量对其相应子系统的贡献度，步骤如下：

（一）对各个指标进行标准化处理

因为熵值确定求权重法在赋值时会出现纲量的影响，所以要对各个指标进行标准化处理。我们设 $X_{ij}=\{x_{ij}\}$ （ $0\leqslant i\leqslant n, 0\leqslant j\leqslant m$ ），m 为评价体系中的评价指标，n 为评价年份的评价系统构成的初始数据矩阵。其中，x_{ij} 为第 i 个年份第 j 项评价指标的数值。采用极差最大化变换法，当选取的指标为正向指标时，有 $X_{ij}=\dfrac{x_{ij}-\beta_{ij}}{\alpha_{ij}-\beta_{ij}}$；当选取的指标为逆向指标，有 $X_{ij}=\dfrac{\alpha_{ij}-x_{ij}}{\alpha_{ij}-\beta_{ij}}$。其中 α_{ij}、β_{ij} 为各个序参量的上限和下限值，换个说法也就是 $\alpha_{ij}<X_{ij}<\beta_{ij}$。$X_{ij}$ 表示对系统的贡献度，可知 $X_{ij}\in(0,1)$，$X_{ij}\to 0$，说明该 X_{ij} 对系统的贡献度越小；$X_{ij}\to 1$，说明该 X_{ij} 对系统的贡献度越大。从泉州港口与城市经济间的共同生长关系可知，X_{ij} 是增加的；而且各个子系统中的 X_{ij} 对应其相应的子系统总贡献在实际中可以采用线性加权法来计算。设

标准化矩阵为 $Y=\{y_{ij}\}n\times m(\ 0\leqslant i\leqslant n,0\leqslant j\leqslant m)$ ，其中，$y_{ij}=\frac{x_{ij}^{'}}{\sum x_{ij}^{'}}$，则 $0\leqslant y_{ij}\leqslant 1$。

（二）信息熵值 e_j 和信息效用值 d_j 的运算

假设第 j 项评价指标的信息熵值为 e_j，e_j 是度量对象的数据的效用价值，$0\leqslant e_j\leqslant 1$，其计算公式为：

$$e_j=-\frac{1}{\ln n}\sum_{i=1}^{n}y_{ij}\ln y_{ij}$$

设 d_j 是第 j 项评价指标的信息效用价值，则

$$d_j=1-e_j$$

如果计算出的 d_j 值越大，表明第 j 项评价指标的越重要，权重也越大。

（三）各个评价指标权重的确定

$$w_j=\frac{d_j}{\sum_{j=1}^{m}d_j}$$

（四）样本评价值的运算

假设第 i 个年份第 j 项评价指标的评价值为 f_{ij}，

可得 f_i 是第 i 个年份评价值，则有：

$$f_{ij}=w_j\times x_{ij}^{'}$$

$$f_i=\sum_{j=1}^{m}f_{ij}$$

如果一个年份的评价值 f_i 越大，那我们就可以得出第 i 个年份发展情况越好。

三、泉州港口与城市经济系统间的协调度

港口物流与城市经济系统之间的协调度表现为港口物流与城市经济综合发展水平在一定的水平条件下，两者之间综合发展水平进行组合协调的程度。

设泉州港口物流与泉州经济系统在第 i 个年份的综合发展水平分别为 $f_{i(L)}$、$f_{i(E)}$，借鉴物理学中的容量耦合度概念及容量耦合系数，得到港口物流与城市经济系统协调的耦合度模型，即：

$$CI=2\sqrt{\frac{f_{i(L)}\times f_{i(E)}}{[f_{i(L)}+f_{i(E)}]^2}}$$

CI 为系统耦合度值，CI 越大，说明港口物流与城市经济系统的综合发展水平协调程度越高，反之则越低。但是，可能会出现 2 个子系统的综合序参量 $f_{i(L)}$、$f_{i(E)}$ 的值都比较低，但得分相近的情况，即出现 2 个系统协调发展程度较高的“伪协调”。协调度虽说在一定程度反映了泉州港口物流与泉州经济在时刻 t 的协调程度，但还是无法全面综合地反映该系统在当时所处的实际发展水平，协调可以认为是一种手段和方法，但其最终的目的还是追求港口物流与城市经济间的快速和谐、科学、可持续地发展，仅仅依靠系统间的协调度来判别很容易产生误导，不管是经济系统还是物流系统都有其动态和不平衡的特征。为避免泉州港口物流和泉州经济发展水平两者均处于较低水平但系统协调的异常情况，本章采用协同度来计算并衡量泉州港口物流与泉州经济发展的协同程度。

四、泉州港口物流与泉州经济间的协同度

本章将协调度与港口物流、城市经济系统的综合发展水平结合起来计算系统的协同度 D_i，即：

$$D_i = \sqrt{CI \times Z}$$

其中，$Z = [f_{i(L)} + f_{i(E)}] \div 2$ 表示泉州港口物流与泉州经济在第 i 个年份的综合发展水平。$D_i \in (0,1)$，当 $D_i \to 1$ 时，系统间的协同度越大，表示泉州港口物流与泉州经济系统间达到有效的协同发展水平，系统趋向有序的结构发展；相反的，当 $D_i \to 0$ 时，系统间的协同度越小，泉州港口物流与泉州经济系统之间处于无关状态，系统趋向无序的结构发展，泉州港口与泉州经济间的协同度等级划分可参照表 18-2。

表 18-2 港口物流与城市经济协同度等级划分

D_i	(0,0.3]	(0.3,0.5]	(0.5,0.8]	(0.8,1]
协同度等级	低度协同	中度协同	高度协同	极度协同

在不同状态，港口与腹地经济系统的协同发展有不同的协同发展模式，体现了两者的复杂性、动态性和阶段性。通过借鉴其他相关文献以及结合协同度在实际生活中的应用，系统协同度值可以划分为 4 种类型，分别是：(1) 当 $D_i \in (0,0.3]$ 时，系统处于低度协同状态，此时的港口物流与城市经济协同发展水平为传统的协同发展模式，此时城市经济的发展水平相对较低，对港口物流的需求量会

比较小。港口物流的市场较小,主要表现为传统物流,作业效率相对较低。(2)当 $D_i \in (0.3, 0.5]$时,港口物流与城市经济处于中度协同状态。此时港口物流与城市经济协同发展可以说是正在发生改变,即从传统的协同发展模式走向现代协同发展模式,可以看出当城市经济发展水平速度加快时,对港口物流的需求也会随之增加,港口物流的作业效率也将大幅度地提高。(3)当 $D_i \in (0.5, 0.8]$时,港口物流与城市经济处于高度协同状态。"物流追随型"和"物流带动型"为该系统的主要表现形式,城市经济和港口物流的发展程度决定该系统处于哪种模式。(4)当 $D_i \in (0.8, 1)$时,港口物流与城市经济处于极度协同状态。此时城市经济的发展对物流需求及供应达到一定程度上的协调,城市经济和港口物流的协同发展模式主要以"结合型"为主。由于城市经济发展不断扩大,所以对港口物流的质量和供应能力也都提出了更高的要求,港口物流不但要在供应能力上尽量满足城市经济发展的需求,而且还要不断通过提升港口物流的质量来满足城市经济的发展;城市经济的发展环境需要港口物流的发展为其提供,两者相辅相成,形成相互促进、协调发展的格局。

第三节 实证结果与分析

通过测定泉州港口物流与泉州经济协同度,并运用上述模型来验证该模型的有效性。根据港口物流与城市经济协同发展定量评价的思路,采集泉州统计局《泉州市统计年鉴》(2001—2013)相关统计数据,按照以下步骤进行实证研究。

一、确定序参量权重

计算出泉州经济与泉州港口物流每个序参量的权重,如表 18-3 所示。

表 18-3 泉州港口物流和城市经济各序参量权重

城市经济发展序参量	权重	港口物流发展序参量	权重
进出口总额(亿美元)	0.2823	货物运输量(万吨)	0.1506
固定资产投资(亿元)	0.2128	货物运输周转量(万吨公里)	0.4400
人均可支配收入(元)	0.0675	港口集装箱吞吐量(万标箱)	0.2239

续表

城市经济发展序参量	权重	港口物流发展序参量	权重
工业总产值(亿元)	0.1395	港口货物吞吐量(万吨)	0.1855
社会消费品零售总额(亿元)	0.1045		
地区生产总值(亿元)	0.1034		
人均 GDP(元)	0.0899		

二、泉州港口与城市经济协同性计算结果

计算泉州港港口物流与城市经济系统序参量协调适配度,进一步得到泉州港口物流与城市经济系统的协调度和协同度,结果如表 18-4 所示。

表 18-4 泉州港口与城市经济协调和协同度计算结果

年份	港口物流子系统协调适配度	经济子系统协调适配度	协调度	协同度
2000	0.0699	0.0676	0.9999	0.2622
2001	0.0983	0.0776	0.993	0.2955
2002	0.1056	0.0931	0.998	0.3149
2003	0.1429	0.1190	0.9959	0.3611
2004	0.1946	0.1593	0.995	0.4196
2005	0.2555	0.1992	0.9923	0.475
2006	0.3480	0.2438	0.9844	0.5397
2007	0.4350	0.3165	0.9875	0.6092
2008	0.5183	0.3948	0.9908	0.6726
2009	0.5309	0.4365	0.9952	0.6939
2010	0.6466	0.5510	0.9968	0.7726
2011	0.7781	0.7163	0.9991	0.864
2012	0.8930	0.8932	1	0.9451

三、泉州港口物流与城市经济系统协同分析

由泉州港口物流与泉州经济协调适配度及协同度的变化趋势来看,2000—2012 年泉州港口物流与泉州经济系统间的协调度集中在某一数值上下波动,变化不大;然而两者的协同度在不断地逐渐增大。与建立该模型之前所提出的经济"伪协调度"相互印证,不能全面综合地反映泉州港口与泉州经济系统在某个时刻所处的实际发展水平。总体而言,泉州港口物流与泉州经济协同发展水平逐年提高,可以将泉州港口物流与泉州经济系统的协同发展分为四个阶段:

(1)2000—2001 年,这一时期泉州港口物流与泉州经济系统协同发展整体水平低,属于传统发展模式,处于系统间相互适应磨合阶段。泉州港口物流与泉州市经济的发展相互独立,泉州港为泉州市经济提供港口基本功能服务;泉州市经济能促进泉州港的发展,但对港口物流需求有待开发,两者互动较少。

(2)2002—2005 年为中度协同发展模式。本期间泉州港口与城市经济的协同度为 0.3149～0.4750,由于泉州市经济发展速度较快,对物流市场的需求加大,泉州港在腹地进出口贸易中的地位急剧上升,同时,泉州港为了适应经济发展和提升作业效率的需要,不断加大对港口基础设施的建设。

(3)2006—2010 年为高度协同物流发展模式。这段时期泉州港口物流与城市经济两者的发展相互依存,泉州港口不仅为泉州市经济提供港口基本功能服务,还与各经济产业融合,成为泉州市经济产业链的关键节点,融合到泉州市经济发展当中;同时,临港工业的发展和壮大,也直接促进了泉州港港口功能的演变进化。

(4)2011—2012 年,两系统间极度协同。泉州经济子系统对系统协同度占主导作用,趋势持续上升,泉州市经济子系统内部序参量推动作用明显,说明泉州经济的发展对港口物流的要求和需求很高,这种需求促进了港口相关服务业的发展和港口物流体系结构的优化;泉州港港口自身不断地发展和完善,在一定程度上为泉州经济的发展提供了高水平的港口物流服务以及优质的对外贸易环境,港口物流与泉州经济系统协同发展水平达到很高水平。

四、小结

本章主要是通过结合港口发展和城市经济发展的主要影响因素来选取协同

性评价指标体系，对泉州港口物流与城市经济系统的协同度进行实证分析，同时，对港口物流与城市经济子系统及其内部序参量的贡献度进行了分析，以更深层次地了解协同度的变动影响因素。全面客观地评价港口物流与城市经济协同发展水平和状态，港口物流的发展能够提高城市经济运作效率，降低交易成本；城市经济的发展在促进港口物流的水平和质量的提高上也存在明显的作用，两者之间最终实现协调一致的发展。

◆参考文献◆

[1]PoulOve Pedersen. Freight transport under globalisation and its impact on Africa [J]. Journal of Transport Geography, 2001, 9(6):85-99.

[2]Neringa Langvinien ė, Gelmin ė Sližien ė. Management of Sustainable Transport and LogisticsServices Sector's Growth in the Context of Lithuanian Economic Development[J]. Procedia - Social and Behavioral Sciences, 2014, 156(11):18-23.

[3]Hooi Hooi Lean, Wei Huang, Junjie Hong. Logistics and economic development: Experience from China [J]. Transport Policy, 2014, 32(3):96-104.

[4]邓聚龙.社会经济灰色系统的理论与方法[J]. 中国社会科学,1984(06):47-60.

[5]朱宝璋. 关于灰色系统基本方法的研究和评论[J]. 系统工程理论与实践,1994,04:52-60.

[6]张鹏伟.河南省物流发展影响因素的灰色关联分析[J].生产力研究,2011(06):75-76,82.

[7]敬春菊.现代物流业与其相关产业灰色关联度研究——基于山西省的实证分析[J]. 数学的实践与认识,2010 (04):47-52.

[8]任继奎,黄章树.福建省物流产业与相关产业的灰色关联度研究[J].福建论坛(社科教育版),2007 (04):109-112.

[9]黄晗.我国物流业发展影响因素的实证研究——基于灰色关联分析模型[J].物流技术,2013(09):261-263.

[10]高胜,张希风.浙江省区域物流发展影响因素灰色关联分析[J].铁道运输与经济,2013(09):49-53.

[11]张广胜.基于灰色关联投影模型的物流能力评价研究[J]. 北京交通大学学报(社会科学版),2014(02):15-19.

[12]宋新平.区域经济视角下区域物流发展研究——基于灰色关联分析[J].经济与管理,2014(05):79-83.

[13]颜双波.福建区域物流与经济发展关联研究[J].泉州师范学院学报,2014(06):110-116.

[14]李学全,李松仁,韩旭里.灰色系统理论研究(Ⅰ):灰色关联度[J].系统工程理论与实践,1996(11):92-96.

[15]尹叶青.基于灰色关联理论的物流一体化与经济增长的关系研究[J].物流技术,2013(21):133-135,274.

[16]吕锋.灰色系统关联度之分辨系数的研究[J]. 系统工程理论与实践,1997(06):50-55.

[17]王珍珍,陈功玉.我国制造业不同子行业与物流业联动发展协调度实证研究——基于灰色关联模型[J]. 上海财经大学学报,2010,(03):65-74.

[18]王振锋,王淮东,等.基于非线性主成分分析法的区域物流发展综合评价模型[J].河南农业大学学报,2006,05:545-548,552.

[19]李玉民,李旭宏,等.基于主成分分析的区域物流综合评价及发展战略[J]. 交通运输系统工程与信息,2004,4(2):91-95.

[20]汪波, 杨天剑, 赵艳彬. 区域物流发展水平的综合评价 [J]. 工业工程,2005,8(1):83-93.

[21]江罗凝.基于 SPSS 的区域物流竞争力评价分析——以浙江省为例[J].物流技术,2011(2):101-103.

[22]冯华,胡娟.基于主成分分析的区域物流能力研究[J].商业时代,2009,10:16-17.

[23]田华杰,杨蕾.基于因子分析法的区域物流能力评价——以河北省为例[J].商业时代,2010,36:125-126.

[24]苏杰,王巍娟,王晓.基于主成分分析的山东半岛蓝色经济区域物流能力分析[J].江苏商论,2012,04:66-68.

[25]王伟,陈伟成,等.基于协同学理论的区域物流与区域经济协调度度量研究[J].中国市场,2010,15:6-8.

[26]毕克新,孙德花.基于复合系统协调度模型的制造业企业产品创新与工艺创新协同发展实证研究[J].中国软科学,2010,09:156-162,192.

[27]蒋柳鹏,封学军,王伟."港口—产业—城市"复合系统协调度模型[J].水利经济,2011,01:11-14,18,73.

[28]张鹏伟.物流业对河南经济增长的实证分析[J].生产力研究,2011,04:80-82.

[29]徐茜,黄祖庆.区域物流与区域经济发展互动关系研究——以浙江省为例[J].统计与决策,2011,09:116-119.

[30]赵娜,戚方亮,等.长三角区域现代物流发展现状与展望[J].福建论坛(社科教育版),2011,12:113-114,107.

[31]谢晓燕,吕琳娜.国内外区域物流研究述评[J].物流科技,2012,01:13-17.

[32]袁怀宇.基于面板数据的区域物流与经济增长关系研究[J].山东社会科学,2012,03:109-111.

[33]周凌云,周晶,穆东.基于 DEA 的区域物流系统协同发展评价[J].武汉理工大学学报(交通科学与工程版),2014,01:64-68,73.

[34]杨昕,杨菲.西部物流与区域经济发展研究[J].物流技术,2013,03:27-29.

[35]刘云丽,罗喆,苏友娣.现代物流促进区域经济增长的模式研究[J].物流技术,2013,05:195-197.

[36]王小丽.基于主成分分析的城市物流能力测度实证研究[J].物流技术,2013,09:284-286.

[37]罗铭,陈艳艳,刘小明.交通—土地利用复合系统协调度模型研究[J].武汉理工大学学报(交通科学与工程版),2008,04:585-588.

[38]陆成云.我国物流园区产业聚集研究[J].综合运输,2012,01:39-42.

[39]杨春河,张文杰,邱潇潇.中国区域性物流集聚实证研究[J].物流技术,2006,07:1-3,13.

[40]汤国生.城市物流产业集群的集聚机理[J].中国流通经济,2014,04:65-69.

[41]王瑞荣,李志彬.区域经济发展与物流产业集聚程度的相关性研究[J].物流技术,2014,11:246-248.

[42]马文省.物流项目管理及物流产业信息化集群模式[J].物流技术,2014,13:265-267.

[43]宋宝瑞,刘勋,等.物流产业对区域经济增长的贡献研究——以河北承德为例[J].物流技术,2014,15:220-222.

[44]莫维冰.城市产业结构、区域竞争力与地区经济增长关系分析[J].商业

时代,2013,18:137-138.

[45]陈鹏.珠江三角洲地区物流产业与城市群竞争力关系研究[D].长安大学,2013.

[46]张红.基于灰色理论的物流产业与经济协调发展研究[D].华东交通大学,2011.

[47]范林榜.物流发展与经济增长关系实证研究——以苏北苏中苏南典型地区为例[J].淮海文汇,2014,03:30-34.

[48]李爱真.基于灰色关联度的河南省产业集聚水平分析[J].河南师范大学学报(自然科学版),2013,04:36-39.

[49]周泰,王亚玲.提高我国区域物流能力的策略研究[J].科技管理研究,2012,03:18-22.

[50]高詹.区域物流效率空间结构与效应分析[J].兰州学刊,2014,01:137-144.

[51]龚迪.城市物流发展模式的研究与应用[D].西南交通大学,2008.

[52]严志强,王炜.广西北部湾经济区区域物流空间结构研究[J].物流工程与管理,2013,11:19-21.

[53]束庄健.基于因子分析的江苏区域物流能力实证研究[J].物流技术,2013,07:192-194,210.

[54]杨光华.区域物流网络结构的演化机理与优化研究[D].中南大学,2010.

[55]刘智琦,李春贵,陈波.基于因子分析与神经网络的区域物流需求预测[J].计算机仿真,2012,06:359-362.

[56]金凤花,李全喜,孙磐石.基于场论的区域物流发展水平评价及聚类分析[J].经济地理,2010,07:1138-1143.

[57]李全喜,金凤花,孙磐石.区域物流引力和地位模型的构建及应用研究[J].经济地理,2010,10:1619-1624,1630.

[58]张建升,胡秀忠.区域物流与区域经济的耦合协调度研究[J].铁道运输与经济,2012,01:50-55.

[59]廖迎,阮陆宁.区域物流与区域经济增长的实证研究——基于面板单位根与面板协整分析[J].南昌大学学报(人文社会科学版),2008,03:64-69.

[60]王利,王瑜,李德旭.区域经济发展与物流的关系研究——基于省级面板数据的实证分析[J].经济与管理,2012,08:93-96.

[61]邵扬,姚薇娜.物流业与区域经济增长——基于中国省际面板数据的实证研究[J].长春理工大学学报(社会科学版),2010,02:43-45.

[62]李全喜,金凤花,孙磐石.区域物流能力与区域经济发展的典型相关分析——基于全国面板数据[J].软科学,2010,12:75-79.

[63]张希凤.经济发展、物流投入、区域物流能力关系实证研究——基于浙江省面板数据[J].江苏商论,2012,07:80-83.

[64]何江,张馨之.中国区域经济增长及其收敛性:空间面板数据分析[J].南方经济,2006,05:44-52.

[65]邵扬.中国省际经济增长与物流的空间面板计量分析[J].技术经济与管理研究,2009,06:136-138.

[66]胡林招,李成刚.物流发展对经济发展影响的空间面板分析[J].物流技术,2014,01:187-189.

[67]杨菁.物流发展与经济增长关系的研究——基于省际 paneldata 的计量模型分析[J].物流技术,2014,03:212-213,271.

[68]王欢欢,黄汉江.长三角物流发展和经济增长关系实证分析[J].物流科技,2014,07:61-64.

[69]张毅,陈圻.中国区域物流业与经济发展协调度研究——基于复合系统模型与 30 个省区面板数据[J].软科学,2010,12:70-74,79.

[70]徐杰,鞠颂东.区域经济的发展对地区物流需求的影响——长江经济区发展对安徽地区物流需求影响的实证分析[J].数量经济技术经济研究,2003,04:130-133.

[71]鞠颂东,李伊松,徐杰.西部物流与区域经济发展[J].数量经济技术经济研究,2003,02:39-43.

[72]潘瑞玉.物流业对区域经济增长的实证分析——以浙江为例[J].经济论坛,2006,05:22-24.

[73]金常飞,李国强,李婕.基于 panel data 的区域物流对经济增长的实证研究[J]. 技术与创新管理,2009,06:736-738,745.

[74]简新华,杨冕. 从“四化同步”到“五化协调”[J]. 武汉大学学报(哲学社会科学版),2013,06:104-111.

[75]邱少华. 新型工业化、信息化、城镇化和农业现代化协调发展综合评价研究[D].南京工业大学,2014.

[76]唐代喜. 发展大流通,建设大市场,促进商贸大发展——长株潭经济一

体化的战略思考[J]. 经济师,2003,10:233-234.

[77]黄安胜,许佳贤. 工业化、信息化、城镇化、农业现代化发展水平评价研究[J]. 福州大学学报(哲学社会科学版),2013,06:28-33.

[78]刘文耀,蔡焘. "四化同步"的本质特征和指标构建[J]. 改革,2014,08:65-71.

[79]秦瑶. 转型期消费与经济增长关系的实证研究[J]. 浙商管理评论,2015,00:97-107.

[80]周建群. 我国新型工业化、城镇化和农业现代化"三化"协同发展理论与实证研究[J]. 科学社会主义,2013,02:110-115.

[81]钱丽,陈忠卫,肖仁桥. 中国区域工业化、城镇化与农业现代化耦合协调度及其影响因素研究[J]. 经济问题探索,2012,11:10-17.

[82]夏春萍,刘文清. 农业现代化与城镇化、工业化协调发展关系的实证研究——基于 VAR 模型的计量分析[J]. 农业技术经济,2012,05:79-85.

[83]王贝. 中国工业化、城镇化和农业现代化关系实证研究[J]. 城市问题,2011,09:21-25.

[84]马远,龚新蜀. 城镇化、农业现代化与产业结构调整——基于 VAR 模型的计量分析[J]. 开发研究,2010,05:88-91.

[85]马铭杰,郭之茵,薛龙,刘培培,张冬平. 基于 ECM 模型的河南三化协调研究[J]. 河南农业大学学报,2015,01:124-127.

[86]熊巍,祁春节. 湖北省"四化"同步发展水平评价与对策研究[J]. 科技进步与对策,2014,09:130-135.

[87]袁晓玲,景行军,杨万平,班斓. "新四化"的互动机理及其发展水平测度[J]. 城市问题,2013,11:54-60.

[88]潘竟虎,胡艳兴. 中国城市群"四化"协调发展效率测度[J]. 中国人口·资源与环境,2015,09:100-107.

[89]刘新智,刘雨松,等. "四化"同步发展对农户收入增长的效应及空间差异——基于中国省际面板数据的研究[J]. 经济地理,2015,09:165-171.

[90]刘红娟. 民营制造企业员工满意度的灰色测评体系建模与实证研究[D].浙江工业大学,2008.

[91]张美云. 工业化阶段划分理论综述——兼谈对我国目前工业化所处阶段的判定[J]. 三门峡职业技术学院学报,2012,01:100-104.

[92]黄群慧. 中国的工业化进程:阶段、特征与前景[J]. 经济与管理,2013,

07:5-11.

[93]杨鹏. 中国区域工业化进程研究(1978—2008)[J]. 经济与社会发展,2010,04:1-6.

[94]王琦评. 建国以来我国工业化建设与中国特色新型工业化道路的战略选择[D].延安大学,2014.

[95]张言. 我国工业与物流业协同发展研究[D].大连交通大学,2014.

[96]梁红艳,王健. 中国物流业发展对工业效率的影响及其渠道研究[J]. 科研管理,2013,12:120-126.

[97]高詹. 城镇化进程中的制造业与物流业联动发展研究[J]. 兰州学刊,2013,09:113-118.

[98]苏秦,张艳. 制造业与物流业联动现状及原因探析[J]. 软科学,2011,03:61-64,69.

[99]张婷. 区域工业化进程中的物流业推动效应研究[J]. 统计与决策,2012,15:90-92.

[100]丁俊发. 中国物流业首先从制造业突破[J]. 中国流通经济,2008,05:7-11.

[101]李舜萱,陈海燕,常连玉. 促进制造业与物流业联动发展[J]. 物流技术,2009,07:9-11.

[102]张倩,王春豪,卢玉文. 新疆工业化进程与物流发展水平的协调度评价[J]. 企业经济,2013,06:135-139.

[103]晏维龙,韩耀,杨益民.城市化与商品流通的关系研究:理论与实证[J].经济研究,2004, 02:75-83.

[104]朱发仓,苏为华.城市化水平对流通业发展影响的 Panel Data 证据——兼与晏维龙教授商榷[J].财贸经济,2007,02:120-125.

[105]刘根荣,李欣欣.城市化与流通产业发展互动关系的实证分析[J].价格月刊,2010,09:21-23.

[106]杨军,王厚俊,杨春.我国城镇化对农产品物流效率的影响[J].农业技术经济,2011,10:63-68.

[107]董劲.现代流通业与区域经济增长关系研究[J].商业经济研究,2015,34:13-15.

[108]朱立龙,于涛,夏同水.我国现代流通业影响因素及发展对策[J].中国流通经济, 2012,05:19-23.

[109]宋艳萍.商贸流通业在我国产业体系中的动态角色扮演[J].商业经济研究,2015,06:33-35.

[110]贾海刚,万远英.中英现代化进程中城镇化问题治理比较研究[J].经济体制改革,2014,06:168-172.

[111]许晓芳,周建龙.安徽省城镇化进程与流通产业发展关系研究[J].铜陵学院学报,2013,04:7-12.

[112]陈苡.我国城镇化与商贸流通业的互动机理及协同发展探讨[J].商业经济研究,2015,09:10-11.

[113]王春宇,仲深.流通业对城市经济发展促进作用的实证分析——基于2001—2006年省会城市面板数据[J].财贸经济,2009,01:109-113.

[114]杨海丽,刘瑜.我国流通创新综合水平评价分析[J].财经问题研究,2014,07:118-123.

[115]孙金秀.现代流通业效率指标体系的构建与评价——基于中国30个省际数据的比较分析[J].商业经济与管理,2014,06:14-21.

[116]郑书莉,盛亚,曹玉香.浙江省流通产业区域竞争力评价[J].经济研究参考,2014,70:76-81.

[117]熊曦,柳思维,张闻,汤春玲. 新型城镇化与商贸流通业融合发展的影响因素分析[J]. 商业经济研究,2015,35:4-6.

[118]曹静.基于典型相关分析的流通产业与国民经济关联性研究[J].商业经济与管理,2010,05:13-17.

[119]杨水根.流通产业经济效应的城镇化门槛研究[J].经济地理,2015,07:128-133.

[120]黎星池,韩小敏.我国商贸流通业与城镇化关系的动态计量分析[J].经济视角(上),2013, 10:34-36.

[121]王德章,宋德军. 流通业促进城市经济发展的实证分析[J]. 财贸经济,2007,10:98-102.

[122]柳江,程锐.甘肃省城镇化水平与商贸流通业发展研究[J].兰州学刊,2014,11:195-199.

[123]朱自平. 我国农业产业化历程中农产品物流问题研究[D].天津大学,2009.

[124]张广胜. 基于农产品物流的农业现代化水平评价[J]. 物流技术,2015,02:70-73.

[125]赵勤. 中国现代农业物流问题研究[D].东北林业大学,2006.

[126]岑丽阳. 论农业产业化与农产品流通体系建设[J]. 山西财经大学学报,2011,S1:83-84.

[127]陈超,李斌. 城镇化背景下我国农产品物流发展现状和问题及对策[J]. 农业现代化研究,2013,03:328-332.

[128]谢挺. 福建省现代化农业物流体系构建研究[D].福建农林大学,2009.

[129]邢士宾. 基于农村农产品物流水平的角度探究农民收入发展[J]. 农民致富之友,2015,18:42.

[130]漆雁斌,杨晶晶,唐瑜皎. 农业物流:现状、问题与对策[J]. 四川农业大学学报,2008,03:282-285.

[131]贾妍,蓝万炼,盛玉奎. 以农业产业化为依托发展湖南现代农业物流[J]. 公路与汽运,2007,06:34-38.

[132]李邦熹. 基于农业现代化的农产品物流特性与制度分析[J]. 吉林农业,2013,03:12-13.

[133]黄敏芳. 安徽省农业与物流业协调发展研究[D].安徽财经大学,2015.

[134]孙良涛. 云南农产品物流与农业经济增长互动关系分析[J]. 物流技术,2014,09:258-260,283.

[135]王文宾. 农业物流系统评价与优化研究[D].山东师范大学,2006.

[136]李丽纯. 改革开放以来中国农业投入产出水平定量研究——一种基于灰色优势分析的研究方法[J]. 湖南行政学院学报,2014,06:78-84.

[137]杨晓优,李丽纯. 改革开放以来中国农业投入产出水平定量研究[J]. 经济研究导刊,2014,35:23-27.

[138]李虹来,勒中坚. 灰色关联分析在农业现代化评价体系中的应用[J]. 江西财经大学学报,2007,01:43-44,79.

[139]詹凤林,郭晓军. 基于灰色关联分析的四川省物流业与经济协调发展研究[J]. 物流科技,2013,10:67-69.

[140]黎忠诚,徐磊,段雅丽,樊锐. 基于灰色关联分析的湖北省制造业与物流服务业协调发展研究[J]. 物流技术,2009,10:38-42.

[141]李建勋. 鲜销农产品物流问题研究[D].西南大学,2008.

[142]朱艳娟. 基于 GRAP-BPANN 的建筑企业核心竞争力评价研究[D].河北工程大学,2010.

[143]徐维祥,舒季君,等. 中国“四化”同步发展地区差异及同步合作区架

构研究[J]. 浙江工业大学学报(社会科学版),2014,04:361-367.

[144]董梅生,杨德才.工业化、信息化、城镇化和农业现代化互动关系研究——基于 VAR 模型[J].农业技术经济,2014(4):14-24.

[145]王新利,肖艳雪.农业现代化、城镇化、工业化、信息化协调发展评价研究——以黑龙江农垦为例[J].农业技术经济,2015(6):91-98.

[146]张琳,邱少华.新型工业化、信息化、城镇化和农业现代化协调发展评价研究[J].山东社会科学,2014(4):124-129,139.

[147]许凡,宋殿清,田利军.工业化、城镇化、信息化和农业现代化互动关系研究[J].改革与开放,2014(19):68-71.

[148]吴振明.工业化、城镇化、农业现代化进程协调状态测度研究——以中国西部地区为例[J].统计与信息论坛,2012(7):101-105.

[149]冯献,崔凯.中国工业化、信息化、城镇化和农业现代化的内涵与同步发展的现实选择和作用机理[J].农业现代化研究,2013(3):269-273.

[150]刘玉.农业现代化与城镇化协调发展研究[J].城市发展研究,2007(6):37-40.

[151]李本松. 新常态下绿色化的经济学分析[J].当代经济管理,2016(2):1-6.

[152]张旺,周跃云,谢世雄.中国城市低碳绿色发展的格局及其差异分析——以地级以上城市 GDP 值前 110 强为例[J].世界地理研究,2013(4):134-142,73.

[153]郭迷.中国农业绿色发展指标体系构建及评价研究[D].北京:北京林业大学经济管理学院,2011:18-25.

[154]曾志伟,汤放华,易纯,等.新型城镇化新型度评价研究——以环长株潭城市群为例[J].城市发展研究,2012(3):125-128.

[155]李晓燕.中原经济区新型城镇化评价研究——基于生态文明视角[J].华北水利水电大学学报(社会科学版),2015(1):69-73.

[156]吕丹,叶萌,杨琼.新型城镇化质量评价指标体系综述与重构[J].财经问题研究,2014(9):72-78.

[157]周泰,王亚玲. 基于模糊物元的区域物流发展水平评价[J]. 北京交通大学学报(社会科学版),2010,03:37-41.

[158]张诚. 基于模糊物元的中部六省物流能力分析[J]. 中国流通经济,2011,04:25-29.

[159]秦坚贵,徐冬芳,陈悦,谢明. 基于熵权法的苏南三市区域物流能力评价研究[J]. 价值工程,2010,19:36-37.

[160]颜明旭. 福建省物流产业集聚问题研究[D].厦门大学,2014.

[161]赵小荣. 基于产业集群理论的青岛临港经济发展研究[D].青岛理工大学,2013.

[162]庞燕,胡丽辉. 物流园区产业集群推动城市产业战略升级[J]. 中国物流与采购,2010,24:68-69.

[163]关高峰,董千里,白泽平. 中部六省物流产业集聚与经济关联性实证研究[J]. 物流技术,2012,17:245-248.

[164]袁峰,张兵,邵祥理. 物流产业集群升级模式与途径研究——以沈阳经济区为例[J]. 物流科技,2013,10:28-30.

[165]田琳. 辽宁省物流产业集群发展模式研究[D].沈阳工业大学,2011.

[166]文海旭. 基于集群理论的中国物流产业发展战略[D].武汉大学,2005.

[167]禾祺夫. 物流产业集群效应及政府作用分析[J]. 物流技术,2010,13:44-46.

[168]马丽. 物流产业集群发展模式研究[D].武汉理工大学,2008.

[169]杨春河. 现代物流产业集群形成和演进模式研究[D].北京交通大学,2008.

[170]王晶琼,张凤济,刘俐. 基于灰色关联模型的苏北物流经济影响因素分析[J]. 物流工程与管理,2011,05:51-53.

[171]吴歆,方志耕,阮爱清. 基于灰色关联的产业集聚与区域经济竞争力关系研究[J]. 工业技术经济,2007,02:40-43.

[172]葛金田,沈鹏飞,陈宁宁. 基于区位熵法的济南市物流产业集聚度分析[J]. 物流工程与管理,2012,01:92-94.

[173]谢军. 产业集聚区现代物流业发展模式研究[D].华东师范大学,2008.

[174]高爱霞,满广富.基于因子分析的山东省 17 地市物流发展水平实证研究[J].山东农业大学学报(社会科学版).2014(3):113-118.

[175]郑广文,魏修建,郝渊晓.我国省域物流业发展水平实证研究:基于因子分析方法[J].东北财经大学学报.2013(1):90-96.

[176]蔡芸,汝宜红,等.中韩物流技术竞争力因子分析研究[J].北京交通大学学报(社会科学版).2012(2):40-45.

[177]李新光,黄安民.福建省区域物流发展水平评价及对策探讨:基于 R 型

因子分析与聚类分析[J].赤峰学院学报(自然科学版).2011(9):77-80.

[178]李绩才,张俊岭.基于灰色关联的浙江省现代物流业发展因素分析[J]. 浙江师范大学学报(自然科学版),2012,(2):231-236.

[179]李维儒,范瀚涛,陈晓咏. 基于灰色关联度我国物流成本与经济发展相关分析[J]. 物流工程与管理,2013,(1):10-12.

[180]傅颜颜.浅析福建工业化发展问题[J].中国集体经济,2012,10:51-52.

[181]张倩.新疆工业化进程与物流发展水平耦合度评价研究[J].现代城市,2014,04:39-41.

[182]唐朱昌,吴昊.中国——未来的世界制造业中心[J].世界经济研究,2003,02:14-19.

[183]宋小佳.福建工业化演进程式的轨迹与特征[J].福建论坛(经济社会版),2000,02:35-37.

[184]芮艳华.现代物流业的发展与产业结构的优化[D].上海:同济大学,2008.

[185]何明珂.物流系统论[M].北京:中国审计出版社,2001:291-293.

[186]刘治学.现代物流手册[M].北京:中国物资出版社,2001:37-38.

[187]丁俊发.中国物流[M].北京:中国物资出版社,2002:508-509.

[188]高楠,马耀峰,李天顺,白凯.基于耦合模型的旅游产业与城市化协调发展研究——以西安市为例[J].旅游学刊,2013,01:62-68.

[189]党兴华,张首魁.模块化技术创新网络结点间耦合关系研究[J].中国工业经济,2005,12:85-91.

[190]马丽,金凤君,刘毅.中国经济与环境污染耦合度格局及工业结构解析[J].地理学报,2012,10:1299-1307.

[191]刘耀彬,李仁东,宋学锋.中国区域城市化与生态环境耦合的关联分析[J].地理学报,2005, 60(2):237-247.

[192]廖重斌.环境与经济协调发展的定量评判及其分类体系:以珠江三角洲城市群为例[J].热带地理,1999,19(2):171-177.

[193]翁钢民,李青.基于耦合模型的天津市城市化与物流业耦合度研究[J].物流工程与管理,2014,07:19-22.

[194]陈志,薛敬华.改革开放以来湖北省城市化与经济协调发展研究[J].湖北大学学报(自然科学版),2007,03:307-311.

[195]王西琴,何芬,高吉喜.城市化与经济协调发展的实证研究——以四川

省为例[J].生态经济,2008,10:29-32+36.

[196]钟正.物流业与经济增长关系实证分析——以江苏省为例[J].物流技术,2013,05:358-360.

[197]谭冰.我国物流业与经济发展关系的定量分析[J].物流技术,2013,13:345-347.

[198]崔国辉,李显生.区域物流与经济协调性的评价方法[J].统计与决策,2010,15:46-48.

[199]樊纲.物流与中国城市化[J].开放导报,2011,05:7-9.

[200]郑勇军,肖亮,等.现代流通业发展与新型城镇化——以浙江省为例[J].商业经济与管理,2014,03:5-11.

[201]杨华兰,刘长俭,张庆年.城市物流需求供给研究[J].物流技术,2007,04:50-53.

[202]曹新磊.社会物流水平表征指标体系及评价方法研究[D].北京交通大学,2010.

[203]卫言.四川省新型城镇化水平及指标体系构建研究[D].四川师范大学,2012.

[204]徐春祥,韩召龙.现代物流与新型城镇化协调性评价——基于辽宁1985—2012年数据的实证研究[J].江汉学术,2014,05:34-40.

[205]张明,杜雨潇,夏恩君.我国东北地区经济增长与环境质量间关系的实证研究[J].技术经济,2013,02:29-33.

[206]李易津.马鞍山市物流布局协调性评价研究[D].安徽工业大学,2011.

[207]刘涛,曹广忠,边雪,部晓雯.城镇化与工业化及经济社会发展的协调性评价及规律性探讨[J].人文地理,2010,06:47-52.

[208]石培基,杨银峰,吴燕芳.基于复合系统的城市可持续发展协调性评价模型[J].统计与决策,2010,14:36-38.

[209]秦钟,章家恩,等.1996—2008年广东省城市化进程与生态环境的协调性分析[J].生态科学,2012,01:43-48.

[210]姚成胜,李政通,等.长三角地区土地集约利用与经济发展协调性[J].经济地理,2016,02:159-166.

[211]杨月锋,徐学荣.厦门进出口贸易与港口物流关系的实证研究——基于协整理论与误差修正模型[J]. 经济问题,2013,(9):125-128.

[212]罗永华.基于协整分析的港口物流与区域经济发展——以广东茂名为

例[J].河南科技大学学报(社会科学版),2013,(5):91-94.

[213]梁毅华,陈文静.深圳港口发展及其影响因素——基于协整模型实证[J].工业技术经济,2011,(8):14—20.

[214]樊祐广,蒋惠园,等.港口物流与核心腹地经济发展关系的协整分析[J].武汉理工大学学报(交通科学与工程版),2012,(3):537-540.

[215]毕蕾,马龙飞,庄亚明.基于 VAR 模型的港口与临港城市经济增长协整关系研究[J].物流科技,2009,(10):83-88.

[216]李正锋.江苏沿海港口物流与经济发展关系的协整分析——以连云港为例[J].科技与管理,2009,(6):4-7.

[217]夏国基.泉州构建“东出西进”枢纽港的对策措施[J].中国港口,2012,(3):24-26.

[218]蔡志纯.努力把泉州港建成东南沿海区域性枢纽港[J].中国港口,2007,(5):14-15.

[219]钟铭,吴艳云,栾维新. 港口物流与城市经济协同度模型[J]. 大连海事大学学报,2011,01:80-82.

[220]郭启松. 青岛港港口物流与腹地经济协同发展研究[D].中国海洋大学,2013.

[221]李丽杰,沈杰,李昌明. 河北省区域物流与区域经济耦合协调度研究[J]. 物流技术,2015,12:153-155.

[222]颜双波. 物流产业发展对福建产业结构的优化效应分析[J]. 泉州师范学院学报,2012,04:33-38.

[223]颜双波. 物流产业促进区域经济发展的实证分析——以福建泉州为例[J]. 首都经济贸易大学学报,2012,06:123-125.

[224]夏恒良. 港口物流与城市经济发展关系研究[D].北京交通大学,2012.

[225]沈秦伟,韩增林,郭建科. 港口物流与城市经济增长的关系研究——以大连为例[J]. 地理与地理信息科学,2013,01:69-73.

[226]陶毅. 港口物流与城市经济发展的互动研究[D].大连海事大学,2012.

后记

本书从研究思路的初步确定,中间经历资料收集、数据查找、方法验证,直至近日即将付梓出版,我的心中有无限感慨,其中甘苦仍历历在目,出版一本书的工作量远比我预想中的来得更多,也比我预想中的更难。书稿写作过程中所经历的各种煎熬、彷徨,甚至放弃的想法,都已经过去了,如今感受到的是无限的欢喜和欣慰。

本书大部分章节为实证研究,每一个研究问题从方向选定、数据收集、开展研究直至成稿,所费时间较长,因而整本书从启动研究到最终成稿的前后时间跨度较大,在部分章节中原来所收集和使用的统计数据,相对出版的时间显得有些陈旧。如果再把实证研究数据重新更新至最新的时间点,所费时间和精力将会很大,在时间上也不允许,因此书中研究数据就没有再做更新,尽管数据不能更新至理想的时间点,书中各章的研究结论仍然能够成立,研究结论并不会随着数据的更新而发生很大的改变。

本书在写作过程中参考了国内外很多相关的研究成果,大部分的参考文献已在“参考文献”部分列明,可能由于疏漏仍有部分参考文献没有列出,在此向所有参考文献的作者一并表示诚挚的谢意。本书各章的研究结论基本上是基于相应指标数据,应用相关实证研究方法进行实证分析得出的,囿于统计数据自身缺陷、部分数据缺失、部分数据采集困难,以及实证分析统计方法自身的局限,也因作者个人水平有限,书中的论证和结论有一定纰漏甚至存在错误肯定在所难免,在此恳请同行专家、学者和读者不吝指教。相关同行的意见建议将是作者后续研究工作中的研究重点和方向。

本书最终能付梓出版,要感谢我家人的坚定支持,他们在背后默默的付出,我才能有足够的时间和精力完成本书的研究和写作。还要感谢泉州师范学院和我所在学院——工商信息学院的领导和同事,感谢南安市人才办、博士后科研工作站的领导和工作人员,感谢中国社会科学院经济研究所博士后流动站的领导和工作人员。在我研究和写作的过程中,他们提供了诸多支持与帮助;感谢物流管理专业 2011 级、2012 级和经济学专业 2012 级我所指导的部分学生,他们参与了部分书稿的整理;感谢厦门大学出版社的大力支持,他们对本书的出版给予了细致的编辑和专业的指导。

本书得到中国博士后基金第 55 批面上资助项目(项目编号:2014M551828)、2014 年度福建省社会科学规划项目(项目编号:2014B177)和泉州师范学院"桐江学术丛书"出版基金的资助。

颜双波

2016 年 10 月